KB251213

화법으로 마스터하는 법인컨설팅 ABC

저자 김기홍

도서출판 위

머리글

"배움이 성과로 이어지지 않는 그 간극을 '화법'으로 채우다"

재무설계사들을 대상으로 강의를 시작한 지도 벌써 오랜 시간이 흘렀습니다. 지난 20여 년간 한화생명 WM센터에서 부유층 마케팅을 기획하고 교육하며, 수많은 자산가와 법인 대표를 직접 상담해왔습니다. 그 과정에서 얻은 실전 경험과 웰스매니지먼트 박사로서의 이론을 접목해 최고의 커리큘럼을 제공하고자 노력해왔습니다.

하지만 매번 교육을 기획하고 수행할 때마다 가슴 한구석에 남는 깊은 아쉬움이 있었습니다. 똑같은 강의를 몇 번씩 반복해서 듣고, 수많은 자료를 챙겨가는 설계사들이 정작 현장에 나가면 고객 앞에서 단 한 마디도 떼지 못하는 모습을 보았기 때문입니다. 지식은 머릿속에 가득 차 있는데, 그것을 고객의 가슴에 닿는 '언어'로 변환하지 못하는 것이었습니다.

제가 마주한 질문은 늘 한결같았습니다. **"박사님, 내용은 다 알겠는데… 막상 대표님 앞에만 서면 무슨 말을 어떻게 꺼내야 할지 모르겠어요."**

이것이 제가 이 책을 집필하게 된 가장 큰 이유입니다. 시중에는 법인 영업의 법률, 세무, 노무 지식을 다루는 책들이 차고 넘칩니다. 하지만 정작 그 방대한 지식을 고객의 귀에 꽂히는 '언어'로 변환해주는 가이드는 부족했습니다. 지식이 머릿속에만 머물고 입 밖으로 나오지 않는다면, 그것은 죽은 지식이나 다름없습니다.

강의는 수강생의 '변화'와 '실전 활용'에 있어야 된다고 생각합니다. 저는 그 변화의 핵심이 바로 '화법(Script)'에 있다는 결론을 내렸습니다. 법인 대표가 궁금해하는 기업 정보를 어떻게 화두로 던질 것인지, 그 고민을 어떻게 해결책으로 자연스럽게 연결할 것인지, 그리고 망설이는 고객의 마음을 어떻게 클로징할 것인지에 대한 구체적인 ' 법인 컨설팅의 네비게이션'에 대해 고민했습니다.

이 책의 제목을 『화법으로 마스터하는 법인컨설팅 ABC』로 정한 이유도 여기에 있습니다.

- **A (Approach, 접근):** 기업 정보를 활용해 대표의 관심을 한눈에 사로잡기
- **B (Bridge, 연결):** 발견된 리스크와 문제를 해결책으로 매끄럽게 잇기
- **C (Closing, 체결):** 논리적인 화법으로 확신을 주고 계약으로 마무리하기

이 세 단계를 컨셉별 핵심 포인트와 함께 상세한 실전 화법으로 정리했습니다. 기업 정보를 활용하는 법부터 보험 클로징의 결정적 한 마디까지, 제가 현장에서 경험한 노하우를 담았습니다.

법인 영업이라는 망망대해에 첫발을 내딛는 초보 설계사분들에게는 두려움을 없게해 줄 나침반이 되길 바랍니다. 또한, 이미 오랜 경험이 있지만 어딘가 막혀 있는 느낌을 받는 분들에게는 다시 한번 기본을 탄탄히 다지고 도약하는 계기가 되길 소망합니다.

이 책이 여러분의 지식이 성과로 바뀌는 결정적인 '열쇠'가 되기를 진심으로 응원합니다.

목차 CONTENTS

목차 CONTENTS

제4부 법인보험과 Closing 컨셉

화법으로 마스터하는 법인컨설팅 ABC

제1부

정관 컨설팅과 AP화법

정관 컨설팅:
법인 영업의 승패를 결정짓는 보이지 않는 설계도

법인 영업을 수행하는 재무설계사들에게 대표님의 금고 속 '정관'은 단순한 서류 뭉치가 아닙니다. 그것은 우리가 제안하는 모든 솔루션의 성패를 가르는 '설계도'이자, 대표님의 소중한 자산을 지켜내는 '최후의 방패'입니다. 하지만 안타깝게도 현장에서 만나는 수많은 대표님은 법인 설립 당시 법무사 사무실에서 만들어준 표준 정관을 서랍 속에 방치한 채, 그 위험성을 인지하지 못하고 계십니다.

정관은 기업의 최고 규범인 '헌법'이며, 세무조사라는 외부의 공격을 막아내는 '방어막'인 동시에, 합법적으로 법인의 자금을 개인화할 수 있는 가장 정교한 '절세 전략서'입니다. 우리가 제안하는 퇴직금 플랜, 배당 전략, 가업승계 시나리오는 모두 이 '정관'이라는 뿌리가 튼튼할 때 비로소 법적 효력을 발휘할 수 있습니다.

정관의 무서움은 평소에는 드러나지 않다가, 대표님들이 공들여 쌓은 이익을 개인 자산으로 환원하거나 예상치 못한 법적 분쟁, 혹은 세무조사가 닥쳤을 때 그 실체를 드러냅니다. 전문가로서 우리가 짚어주어야 할 핵심은 '상대적 기재사항'에 있습니다. 정관에 적지 않아도 회사는 돌아가지만, 적어두지 않으면 나중에 세무당국으로부터 비용 처리를 전면 부인당하는 항목들입니다. 대표님의 보수, 퇴직금, 유족보상금 규정이 정관에 명확히 근거하지 않는다면, 그 소중한 자산은 '근거 없는 비용'으로 간주되어 법인세와 소득세라는 이중의 세금 폭탄으로 돌아오게 됩니다.

따라서 우리는 정관 컨설팅을 통해 기업 운영의 리스크를 줄이고 이익을 극대화하는 6가지 핵심 포인트를 점검해야 합니다. 법인 자금을 낮은 세율로 회수하는 '자기주식 취득'과 '중간·차등 배당', 경영권을 보호하는 '주식 양도 제한', 효율적인 의사결정을 돕는 '이사 구성 최적화', 임원의 개인 리스크를 덜어주는 '이사 책임 한도', 그리고 CEO의 노후와 승계의 핵심인 '임원 보상 체계'가 그것입니다. 이 장치들이 유기적으로 연결될 때, 우리가 제공하는 컨설팅은 비로소 대표님에게 가치있는 일이 됩니다.

전문가로서 반드시 기억해야 할 점은 정관이 회사와 함께 성장해야 하는 '살아있는 생물'이라는 사실입니다. 상법과 세법은 매년 개정됩니다. 작년의 합법적인 솔루션이 올해는 독이 될 수도 있습니다. 주기적인 건강검진이 생명을 살리듯, 우리 재무설계사들이 제공하는 1~2년 주기의 정관 점검 서비스는 기업의 영속성을 담보하는 가장 가치 있는 활동입니다.

대표님의 서랍 속에서 잠자던 정관을 깨우고, 재무설계사 여러분이 기업의 진정한 동반자로 거듭나는 강력한 무기가 되기를 바랍니다. 잘 정비된 정관 한 줄이 수억 원의 세금을 아끼고, 나아가 대표의 명운을 결정짓는다는 확신으로 컨설팅에 임하시길 제언합니다.

1. 개인과 법인의 차이와 AP핵심 포인트

개인 사업자(체)

사장 = 사업체(자산과 부채, 이익과 손실)
사장님 맘대로 하는 대신 사법적, 세무적
모든 책임도 사장 혼자서 부담
(소유와 경영 형식적 실질적 일치)

법인 사업자(체)

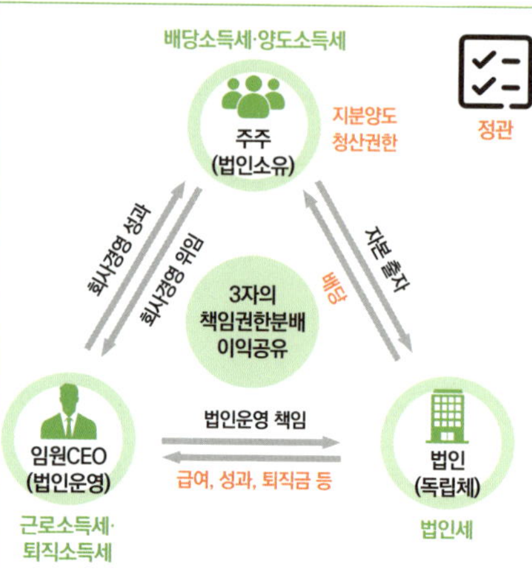

법인사업체는 주주와 CEO, 사업장이
법적으로 분리 되어 있어,
각각의 책임과 권한만 행사 할 수 있음.
(소유와 경영 분리)

"개인과 법인의 차이"

1. 개인사업자 (Individual Business)

"사장님 = 곧 사업체입니다"

- **일체성:** 사장님과 사업체가 하나로 묶여 있습니다. 사업체의 자산, 부채, 이익, 손실이 모두 사장님 개인의 것입니다.
- **권한과 책임:** 사장님 마음대로 운영할 수 있는 자유가 크지만, 그만큼 사법적·세무적 모든 책임을 혼자서 무한 부담해야 합니다.
- **소유와 경영:** 형식적으로나 실질적으로나 소유와 경영이 일치합니다.
- **주요 세금:** 종합소득세로 사업체가 성장할수록 세부담이 증가됩니다.

2. 법인사업자 (Corporation)

"주주, 경영자, 사업체가 각각 독립된 개체로 존재합니다"

- **독립성:** 주주(소유),경영진(운영),법인(독립체)이 법으로 명확히 분리되어 있습니다.
- **권한과 책임:** 각 주체는 법적으로 정해진 본인의 책임과 권한만 행사합니다. (소유와 경영의 분리)

"이익에 대한 세금"

- **주주:** 자본을 출자하고 배당을 받습니다. (배당소득세, 주식 양도소득세)
- **임원(CEO):** 회사를 경영하고 급여, 성과급, 퇴직금을 받습니다. (근로소득세, 퇴직소득세)
- **법인:** 독립된 인격체로서 이익에 대해 세금을 냅니다. (법인세)
- **의사결정:** '정관'이라는 법인 운영 규칙을 따르며, 이익 공유와 책임 분배가 3자 간에 이루어집니다.

3. 요약 비교

구분	개인사업자	법인사업자
주체	사장 개인	법인(별도 인격체)
소유/경영	일치 (혼자 다 함)	분리 (주주 vs 임원)
책임 범위	무한 책임 (개인 재산 포함)	유한 책임 (출자한 지분 한도 내)
자금 사용	비교적 자유로움	엄격함 (절차 없이 인출 시 가지급금 발생)
대표 세금	종합소득세	법인세 (대표자 보수는 근로소득세)

화법으로 마스터하기

대표: 요즘 주변에서 자꾸 법인으로 전환하라고 이야기를 합니다. 근데 법인은 내 맘대로 돈도 못 쓴다면서요? 그냥 개인사업자로 쭉 가면 안 됩니까?

컨설턴트: 대표님. 무조건 법인 전환이 답은 아닙니다. 하지만 사업의 '체급'이 커지면 전략이 달라져야 하죠. 제가 두 구조의 차이를 설명 드려 보겠습니다.

대표: 네 이번 기회에 확실히 좀 알고 싶네요.

1. 개인사업자는 "사장이 곧 회사입니다"

컨설턴트: 개인은 아주 심플해요. [사장 = 사업체]입니다. 돈 벌면 다 대표님 거고, 쓰고 싶은 대로 써도 돼요. 복잡한 절차도 없죠. 하지만 무서운 건 '무한 책임'입니다. 사업하다 빚이 생기면 대표님이 다 책임져야 하거든요.

대표: 책임지면 되죠. 뭐 어차피 다 감당해야는 것 아닌가요?

컨설턴트: 하지만 대표님이 간과하시고 많은 분들이 얘기하는 부분이 있죠. 소득이 낮을 땐 괜찮지만, 이익이 많아지면 최대 45%까지 올라가는 종합소득세 폭탄을 맞을 수 있다는 것입니다. 혼자 모든 짐을 지는 구조니까요. 대표님도 소득세 부담되지 않으세요?

대표: 세금을 너무 많이 내서 부담스럽기는 하죠. 매년 봄만 되면 스트레스 입니다.

2. 법인 사업은 "세 명의 인격체가 움직입니다"

컨설턴트: 법인은 완전히 다릅니다. 주주(소유), 경영자(운영), 법인(독립체)이라는 세 주체가 각자의 자리에서 움직이죠. 소유와 경영이 분리되니 투명하고, 주주는 딱 출자한 만큼만 책임지면 됩니다. 세금도 줄어 듭니다.

대표: 세금과 책임도 준다니까 좋은데 이왕 법인 세운 거, 급한 대로 법인 통장에서 현금 좀 뽑아서 개인적인 용도로 좀 쓰면 문제가 되나요?. 어차피 내가 주인인데 상관없잖아요?

컨설턴트: 대표님, 그건 절대 안 됩니다. 법인은 대표님과는 별개의 '인격체'입니다. 아무리 지분 100%를 가진 주인이라도 절차 없이 돈을 가져가면 대표님이 다시 법인에 갚아야 하고 세무조사 대상이 되거나, 심하면 업무상 횡령이 될 수 있습니다.

대표: 내 회사인데 내 맘대로 안 된다니... 그럼 내 돈은 어떻게 챙깁니까?

컨설턴트: 정해진 규칙인 '정관'에 따라 움직여야 합니다. 주주로서 배당을 받거나, 경영자로서 정당한 급여와 상여금을 받아야 하죠. 법인은 이렇게 절차를 거치는 대신, 대외 신용도가 높아져 대출이나 투자 유치에 훨씬 유리해집니다. 물론 세금도 줄고요.

핵심 비교 요약

구분	개인사업자 (Individual)	법인사업자 (Corporation)
핵심 개념	사장 = 사업체 (일체성)	주주 / 경영자 / 법인 (분리성)
책임 범위	무한 책임 (개인 자산 포함)	유한 책임 (출자 지분 한도)
자금 활용	자유로움 (인출 용이)	엄격함 (급여·배당 등 법적 절차)
의사 결정	대표 단독 결정	정관 및 이사회/주주총회 절차
주요 세금	종합소득세 (6~45%)	법인세 (10~25%) + 소득세 별도

컨설턴트: 자, **대표님.** 지금 당장 자금 회전의 자유가 급하신가요, 아니면 세금을 아끼고 사업을 크게 키우는게 낫지 않을까요?

컨설턴트의 핵심 요약

개인사업자는 운영이 자유롭지만, 무한 책임의 무게와 최고 **45%에 달하는 높은 세부담**을 혼자 짊어져야 합니다.

법인사업자는 소유와 경영이 분리되어 대표는 출자 지분만큼만 책임지며, **낮은 법인세율**을 통해 자산 축적에 유리합니다.

결론적으로 법인은 자금 관리가 엄격한 만큼 **세금을 줄이고 법적 보호**를 받으며 사업을 안전하게 키울 수 있는 체계적인 시스템입니다.

2. 개인·법인의 세금과 AP핵심 포인트

■ 관련 세금의 이해

구분	개인기업	법인기업
관련 소득의 종류	부가세/종합소득세	법인 : 부가세/법인세/ CEO :근로 소득세/퇴직소득세 주주 : 배당소득세(종합소득세)
사업체 수익 적용 세법	사업소득으로 대표자가 소득세(6%~45%) 부담	법인소득으로 순자산 증가에 의거하여 법인에서 법인세 (10%~25%)
이익금 회수 배분	별도의 회수 절차 없음 이익=대표자 소유(회수)	별도의 절차 필요 이익 = 법인자산으로 보유 회수(인출) : 주주(배당,양도) 임원(근로/퇴직)
대표자 급여	대표자 급여 개념 無 이익 전체가 대표자 소득(종합소득세)	대표자(CEO): 근로소득세 납부 법인 : 인건비로 비용처리
대표자 퇴직금	없음	퇴직금 가능 (절세)
대표자 자금 인출	자유로움(절차, 금액 제한 없음)	절차가 반드시 필요
대표자 소득 및 세액공제	불가(**의료비, 교육비**, 보장성보험료) (카드사용액 소득공제)	근로자에 준하는 소득 및 세액공제
주주	-	주식수 만큼 권리와 책임 (배당=배당소득세)

개인사업자는 소득세 단일세금 ≠ 법인CEO는 근로소득세, 퇴직소득세, 배당소득세

"세무 및 자금 관리 측면의 주요 차이"

1. 적용 세율 및 과세 체계의 차이

개인사업자는 사업에서 발생한 수익 전체를 사장의 소득으로 간주하여 6%~45%의 높은 종합소득세율을 적용받습니다. 반면 법인사업자는 법인이라는 독립된 인격체가 수익을 보유하며, 이에 대해 10%~25% 수준의 상대적으로 낮은 법인세율을 적용받아 자금 축적에 유리합니다.

2. 대표자 급여 및 비용 처리

개인사업자는 대표자 본인에게 지급하는 급여를 비용으로 인정받을 수 없으며, 사업 소득 자체가 대표의 수익이 됩니다. 그러나 법인사업자는 대표자(CEO)의 급여와 상여금을 법인의 비용으로 처리할 수 있습니다. 이는 법인의 이익을 줄여 법인세를 낮추는 효과를 동시에 가져옵니다.

3. 소득 분산과 이익금 회수 절차

개인사업자는 별도의 절차 없이 사업 이익을 대표자가 자유롭게 소유하고 회수할 수 있습니다. 하지만 법인은 이익금을 회수할 때 주주(배당소득세), 임원(근로소득세/퇴직소득세) 등 역할에 맞는 세목으로 나누어 수령해야 합니다. 이러한 소득 분산은 전체적인 세금 부담을 낮추고, 전략적으로 관리할 수 있게 해줍니다.

4. 소득·세액공제 및 퇴직금 혜택

법인 대표는 근로소득자로서의 지위를 인정받아 의료비, 교육비, 보장성 보험료 세액공제와 카드 사용액 소득공제 등 일반 근로자와 동일한 공제 혜택을 누릴 수 있습니다. 특히 개인사업자에게는 없는 퇴직금 제도를 활용할 수 있는데, 퇴직금은 낮은 세율이 적용되므로 노후 자금을 마련하거나 거액의 자금을 낮은 세금으로 회수하는 데 매우 강력한 장점이 됩니다. 하지만 개인사업자는 상기 언급한 공제와 퇴직금이 없어 세금측면에서 불리합니다.

5. 자금 운용의 투명성 및 책임

개인사업자는 세무적 책임을 사장 혼자 무한 부담하지만 자금 운용이 자유롭습니다. 반면 법인은 주주와 경영진이 법적으로 분리되어 있어 각자의 책임과 권한만 행사하며, 정관에 정해진 절차에 따라 자금을 운용해야 하는 만큼 세무 리스크 관리가 훨씬 체계적이고 투명합니다.

컨설턴트의 핵심 요약

개인사업자는 자금 사용이 자유로우나 세부담이 높고, 법인사업자는 절차가 엄격한 대신 낮은 세율과 급여·퇴직금 비용 처리를 통해 훨씬 효율적인 절세 및 성장이 가능합니다. 또한 개인은 통제가 안되어 세무적 법적 위험에 완전히 무방비 상태로 노출되어 있습니다. 반면 법인은 자금사용이 엄격하지만 법적, 제도적 완비를 통해 법인 자금을 합법적으로 인출 사용하는데는 제약이 없습니다.

화법으로 마스터하기

컨설턴트: 대표님, 제가 요즘 대표님 사업장을 지켜보며 가장 걱정되는 게 뭔지 아십니까? 바로 대표님이 세무적, 법적 위험에 완전히 무방비 상태로 노출되어 있다는 점입니다. 개인사업자는 모든 수익이 대표님 소득이라 세율도 높고, 사고가 나면 전 재산으로 책임져야 하거든요. 하지만 법인은 다릅니다

대표: 무방비라니요? 저 세금 꼬박꼬박 내고 사고 친 적도 없는데요?

1. 세율의 차이: "세금으로 나갈 돈을 회사의 자본으로"

컨설턴트: (적용 세율 및 과세 체계의 차이) 우선 세금의 무게 자체가 달라집니다. 개인은 벌면 벌수록 최대 45%까지 떼어가지만, 법인은 10%~25% 수준의 낮은 세율을 적용받습니다. 세금으로 나갈 돈을 회사에 쌓아두고 더 크게 재투자할 수 있는 '종잣돈'의 규모 자체가 달라지는 거죠.

대표: 안 그래도 세금 때문에 남는 게 없긴 했어요. 그런데 법인은 내 돈인데도 마음대로 못 쓴다면서요? 제가 급할 때마다 좀 꺼내 쓰고 나중에 채워 넣으면 안 됩니까?

컨설턴트 : 대표님, 그건 절대 안 됩니다. 법인은 대표님과 분리된 독립된 인격체예요. 절차 없이 돈을 빼 쓰시면 '가지급금'이 되어 언젠가는 대표님이 법인에 갚아야 할 부채이고, 많은 세무적 불이익과 세무조사 타겟이 되거나 심하면 횡령 문제가 생길 수 있습니다. 법인의 낮은 세율 혜택을 누리려면, 반드시 정해진 규칙 안에서 움직이셔야 합니다.

대표: 세무적으로 문제가 많단 얘기잖아요. 그래서 개인 사업자가 좋은 것 같아요.

2. 비용 처리의 마법: "대표님의 급여도 회사는 비용으로 절세가 됩니다"

컨설턴트: (대표자 급여 및 비용 처리) 대신 이런 엄청난 장점이 있습니다. 개인사업자일 땐 대표님 급여를 비용으로 인정 못 받았죠? 법인은 대표님의 급여와 상여금을 법인의 비용으로 처리할 수 있습니다. 법인세를 낮추는 동시에 대표님은 정당한 소득을 챙기는 구조가 만들어지는 겁니다.

대표: 그래도 결국 내가 내는 세금은 같은 것 아닌가요?

컨설턴트: (소득·세액공제 혜택) 아닙니다. 법인 대표는 일반 근로자와 똑같은 지위를 인정받기 때문에, 일반적인 개인 사업자는 누릴 수 없는 의료비, 교육비, 카드 사용액 공제 같은 혜택을 합법적으로 다 받으실 수 있습니다. 또한 개인사업자에겐 없는 근로소득공제도 가능하여 같은 소득

에 대해 납부하는 세금은 법인 대표님이 훨씬 적습니다.

대표: 그런 장점이 있는지는 몰랐네요. 뭐 세금 내란것만 내봐서…

3. 소득 분산과 퇴직금: "합법적으로 크게 가져오는 법"

컨설턴트: (소득 분산과 이익금 회수 절차) 그리고 가장 중요한 건 '퇴직금'입니다. 개인사업자는 은퇴할 때 그냥 문 닫으면 끝이지만, 법인은 대표님께 합법적인 퇴직금을 드립니다. 퇴직소득세는 다른 세금보다 세율이 현저히 낮아서, 나중에 거액을 한 번에 받으실 때 가장 강력한 절세 카드가 됩니다.

대표: 듣고 보니 법인은 자금 사용이 엄격할 뿐, 제약이 있는 건 아니었군요? 오히려 챙길 수 있는 통로가 더 많은 것 같긴 하네요.

컨설턴트: (자금 운용의 투명성 및 책임) 맞습니다! 정관과 법적 절차라는 시스템만 갖춰 놓으면 법인 자금을 합법적으로 인출하고 사용하는 데 아무런 제약이 없습니다. 오히려 그 투명한 시스템이 대표님을 세무적 위험으로부터 보호하는 단단한 방패가 되어주는 거죠. 대표님, 언제까지 혼자 모든 위험을 감수하시겠습니까? 이제 법인이라는 단단한 방패를 세우고, 대표님의 소중한 자산을 합법적으로 지키면서 키워보시는 건 어떨까요?

컨설턴트의 핵심 요약

- **개인사업자:** 자금 사용은 자유롭지만, 높은 세율과 무한 책임, 세무적 위험에 **무방비 노출**되어 있습니다
- **법인사업자:** 자금 관리는 엄격하지만, 낮은 세율과 비용 처리, 퇴직금 혜택으로 **합법적이고 안전한 자산 축적** 가능합니다. 다만 대표님의 급여와 배당, 퇴직금 관련 제도를 잘 마련하셔야 합니다

3. 정관 개념 AP핵심 포인트

정관

정관은 법인 설립시 작성 등기하여야 하는 문서로, 법인의 목적, 조직, 업무 집행 등에 관한 근본 규칙 또는 규정을 작성한 기본 문서로 상법과 세법에 위배되지 않아야 하는 법인운영의 기초 서류이고 절세의 핵심문서

절대적 기재사항	상대적 기재사항	임의적 기재사항
① (상법 289조)법률에 의하여 정관에 반드시 기재, 하나라도 기재하지 않으면 **정관 무효이며 변경시 등기 사항(과태료)** ② **상호, 목적, 회사가 발행할 주식 총수, 액면주식 발행하는 경우 1주의 금액, 회사 설립 시 발행하는 주식의 총수, 본점 소재지, 회사 공고 방법,** 발기인의 성명·주민등록번호 및 주소	① 정관에 기재하지 않으면 **효력이 인정되지 않는 사항(기재함으로 효력 인정)** ② **주식양도제한 규정.** 이사 책임한도 규정. 중간배당.규정.임원보수/퇴직금/유족보상금규정. **주식의 소각방법. 신주발행의 결정방법.** 대표 이사 선임 방법. 감사선임의 경우에 의결권 제한비율 인하. 총회의 결의 요건 완화 또는 강화. 이사회의 소집 통지 기간 단축. 자본금 증자 방법. 제3자 배정 방법. 이사·감사의 임기 등	① 강행법규와 주식회사 본질 및 선량한 풍속 기타 사회질서에 반하지 않는 범위 내에서 **정관 기재대로 효력이 발생**하는 사항 ② 1차등배당. 자기주식. 임원 복리규정 등 ***등기사항**

"법인 정관 개념"

정관은 법인 설립 시 반드시 작성해야 하는 기업의 근본 규칙입니다. 상법과 세법을 준수하며 법인 운영의 기초이자 절세의 핵심 문서 역할을 합니다. 기재 사항은 크게 세 가지로 분류됩니다.

1. 절대적 기재사항 (반드시 포함)

기재하지 않으면 정관 자체가 무효가 되며, 변경 시 반드시 등기(위반 시 과태료)를 해야 합니다.

주요 항목: 상호, 목적, 발행할 주식 총수, 액면가, 설립 시 발행 주식수, 본점 소재지, 공고 방법, 발기인의 인적 사항(성명, 주민번호, 주소).

2. 상대적 기재사항 (기재해야 효력 발생)

정관에 적지 않아도 정관 자체는 유효하지만, 해당 내용의 법적 효력을 인정받으려면 반드시 기재해야 하는 사항입니다.

주요 항목: 주식양도 제한, 이사 책임 한도, 중간배당, 임원 보수/퇴직금/유족보상금 규정, 주식 소각 및 신주발행 방법, 대표이사 선임 방법, 이사/감사의 임기 등.

3. 임의적 기재사항 (자유로운 규정)

강행법규나 사회질서에 반하지 않는 범위 내에서 회사가 필요에 따라 정관에 적어두면 그에 따라 효력이 발생하는 사항입니다.

주요 항목: 차등배당, 자기주식 관련 사항, 임원 복리규정 등.

컨설턴트의 핵심 요약

정관은 단순한 서류가 아니라 임원 보수나 퇴직금 규정 등을 명시하여 법적 근거를 마련함으로써 불필요한 세무 리스크를 줄이는 '절세의 핵심'입니다.

화법으로 마스터하기 (①정관의 중요성)

컨설턴트: 대표님, 혹시 우리 회사 '정관' 마지막으로 확인하신 게 언제신가요? 법인 설립할 때 법무사 사무실에서 만들어준 그대로 서랍 속에 잠자고 있지는 않나요?

대표: 아, 그 두꺼운 서류 뭉치 말씀이시죠? 처음에 다 정해둔 건데, 굳이 다시 꺼내 볼 일이 있나요?

컨설턴트: 그게 아주 위험한 생각입니다. 정관은 단순한 서류가 아니라

우리 회사의 '헌법'이자 '방패'거든요. 상법과 세법을 지키면서 법인을 운영하는 기초 중의 기초입니다. 크게 세 가지 내용이 담기는데, 이걸 어떻게 관리하느냐에 따라 회사의 운명이 갈릴 수도 있습니다.

대표: 세 가지요? 어떤 것들이길래 그렇게 강조하시나요?

컨설턴트: 우선 '절대적 기재사항'입니다. 상호, 목적, 발행할 주식 총수처럼 정관에 없으면 정관 자체가 무효가 되는 핵심 정보들이죠. 변경되면 무조건 등기를 해야 하고, 안 하면 과태료까지 나옵니다.

대표: 아, 그건 기본 중의 기본이겠네요. 그럼 다른건요?

컨설턴트: 진짜 중요한 건 '상대적 기재사항'입니다. 정관에 안 적어도 회사는 돌아가지만, 안 적어두면 나중에 법적 효력을 전혀 인정받지 못하는 항목들이에요. 예를 들어 주식양도 제한이나 이사 책임 한도, 중간배당 같은 것들이죠. 특히 임원 보수나 퇴직금, 유족보상금 규정이 여기에 해당합니다.

대표: 아니, 규정이 없으면 돈을 못 받는 건가요?

컨설턴트: 돈은 나갈 수 있지만, 세무조사 때 근거 없는 비용이라며 비용처리가 부인될 수 있습니다. 그럼 법인세는 법인세대로 내고, 대표님은 상여 처분되어 소득세 폭탄을 맞게 되죠. 근거를 미리 정관에 작성해둬야 안전합니다.

대표: 그거 정말 아찔하네요. 마지막 하나는 뭔가요?

컨설턴트: 마지막은 '임의적 기재사항'입니다. 차등배당이나 임원 복리후생처럼 법에 어긋나지 않는 선에서 회사가 필요에 따라 자유롭게 정하는 규칙들이죠. 우리 회사만의 맞춤형 혜택을 명문화하는 겁니다.

대표: 결국 정관을 잘 다듬어 놓는 게 사고를 막는 길이겠군요.

컨설턴트: 정확합니다. 한 줄로 요약하자면, 정관은 임원 보수나 퇴직금의 법적 근거를 명시해 불필요한 세무 리스크를 줄이는 '절세의 핵심 전략서'입니다. 지금 바로 우리 회사 정관이 최신 법규에 맞게 업데이트되어 있는지 점검해 볼까요?

컨설턴트의 핵심 요약

1. **법적 효력을 결정짓는 '기업의 헌법':** 정관은 상법과 세법을 준수하며 기업 운영의 기틀을 잡는 근본 규칙입니다. '절대적 기재사항'처럼 빠지면 정관 자체가 무효가 되는 항목부터, 기재해야만 법적 효력이 발생하는 '상대적 기재사항'까지 기업의 생존과 직결된 핵심 문서입니다.
2. **세무 리스크를 차단하는 '방패':** 단순한 서류가 아니라, 임원의 보수·퇴직금·유족보상금 등에 대한 법적 근거를 마련하는 도구입니다. 정관에 명확한 규정이 없으면 지급한 돈이 비용으로 인정되지 않아 법인세 및 소득세 폭탄(세무 리스크)을 맞을 수 있습니다.
3. **전략적 운영을 위한 '절세의 핵심':** 차등배당, 중간배당, 자기주식 활용 등 기업의 상황에 맞는 '임의적 기재사항'을 전략적으로 명시함으로써 합법적인 절세 경로를 확보할 수 있습니다. 즉, 잘 정비된 정관은 기업의 자금을 효율적으로 회수하는 가장 강력한 전략서입니다.

지금 바로 대표님 회사의 정관이 최신 상법에 맞게 포함되어 있는지 확인해 보세요

화법으로 마스터하기 (②주기적 정관 점검의 중요성)

대표: 우리 회사 정관은 불과 2년 전에 큰돈 들여서 싹 점검하고 변경까지 마쳤거든요. 근데 왜 자꾸 또 점검을 받아야 한다고 하시는 겁니까? 한 번 고쳤으면 됐지, 무슨 정관을 매년 봐야 하나요?

컨설턴트: 대표님, 정관 점검과 변경을 이미 하셨다니 정말 선구안이 있으시네요! 사실 그것조차 안 된 회사가 태반이거든요. 그런데 대표님, 혹시 상법과 세법이 매년 개정되고 있다는 사실도 알고 계신가요?

대표: 세법이야 매년 바뀌는 건 알지만, 그게 정관이랑 무슨 상관입니까? 이미 퇴직금 규정이나 배당 규정 다 넣어놨는데.

컨설턴트: 그게 바로 함정입니다. 법이 바뀌면 어제까지는 '합법적인 절세'였던 규정이 오늘부터는 '세금 폭탄'의 원인이 될 수 있거든요. 비유를 하자면 국가 건강검진과 똑같습니다. 대표님, 건강검진 한 번 받으셨다고 평생 안 받으시나요?

대표: 그거야 몸 상태가 계속 변하니까 2년에 한 번씩은 꼬박꼬박 받죠.

컨설턴트: 맞습니다. 어떤 분들은 개인 돈을 들여 1년에 한번씩 건강검진 받으시는 분이 많잖아요! 정관 점검도 마찬가지입니다. 회사의 규모가 커지고 환경이 변하는데, 낡은 정관을 그대로 두는 건 고장 난 나침반을 들고 항해하는 것과 같습니다. 변경된 상법과 세법에 맞게 우리 회사의 방패가 여전히 튼튼한지 주기적으로 체크하셔야 합니다.

대표: 듣고 보니 정관도 수시로 점검해야 한다는 말씀이시군요?

컨설턴트: 맞습니다. 예전에 바꾼 정관이 지금의 바뀐 법령과 충돌하지 않는지, 혹은 더 유리하게 개정된 조항을 우리가 놓치고 있지는 않은지

확인하는 과정이 반드시 필요합니다. 그래야 나중에 세무조사가 나와도 당당하실 수 있으니까요.

컨설턴트의 핵심 요약

- **법령의 가변성:** 상법과 세법은 매년 개정되므로, 과거의 정관이 현재의 법규와 충돌할 위험이 늘 존재합니다.
- **정기 검진의 원리:** 건강검진을 주기적으로 하듯, 정관도 기업의 변화와 법 개정에 맞춰 1~2년 주기로 업데이트해야 안전합니다.
- **리스크 예방:** 주기적인 점검은 단순히 서류를 고치는 것이 아니라, 바뀐 세법에 따라 발생할 수 있는 '예상치 못한 세금 폭탄'을 사전에 차단하는 작업입니다.

정관은 한 번의 수정으로 끝나는 완결판이 아니라, 개정되는 법령에 맞춰 지속적으로 업데이트해야 합니다.

4. 정관 점검 주요 사항과 AP핵심 포인트

■ 정관 점검 주요 사항

① 자기 주식 취득 규정

주주의 투자금회수와 활용을 위한 취득 규정

주주 보유주식을 법인에 매각하고 법인자산 개인화

자기주식취득관련 방법과 절차 확보

제 ○○조 [자기주식 취득]

① 회사는 다음의 방법에 따라 자기의 명의와 계산으로 자기주식을 취득할 …. …

② 주식의 양도제한규정

차명주주의 주식양도방지 및

동업자 및 주주들에 대한 권리제한

제 ○○조 [주식양도의 제한]

① 본 회사의 주식을 타인에게 양도하는 경우 이사회의 승인을… …

③ 이사와 감사의 수와 보선

1인 이상 규정을 통한 타인 임원 배제 가능

보선된 이사의 임기 일치 및 관리 및 비용 절감

제 ○○조 [이사의 수]

① 회사의 이사는 3명 이상으로 한다. 다만, 자본금의 총액이 10억원 미만인 경우에는 1명 또는 2명……. 감사는 선임하지 않을 수 있다

제 ○○조 [이사의 임기]

…….보선된 이사의 임기는 다른 이사의 잔여임기와 같이 한다.

④ 이사 책임한도 규정

이사의 회사에 대한 책임 감면

보수액의 6배(사외이사 3배) 한도로 책임

제 ○○조
[이사의 회사에 대한 책임감면]

① 회사에 대한 이사의 책임은 주주 전원의 동의로 면제한다.

② 연봉 6배 초과 금액은 면제… … 그러하지 아니하다.

⑤ 임원의 보수와 퇴직금 규정

보수 한도 설정과 퇴직금 명문화로 CEO 목돈과 절세

임원의 위험 에 대한 보상 규정 명문화

정관 규정 없을 시 법인세 부담과 퇴직금 지급 불가

제 ○○조 [임원 보수와 퇴직금]

① 보수 한도는 00억으로 하고주주 총회 결의를 거친 … … 규정에 의한다..

② 임원 유족보상금과 복리 후생은 별도 ……

*** 반드시 별도의 지급 규정 구비 후 주주총회 승인**

⑥ 중간 배당 및 차등배당 규정

정기 배당 외 자금 필요시 연간 1회한 추가 배당

차등 배당을 통한 효율적 법인 자금 이전

제 ○○조 [이익 배당]

① 주주 동의 … … 차등배당 할수 있다

제 ○○조 [중간 배당]

① 1회 한해 중간 배당 할 수 있다. … ….

[정관 점검 주요 사항]

법인 정관은 단순한 설립 요건을 넘어, CEO의 경영권 보호와 합법적인 자금 회수(절세)를 위한 전략적 문서입니다. 특히 다음 6가지 항목은 기업 운영의 리스크를 줄이고 이익을 극대화하기 위해 반드시 점검해야 합니다.

- **자금 활용의 유연성:** 자기주식 취득 및 중간/차등 배당 규정을 통해 법인 자금을 효율적으로 개인화할 수 있는 근거를 마련해야 합니다.
- **경영권 및 책임 방어:** 주식 양도 제한과 이사 책임 한도 규정을 두어 외부의 경영 간섭을 막고 임원의 법적 부담을 덜어야 합니다.
- **임원 보상 체계의 적법성:** 가장 중요한 항목으로, 임원의 보수와 퇴직금,유족보상 규정 등을 명문화해야만 법인자금의 합법적 개인화와 추후 세무조사 시 비용으로 인정받아 세금 폭탄을 피할 수 있습니다.

정관 점검 핵심 항목 상세표

점검 항목	주요 내용 및 목적	기대 효과 및 필요성
① **자기주식 취득**	주주가 보유한 주식을 법인이 매입하는 절차 규정	투자금 회수 및 자금 출처 확보
② **주식 양도 제한**	주식 양도시 이사회의 승인을 얻도록 규정	차명 주식 양도 방지 및 제3자의 경영 참여 차단
③ **이사/감사의 구성**	이사의 수, 보선 이사의 임기 등에 관한 사항	1인 이사 체제 운영 및 관리 효율성 증대
④ **이사 책임 한도**	이사의 회사에 대한 책임을 보수액의 일정 범위로 제한	임원의 경영 활동 위축 방지 및 개인 리스크 경감
⑤ **임원 보수와 퇴직금**	임원 지급 급여 및 퇴직금 산정 방식의 명문화	절세의 핵심, 세무 리스크 방지 및 CEO 목돈 마련
⑥ **중간 및 차등 배당**	정기 배당 외 수시 배당 및 주주간 배당률 차등 적용	법인 자금의 유연한 집행 및 효율적 부의 이전

컨설턴트의 핵심 요약

정관 점검은 단순한 서류 정리가 아닙니다. 상법상 적법한 절차를 거치고 세법상 비용 인정을 받기 위한 '법적 방패'를 만드는 과정입니다. 특히 5번(임원 퇴직금)항목은 대표님의 자산 승계 전략과 직결되므로 최우선 점검을 권장합니다.

현재 대표님 회사의 정관에서 가장 먼저 확인이 필요한 항목(예: 퇴직금 규정 유무)에 대해 구체적인 체크를 도와드릴까요?

화법으로 마스터하기 (①정관 점검 주요 내용)

1단계: 도입 – 정관의 가치 재정립

컨설턴트: 대표님, 혹시 회사 설립 때 만드신 '정관' 최근에 열어보신 적 있으십니까?

대표: 정관요? 그거 서류 뭉치 속에 처박혀 있을 텐데... 설립할 때 법무사가 알아서 해준 거 아닙니까? 사실 평소에 별로 쓸 일도 없던데요.

컨설턴트: 많은 대표님이 그렇게 생각하시지만, 사실 정관은 단순한 설립 요건을 넘어 대표님의 [경영권 보호]와 [합법적인 자산 회수]를 위한 가장 중요한 전략적 문서입니다. 정관이 부실하면 공들여 쌓은 이익을 가져올 때 '세금 폭탄'을 맞거나 법적 분쟁에 휘말릴 수 있습니다.

2단계: 정관 점검 6대 핵심 항목 상세 대화

대표: 정관 하나 때문에 세금 폭탄까지요? 구체적으로 어떤 걸 체크해야 합니까?

컨설턴트: 기업 운영의 리스크를 줄이고 이익을 극대화하기 위해 반드시 점검해야 할 [6대 핵심 항목]입니다.

① 자기주식 취득 (현금 확보)

컨설턴트: 정관에 이 규정이 있어야 대표님 주식을 법인에 팔고 낮은 세율(양도세)로 현금을 챙길 수 있습니다. 가지급금 정리에도 필수죠.

대표: 내 주식을 회사가 사게 해서 합법적으로 돈을 꺼내온다 이 말이군요?

② 주식 양도 제한 (경영권 방어)

컨설턴트: 누군가 대표님 몰래 주식을 제3자에게 팔면 어쩌시겠습니까? 이사회의 승인 없이는 못 판다는 문구 하나가 불청객의 침입을 막는 자물쇠가 됩니다.

대표: 맞아요. 모르는 사람이 갑자기 주주라고 나타나면 경영권이 흔들리겠네요.

③ 이사/감사의 구성 (관리 효율성)

컨설턴트: 이사 수나 임기 규정이 정관과 안 맞으면 과태료 대상입니다. 1인 이사 체제처럼 대표님 마음대로 빠르고 유연하게 운영할 수 있도록 최적화하는 것이 좋습니다. 타인이 있을 경우 대표님의 보수와 퇴직금을 많이 가져오시는 데도 장애물이 될 수 있습니다.

대표: 안 그래도 서류 절차 복잡해서 힘들었는데, 운영을 간소화할 수 있다는 거네요.

④ 이사 책임 한도 (개인 재산 보호)

컨설턴트: 사업하다 보면 본의 아니게 손실이 날 수도 있죠. 이때 책임을

보수의 일정 범위로 제한해둬야 대표님 개인 재산까지 압류당하는 비극을 일정부분 막을 수 있습니다.

대표: 회사가 잘못돼도 내 집은 지켜야 하니, 정말 중요한 안전장치네요.

⑤ 임원 보수와 퇴직금 (절세의 핵심) ★최우선

컨설턴트: 이게 제일 중요합니다. 퇴직금 규정이 정관에 명확히 없으면, 회사의 돈을 합법적으로 대표님이 가져 가실 수도 없고, 나중에 수억 원 받아갈 때 국세청이 비용 인정을 안 해줍니다. 그럼 법인세와 소득세 이중 폭탄입니다.

대표: 내 퇴직금도 못 받고 세금으로 다 날아갈 수도 있다는 소리네요?

⑥ 중간 및 차등 배당 (유연한 자금 집행)

컨설턴트: 연말까지 기다리지 말고 필요할 때 수시로 돈을 빼는 '중간배당', 자녀에게 더 많은 혜택을 주는 '차등배당' 근거를 마련해야 부의 이전이 쉬워집니다.

대표: 자금 집행 타이밍을 내가 조절하고 효율적으로 물려줄 수 있다는 거군요.

3단계: 결론 및 실행 제안

대표: 생각보다 무서운거였네요. 당장 우리 회사 정관을 점검 해봐야 겠네요..

컨설턴트: 잘 생각하셨습니다. 세법은 소급 적용을 인정하지 않습니다.

문제가 터지고 나서 고치는 정관은 아무런 방패가 되지 못합니다. 지금 바로 정관 사본을 주시면, 제가 가장 중요한 [퇴직금 지급 규정]이 제대로 되어 있는지 우선 진단해 드리겠습니다. 5분이면 충분합니다!

컨설턴트의 핵심 요약

점검 항목	핵심 가치	기대 효과
자기주식/배당	자금 활용의 유연성	낮은 세율로 법인 자금 개인화 및 부의 이전
양도제한/이사구성	경영권 및 관리 효율	외부 간섭 차단 및 의사결정 속도 향상
책임한도/퇴직금	임원 리스크 및 보상	세무 리스크 방지 및 CEO 노후·승계 자원 확보

"정관은 법인의 헌법입니다. 상법상 적법한 절차를 갖추고 세법상 비용 인정을 받기 위한 '법적 방패'를 지금 바로 구축하십시오. 특히 임원 퇴직금 규정은 대표님의 은퇴 및 승계 전략과 직결되는 최우선 과제입니다."

5. 자기 주식 취득과 정관 AP핵심 포인트

■ 자기주식 취득 플랜

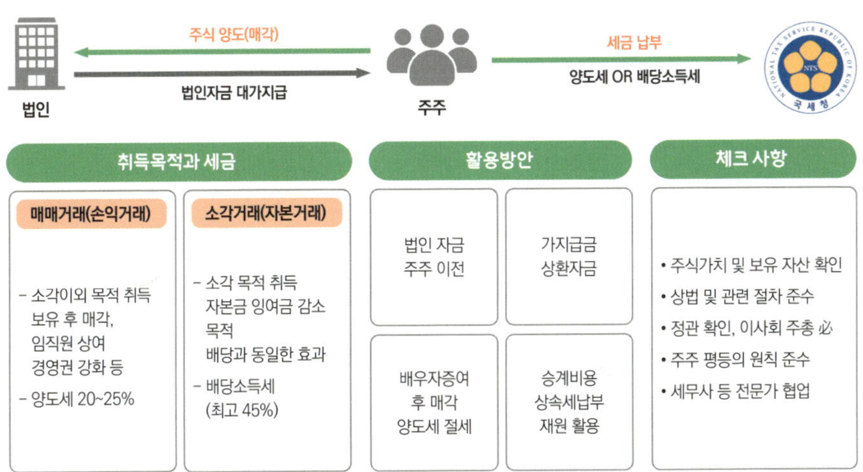

[자기 주식 취득과 정관]

1. 자기주식 취득의 개념

주주가 보유한 주식을 회사가 직접 매입하는 것을 말합니다. 과거에는 비상장 법인에 엄격히 제한되었으나, 현재는 상법상 허용된 제도이며 법인자금 인출 최고봉입니다

2. 왜 필요한가? (핵심 이점)

- **세금 부담 최소화 (절세):** 매매 거래시 양도소득세(20~25%)가 적용됩니다. 특히 타 소득과 합산되지 않는 '분류과세'라 절세 효과가 큽니다.
- **가지급금 및 부채 해결:** 대표이사의 개인적인 자금이 필요할 때, 주식을 회사에 팔아 그 대금으로 가지급금을 상환하거나 개인 부채를 정리할 수 있습니다.

- **경영권 방어 및 부의 이전:** 차명 주식을 회수하거나, 자녀에게 주식 이전 후 이익소각을 통해 증여세 절감 및 상속세 재원 마련이 가능합니다.

3. 정관 명시의 중요성 (리스크 방어)

- **합법적 통로 마련:** 정관에 근거 규정이 없으면 자사주 취득 자체가 부인될 수 있습니다. 이는 곧 '세무조사의 빌미'가 됩니다.
- **세금 폭탄 방지:** 상법상 절차를 무시하고 진행할 경우, 국세청은 이를 '업무 무관 가지급금'이나 '배당'으로 간주하여 막대한 세금이 추징될수 있습니다.
- **명확한 기준 수립:** 취득 목적, 방법, 이사회 결의 사항 등을 정관에 있어야 법적 안전장치가 완성됩니다.

화법으로 마스터하기 (자기 주식 취득)

1단계: 도입 – 정관의 가치 재정립

컨설턴트: 대표님, 혹시 '자사주 취득'이라는 개념을 들어보셨나요? 비상장 법인 자금 활용의 가장 좋은 방법인데요..

대표: 자사주? 그거 주식 사고파는 거 말이죠? 우리 같은 회사가 굳이 그런 복잡한 걸 왜 합니까? 그냥 지금처럼 월급 받고 배당 받으면 되는 거 아니에요?

컨설턴트: 그 '차이'가 엄청납니다. 급여나 배당은 최고 45%까지 세금을 떼어가지만, 자사주 매입 방식으로 주식을 회사에 넘기면 양도소득세(20~25%)만 내면 될수도 있거든요. 특히 다른 소득과 합산되지 않는 '분류과세'라 대표님 개인 세금을 엄청나게 아낄 수 있습니다. 물론 이익 소각의 방법으로 하면 배당소득세를 납부하긴 합니다

대표: 20%대면 훨씬 낫긴 하네요. 그래도 세금을 내긴 내야 하는 거 아닙니까?

컨설턴트: 맞습니다. 그런데 여기서 한 발 더 나아가면 세금을 거의 안 내는 방법도 있습니다. 배우자 증여 공제(6억 원)를 활용하는 건데요. 배우자에게 주식을 증여한 뒤 1년이 지나서 회사가 그 주식을 매입(양도)하게 하면, 취득가액이 높아져서 양도소득세가 사실상 '0원'이 될 수도 있습니다.

대표: 아니, 세금이 아예 없을 수도 있다고요? 그거 불법 아닙니까?

컨설턴트: 상법상 절차를 철저히 지키면 합법적인 절세 전략입니다! 이 자금으로 대표님의 골칫덩이인 가지급금을 상환하거나, 목돈 마련, 자녀들의 상속세 재원을 미리 마련할 수도 있죠. 차명 주식을 회수할 때도 아주 유용하고요.

대표: 그런데 그리해도 과세당국에서 이상하게 보지 않을까요?

컨설턴트: 맞습니다. 정관에 자기주식 취득에 관한 근거 규정과 절차가 명확히 있지 않으면, 나중에 국세청에서 '가짜 거래'라며 세금 폭탄을 던질 수 있습니다. 문도 없는데 벽을 뚫고 나가려 하면 문제가 생기는 법이니까요.

컨설턴트의 핵심 요약

1. **전략적 활용:** 목돈인출, 가지급금 상환, 상속세 재원 확보, 차명주식 회수 등 활용
2. **최강의 카드:** 배우자 증여 후 1년 뒤 매각 시, 취득가액 조정을 통해 양도세 절감
3. **정관의 중요성:** 정관에 근거 규정이 없으면 이 모든 혜택은 '세무 리스크'로 돌변

"자사주 취득은 합법적으로 법인 자금을 인출하는 통로이며, 정관 명시는 필수입니다"

6. 주식 양도제한과 정관 AP핵심 포인트

[주식 양도 제한]

1. 주식 양도제한 이란?

주주가 보유한 주식을 제3자에게 팔고자 할 때, 이사회의 승인(또는 주주총회 승인)을 반드시 거치도록 정관에 명시하는 규정입니다. 비상장 기업의 안정성을 유지하고 경영권을 보호하는 강력한 장치입니다.

2. 왜 필요한가? (핵심 이유)

- **경영권 방어:** 원치 않는 제3자가 주주로 들어와 경영에 간섭하거나 회사의 기밀을 파악하는 것을 사전에 차단합니다.
- **불의의 사고 방지:** 명의신탁(차명) 주식이나 동업자의 주식이 본인의 동의 없이 타인에게 양도되어 사업 운영에 차질이 생기는 것을 막아줍니다.
- **주주 구성 통제:** 회사의 철학을 공유하지 않는 외부인이 주주 명부에 오르는 것을 방지하여 안정적인 의사결정 구조를 유지합니다.

3. 우리 회사에도 필요할까? (체크포인트)

- **필요한 경우:** 친인척, 직원, 타인, 동업자 등 직계가족 이외의 주주가 단 1%라도 주식을 소유하고 있다면 반드시 설정해야 합니다.
- **불필요한 경우:** 주주가 오직 대표님과 직계가족으로만 구성되어 있다면 굳이 설정할 필요가 없을 수는 있습니다.

주식 양도제한 규정 상세 비교

구분	규정 도입 前	규정 도입 後
주식 양도	주주 마음대로 자유롭게 양도 가능	이사회의 승인이 있어야만 양도 가능

구분	규정 도입 前	규정 도입 後
외부인 진입	막을 방법이 없어 경영권 위협노출	부적절한 인물의 진입을 합법적 차단
명의신탁 관리	수탁자가 변심하여 매각시 대응불가	승인 거부를 통해 주식 유출 방지
효력발생 조건	-	정관 기재 및 등기 필수 (미등기 시 무효)

컨설턴트의 핵심 요약

"주식 양도제한은 단순히 정관에 적는다고 끝나는 것이 아니라, '등기'를 마쳐야만 제3자에게 법적 효력을 발휘합니다. 특히 동업자가 있거나 명의신탁 주식이 있다면, 지금 즉시 등기부등본을 확인해 이 규정이 등재되어 있는지 체크해야 합니다."

화법으로 마스터하기 (차명 주식과 주식양도제한)

컨설턴트: 대표님, 제가 요즘 대표님 사업장을 지켜보며 걱정되는 게 하나 더 있습니다. 바로 우리 회사 정관에 [주식 양도제한 규정]이 빠져 있다는 점입니다. 이건 경영권을 지키는 가장 강력한 [자물쇠]인데, 지금은 문이 활짝 열려 있는 상태거든요.

대표: 양도제한요? 아니, 우리 같은 회사 주식을 누가 사러 오겠어요? 굳이 그런 복잡한 규정을 정관에 넣어야 하나요?

1. 경영권 방어의 핵심: "불청객이 주주가 되는 것을 방지"

컨설턴트: 법적으로 주주의 권한은 절대적입니다. 만약 [명의신탁 주식]을 가진 사람이나 [동업자]가 대표님과 상의도 없이 전혀 모르는 제3자에게 주식을 홀랑 넘겨버리면 어떻게 하시겠습니까? 어느 날 갑자기 모르는 사람이 사무실에 들어와 [장부 열람권]을 행사하며 경영에 간섭하면 정말 골치 아파집니다.(3% 이상 소유시 장부열람권 행사)

대표: 생판 모르는 사람이 주주라고 나타나서 간섭하면 피곤하겠네요. 근데 우린 거의 가족끼리만 주주로 있어서 괜찮지 않나요?

컨설턴트: 맞습니다. 만약 주주 구성이 전부 대표님의 [직계가족]으로만 되어 있다면 이 규정은 사실 필요 없습니다. 하지만 혹시라도 친인척, 직원, 동업자 등 [타인]이 단 1%라도 주식을 들고 있다면 이야기가 완전히 달라집니다. 반드시 정관에 기재해 놓으셔야 하죠.

대표: 가족 중에서도 직계가 아니면 문제가 있겠네요. 형이나 처남도 약간 신경쓰이는 부분이 있긴 하거든요

2. 법적 효력의 완성: "정관 기재와 등기는 필수"

컨설턴트: 그래서 정관에 이 규정을 두어 주식을 양도할 때 반드시 [이사회의 승인]을 거치게 해야 합니다. 검증되지 않은 외부인이 주주로 들어오는 것을 대표님이 사전에 [합법적 차단]을 할 수 있는 거죠. 다만, 주의할 점은 정관에만 적는 게 아니라 반드시 [법인 등기]까지 마쳐야 제3자에게 진짜 효력이 발생합니다.

컨설턴트의 핵심 요약

"주식 양도제한은 '소 잃고 외양간 고치기' 전에 미리 걸어두는 문고리입니다. 특히 [타인 명의 주식]이 있다면 지금 즉시 등기부등본상에 관련 문구가 있는지 확인하는 것이 [안전 경영]의 시작입니다." 물론 차명 주식 없다면 이 조항은 정관에 없어도 됩니다

7. 이사(감사)의 수와 정관 AP핵심 포인트

[이사 감사의 수 규정 요약(상법 제383조1항)]

1. 현황 및 문제점

많은 법인이 설립 당시 상법 제383조 제1항(이사 3인 이상)만 고려하여 지인이나 직원을 무리하게 임원으로 등재합니다. 이로 인해 다음과 같은 리스크가 발생합니다.

- **보상 및 퇴직금 문제:** 등기 임원 모두에게 동일한 보상 체계를 적용해야 하므로 대표이사의 절세 전략(임원 보수·퇴직금 설계)에 제약이 생깁니다.
- **운영의 비효율성:** 퇴사 시 임원 해임/취임 등 복잡한 등기 절차가 반복되며, 실질적인 경영 참여가 없는 인물로 인해 의사결정이 왜곡될 수 있습니다.
- **법적 무효 리스크:** 정관에는 '이사 3인 이상'이라 적고 실제 1~2인만 운영할 경우, 이사회 결의가 법적으로 무효가 될 수 있습니다.

2. 상법상 예외 규정 활용 (자본금 10억 미만 소규모 회사)

상법은 소규모 회사의 편의를 위해 다음과 같은 특례를 두고 있습니다.

- **이사 수:** 자본금 10억 미만인 회사는 이사를 1인 또는 2인으로 둘 수 있습니다. (상법 제383조 제1항 단서)
- **감사 선임:** 자본금 10억 미만인 회사는 감사를 선임하지 않을 수 있습니다. (상법 제409조 제4항)

3. 정관 개정 시 기대 효과

구분	개정 전 (이사 3인 이상)	개정 후 (소규모 회사 특례 활용)
의사 결정	이사회 소집 및 결의 요건 복잡	대표이사 1인의 결정으로 신속하게 처리 가능

구분	개정 전 (이사 3인 이상)	개정 후 (소규모 회사 특례 활용)
보상 설계	다수 임원에 대한 보상 규정 부담	대표이사 중심의 효율적인 절세 및 보상 플랜 가능
관리 비용	임원 변경 등기비용 및 관리 필요	불필요한 인건비 및 행정 비용 절감
법적 안전성	정관과 실제 운영 불일치 위험	정관에 부합하는 적법한 운영 가능

컨설턴트의 핵심 요약

불필요한 인원 등재로 인한 법적·세무적 리스크를 방지하기 위해, 기업의 규모(자본금 10억 미만)에 맞춰 정관의 임원 수 규정을 현실화하는 것이 법인 운영의 효율성과 절세 전략 수립의 핵심입니다.

화법으로 마스터하기

컨설턴트: 대표님, 제가 법인 등기부등본을 살펴보니 현재 등기 이사가 대표님 포함해서 세 분이고, 감사님도 한 분 계시더라고요. 혹시 이분들이 가족분들이신가요, 아니면 함께 경영하시는 파트너나 직원분들이신가요? 특별히 세 분을 선임하신 이유가 있으신지 궁금합니다.

대표: 아, 그거요? 특별한 이유는 없고... 예전에 회사 처음 세울 때 법무사가 '이사는 3명, 감사는 1명' 있어야 한다고 하더라고요. 그래서 집사람이랑 친한 동생, 그리고 믿을 만한 직원 이름 좀 빌려서 올려둔 거죠. 왜요, 인원수가 너무 많나요?

1. "보상과 절세의 제약"

컨설턴트: 아, 역시 그러셨군요. 보통 설립 당시 가이드를 그렇게 받으시죠. 그런데 대표님, 이렇게 '실제 경영에 참여하지 않는 인원'이 등기부상에 남아 있으면 나중에 대표님께 큰 손해가 될 수 있습니다.

대표: 손해요? 한 명은 월급 주는 것도 아니고 이름만 빌려준 건거고, 1명은 직원인데 무슨 손해가 나나요? 오히려 인원이 좀 있어 보여야 회사 규모도 커 보이고 좋은 거 아닌가요?

컨설턴트: 그게 함정입니다, 대표님. 나중에 회사가 이익이 많이 나서 대표님 보수나 퇴직금을 높게 설정해 절세하고 싶으실 때가 분명 오실 텐데요. 상법상 '등기 임원'은 특별한 이유가 없으면 동일한 보상 체계를 적용받는 것이 원칙입니다. 대표님 퇴직금 규정을 좋게 만드시면, 이사들에게도 똑같은 혜택을 줘야 합니다. 만약 대표님만 많이 가져가시면 세무조사 때 '부당행위'로 간주되어 세금 폭탄을 맞을 위험이 아주 큽니다. 대표님의 절세 플랜에 큰 제약이 생기는 거죠.

2. "의사결정 무효 리스크"

대표: 아니, 그 친구들은 제 말 다 듣는데 뭐가 문제예요? 그냥 제가 결정하고 도장 찍으면 되는 거 아닌가요?

컨설턴트: 법적으로는 그렇지 않습니다. 현재 정관에는 '이사 3명 이상'이라고 되어 있죠? 그럼 모든 중요한 결정은 '이사회'를 열어 과반수가 찬성해야 적법합니다. 그런데 대표님 혼자 결정하고 서류만 만드시면, 나중에 주주 갈등이 생기거나 투자를 받을 때 그동안 했던 '모든 결정이 '무

효'가 될 수 있습니다. 특히 대출 연장이나 정부 사업 참여 시 서류 검토 과정에서 법적 결함으로 지적받을 수도 있고요.

3. "소규모 회사 특례 활용하기(자본금 10억 미만)"

대표: 아니, 그럼 어쩌라는 건가요? 법에서 3명 있어야 한다면서요?

컨설턴트: 대표님, 상법이 개정되어서 자본금 10억 미만 소규모 회사는 아주 파격적인 예외를 줍니다. 굳이 3명 안 채워도 됩니다. 1명이나 2명만 있어도 완벽하게 합법입니다. 또한 감사는 아예 안 뽑아도(선임하지 않아도) 아무 문제없습니다. 결국 지금 정관에 '자본금 10억 미만 시 이사를 1~2인으로 할 수 있고 감사는 두지 않을 수 있다'는 조항만 넣어두면, 대표님 혼자서도 모든 결정을 적법하게 내릴 수 있는 구조가 됩니다.

4. 기대 효과 핵심 요약 (Briefing)

컨설턴트: 대표님, 이번 기회에 정관을 현실에 맞게 수정하시면 이런 이점이 생깁니다.

구분	개정 전 (리스크 상황)	개정 후 (안전한 경영)
보상 설계	타 임원과 보상 규정 일치 의무로 절세 제약	대표님께 최적화된 고액 보수·퇴직금 플랜 가능
의사 결정	이사회 요건 미달로 결의 무효 위험	대표 1인 결정으로 신속·적법한 처리
관리 비용	인원 교체 시마다 발생하는 등기 비용	불필요한 행정 절차 및 비용 완전 제거
법적 안전	정관과 실제 운영의 불일치 불안감	상법에 부합하는 당당하고 투명한 경영

대표: 아, 무조건 하라는 대로 해놨더니 좋은게 아니었네요.

컨설턴트: 결국 이 작업은 대표님이 나중에 회사의 이익을 합법적이고 효율적으로 가져오실 수 있도록 '길을 미리 닦아두는 작업'입니다. 지금 정관을 잘 다듬어 두시는 게 경영 효율성이나 절세 면에서 훨씬 이득입니다. 이번 기회에 정관 개정 검토를 해보셔야 합니다.

컨설턴트의 핵심 요약

1. **불필요한 '등기 인원'은 절세의 걸림돌입니다.**
   이름만 올린 임원 때문에 대표님만의 특별한 보수나 퇴직금 설계를 못 하게 될 수 있습니다. 인원을 슬림화해야 대표님께 최적화된 고액 보상 플랜을 당당하게 실행할 수 있습니다.
2. **'정관과 실제의 일치'가 법적 안전판입니다.**
   정관에는 3명이라 써놓고 혼자 결정하시면 나중에 그 결정들이 무효가 될 위험이 있습니다. 상법상 소규모 회사 특례(자본금 10억 미만)를 활용해 이사 1~2인 체제로 정관을 고치면, 혼자 내린 결정도 100% 적법해집니다.
3. **행정 비용과 리스크를 동시에 줄입니다.**
   감사를 두지 않아도 되고, 임원 퇴사 때마다 하던 복잡한 취임·해임 등기 비용도 아낄 수 있습니다. 회사 운영은 자유로워지고, 관리는 가벼워집니다.

8. 이사(감사)의 보선과 정관 AP핵심 포인트

[임원 보선 규정 및 임기 관리 상법 제383조(이사의 임기)]

1. 임원의 '보선(補選)'이란?

임기가 끝나기 전, 임원의 사임·해임·사망 등으로 인해 발생한 빈자리를 채우기 위해 새로운 임원을 선임하는 것을 말합니다.

2. 정관 내 보선 규정의 중요성

정관에 보선 임원의 임기에 관한 명시적 규정이 없으면, 새로 취임한 날부터 다시 임기가 시작(예: 3년)됩니다. 이로 인해 다음과 같은 문제가 발생합니다.

- **임기 불일치:** 이사들마다 임기 만료일이 제각각이 되어 관리가 복잡해집니다.
- **비용 증가:** 임기 만료 시점이 다를 때마다 매번 개별적으로 변경 등기를 해야 하므로, 등기 비용과 행정력이 낭비됩니다.

3. 상법상 임기 제한 (제383조 제2항)

- 이사의 임기는 3년을 초과할 수 없습니다.
- 따라서 3년마다 반드시 중임(연임) 등기 또는 퇴임/취임 등기를 해야 하며, 이를 놓치면 과태료가 부과됩니다.

4. 임기 만료 시점의 통일

정관에 "보선 또는 증원에 의하여 선임된 임원의 임기는 전임자 또는 다른 재임 중인 임원의 잔여 임기로 한다"는 규정을 반영하는 것이 효율적입니다.

구분	보선 규정 부재 시	보선 규정 명시 시 (잔여 임기 적용)
임기 계산	취임일부터 새로 3년 시작	전임자의 남은 기간만 수행

구분	보선 규정 부재 시	보선 규정 명시 시 (잔여 임기 적용)
만료 시점	임원별로 제각각 (관리 난항)	모든 임원의 만료 시점 통일
등기 비용	만료 시마다 수시 비용 발생	단 한 번의 등기로 모든 임원 처리
행정 효율	등기 누락 위험 높음	일괄 관리를 통한 과태료 리스크 방지

컨설턴트의 핵심 요약

임원 보선 규정은 단순한 행정 절차가 아니라, 법인 운영의 비용을 절감하고 관리의 법적 안전성을 확보하는 장치입니다. 정관에 잔여 임기 규정을 둠으로써 불필요한 등기 비용 지출을 막고 효율적인 임원 관리를 실현할 수 있습니다.

화법으로 마스터하기

1. 문제 제기: "제 각각인 임원 임기, 돈과 시간의 낭비"

컨설턴트: 제가 등기부 등본과 정관을 보니 큰 문제는 아니지만, 법인 지갑에서 불필요한 돈과 시간이 계속 새나가는게 있습니다.

대표: 네? 그게 무슨 말이예요?

컨설턴트: 임원들 임기 만료일이 다 다르면, 이사 한 명 만기될 때마다 등기하고, 또 몇 달 뒤에 다른 사람 때문에 또 등기하셔야 하잖아요. 그때마다 등기 비용이랑 서류 준비하는 행정력이 낭비됩니다.

대표: 한 번에 모아서 하면 안되나요? 그래야 편할 텐데, 하지만 새로 등

기하는 임원은 그때부터 3년 아닌가요?

2. 해결책 제시: "보선(補選) 규정의 마법"

컨설턴트: 대표님이 약간 오해하시는 것이 있는데요. 정관의 '보선 규정'을 활용하면 좋습니다. 보선은 임기 도중에 그만둔 사람의 빈자리를 채우는 걸 말하는데요. 정관에 딱 한 줄, '보선된 임원의 임기는 전임자의 남은 기간(잔여 임기)으로 한다'라고만 넣어두시면 됩니다.

대표: 남은 기간만요? 그럼 새로 들어온 사람은 기분이 좋지 않을 것 같은데요?

컨설턴트: 오히려 회사 입장에서는 좋잖아요. 그렇게 하면 모든 임원의 임기 만료일이 하나로 딱 맞춰집니다. 나중에 중임 등기를 하든 사람을 바꾸든, 단 한 번의 등기로 모든 임원 문제를 한꺼번에 해결할 수 있거든요. 관리도 편하고 비용도 확 줄어듭니다.

3. 상법상 주의사항: "3년의 벽"

대표: 오, 그거 아주 효율적이네요. 그럼 임기를 아예 길게 한 10년으로 정해버리면 등기 안 해도 되고 더 편하지 않을까요?

컨설턴트: 마음은 이해합니다만 그건 법이 허락하지 않습니다. 상법상 이사의 임기는 3년을 넘길 수 없게 되어 있거든요. 그래서 최소한 3년마다 한 번은 체크해서 등기를 갱신해야 합니다. 이걸 놓치면 과태료가 꽤 세게 나오니까, 임기 만료일을 통일해두는 게 과태료 리스크를 피하는 가장 똑똑한 방법입니다.

대표: 지금 제각각인데 그럼 어떻게 하면 좋을까요?

컨설턴트: 그럼 다음번 중임 등기하실 때 다른 분들을 해임하고 재선임하는 것으로 해서 임기를 한번 일치시키시면 그 다음부터는 중간에 새로 선임하는 임원이 있더라도 임기를 계속 일치하여 관리하실 수 있습니다.

대표: 오, 그거 아주 효율적인 것 같네요. 안 그래도 날짜 챙기기 귀찮았는데, 이번에 아주 싹 다 깔끔하게 정리해 두는 것이 좋긴 하겠네요.

컨설턴트: 네 지금이라도 정관을 수정해 두시는 것이 좋을 것 같습니다.

컨설턴트의 핵심 요약

1. **'보선 규정'으로 임기 만료일을 맞추세요.**
   중간에 들어온 임원의 임기를 기존 임원들과 맞추면, 번거로운 등기 업무를 일괄 처리할 수 있습니다.
2. **등기 비용과 행정력을 절감하세요.**
   제각각인 임기 때문에 일 년에 몇 번씩 법무사를 찾을 필요가 없습니다. 한 번의 비용으로 모든 임원 관리가 끝납니다.
3. **3년 주기 '중임 등기'는 필수입니다.**
   법적으로 임기는 3년이 한계입니다. 만료일을 하나로 통일해두면 잊어버리지 않고 적기에 등기하여 과태료를 방지할 수 있습니다.

9. 이사의 손해배상 책임 제한과 정관 AP핵심 포인트

[이사의 손해배상 책임 제한 규정(상법400조 2항]

1. 개념 및 정의

'이사의 책임 제한'이란, 이사가 경영 판단 과정에서 고의나 중대한 과실 없이 회사에 손해를 끼쳤을 경우, 그 배상 책임을 이사가 받은 보수의 일정 범위 내로 한정하는 제도입니다. 이는 경영진이 과도한 배상 공포에서 벗어나 소신 있게 의사결정을 내릴 수 있도록 돕는 법적 보호 장치입니다.

2. 주요내용

상법 제400조 제2항에서는 정관이 정하는 바에 따라 이사의 책임을 감경 가능합니다

① 회사는 정관으로 정하는 바에 따라 이사의 책임을 이사가 그 행위를 한 날 이전 최근 1년간의 보수(상여금과 주식매수선택권의 행사이익 등 포함) 액의 6배(사외이사는 3배)를 초과하는 금액에 대하여 면제할 수 있다.

② **책임 제한의 범위와 한도**

- 배상 한도: 최근 1년간 보수의 6배 (사외이사는 3배)까지만 책임짐.
- 적용 조건: 이사에게 고의 또는 중대한 과실이 없어야 함.
- 제외 대상: 고의적 손해 발생, 겸업 금지 위반, 자기거래 등은 책임 제한을 받을 수 없음.

③ **정관 명문화의 중요성 (필수 조건)**

- 자동 적용 불가: 상법에 근거가 있더라도 우리 회사 정관에 이 규정이 없으면 아무런 보호를 받지 못합니다.
- 전액 배상 리스크: 규정이 없는 상태에서 경영 실수가 발생하면, 이사는 개인 재산을 털어서라도 손해액 전액을 배상해야 합니다.

3. 규정 도입의 기대 효과

구분	규정 도입 전 (무한 책임)	규정 도입 후 (유한 책임)
개인 리스크	손해액 전액 배상으로 개인 파산 위험	보수의 6배 이내로 리스크 관리 가능
경영 스타일	책임 추궁이 두려워 보수적인 결정	적극적이고 창의적인 경영 투자 가능
형평성	경영 과실 대비 과도한 처벌	합리적인 범위 내 책임 분담

컨설턴트의 핵심 요약

경영은 본질적으로 위험을 동반합니다. 수십억, 수천억 원의 손해액을 개인이 모두 책임지게 하는 것은 가혹합니다. 따라서 상법 제400조 제2항에 따라 정관에 "이사의 책임을 보수의 6배 이내로 제한한다"는 문구를 명문화하는 것이 필요합니다.

화법으로 마스터하기

컨설턴트: 대표님, 혹시 경영하시면서 '내가 내린 결정 때문에 나중에 회사에 큰 손해라도 나면 어떡하지?'라는 걱정 해보신 적 없으신가요? 최근 법원 판결을 보면 경영진의 판단 실수에 대해 수십억 원의 배상 책임을 묻는 경우가 꽤 많아지고 있거든요.

대표: 아니, 내가 회사를 위해 열심히 일하다가 실수 좀 할 수도 있는 거지, 그걸 개인한테 물어내라고 한다고요? 설마 내 회사인데 설마 그런 일이 있겠어요?

1. "설마 내 회사인데 배상까지 하겠어?"

컨설턴트: 대표님 말씀대로 1인 주주 회사라면 당장 큰 문제가 안 될 수도 있습니다. 하지만 회사가 커져서 투자를 받거나, 지분 구조가 복잡해지면 상황이 달라집니다. 특히 상법 제400조 제2항에 따르면, 이사가 고의가 아닌 '과실'로 회사에 손해를 끼쳐도 원칙적으로는 그 손해액 전액을 배상해야 합니다. 회사 규모가 커지면 그 금액이 개인이 감당할 수 없는 수십억, 수백억 원이 될 수도 있는 거죠.

대표: 수십억이요? 아휴, 무서워서 경영하겠나... 그럼 뭐 방법이 있나요? 법이 그렇다는데.

2. "상법이 허용한 '보수의 6배' 방패"

컨설턴트: 그래서 상법에서는 정관에 미리 정해두기만 하면, 이사의 책임을 '최근 1년간 보수의 6배(사외이사는 3배)'까지만 지도록 한도를 정할 수 있게 해줬습니다. 예를 들어 대표님 연봉이 2억이라면, 실수로 회사에 100억의 손해를 입혔어도 12억까지만 책임지면 되는 아주 강력한 보호막이죠.

대표: 오, 그런 게 있어요? 그럼 법이 그렇게 되어 있으면 자동으로 적용되는 거 아닌가요?

3. "정관에 없으면 무용지물"

컨설턴트: 그게 바로 함정입니다, 대표님! 이 규정은 '정관에 명문화되어 있을 때만' 효력이 발생합니다. 상법에 근거가 있어도 우리 회사 정관에

이 내용이 빠져 있으면, 대표님은 아무런 보호를 받지 못하고 무한 책임을 지셔야 합니다. 지금 대표님 정관 확인해 보셨나요? 아마 이 조항이 없을 확률이 매우 높습니다.

대표: 아니, 왜 이런 중요한 걸 아무도 안 알려줬지?

컨설턴트: 이제라도 대표님! 공격적인 경영을 하시려면 뒤를 든든하게 막아주는 '법적 방패'가 필수입니다. 오늘 말씀드린 내용 딱 3가지만 기억해 주세요.

컨설턴트의 핵심 요약

1. **경영 실수에 대한 '무한 책임'을 방어하세요.** 기업 규모가 커질수록 경영 과실로 인한 손해액은 개인이 감당할 수 없습니다. **상법 제400조 제2항을 근거로** 배상 한도를 설정해 두어야 대표님의 개인 자산을 지킬 수 있습니다.
2. **배상 한도는 '보수의 6배' 이내로 설정 가능합니다.** 고의나 중과실이 없다면 이사의 배상 책임을 최근 1년간 보수의 6배(사외이사 3배)로 제한할 수 있습니다. 이는 합리적인 범위 내에서 책임의 형평성을 맞추는 장치입니다.
3. **반드시 '정관'에 이 규정이 명시되어 있어야 합니다.** 상법에 규정되어 있다고 자동으로 보호받는 것이 아닙니다. 정관에 이 조항이 누락되어 있다면 과실에 대해서도 **전액 배상** 리스크가 있으므로, 반드시 명문화하여 법적 보호를 확정 지어야 합니다.

"대표님, 이번에 정관 개정하시면서 '임원 수', '임기 통일', 그리고 이 '책임 제한'까지 3종 세트를 한꺼번에 반영해 드릴까요? 그래야 가장 완벽하고 안전한 정관이 됩니다."

10. 임원의 보수·퇴직금과 정관 AP핵심 포인트

[임원의 보수 및 퇴직금 규정(상법 제 388조]

1. 개념 및 정의

임원 보수 및 퇴직금 규정이란 상법 제388조에 근거하여 이사(임원)가 회사로부터 수령하는 모든 형태의 대가(급여, 상여, 퇴직금 등)에 대한 지급 기준과 절차를 명문화한 내부 규정입니다. 임원은 근로기준법상 '근로자'가 아닌 경영 수임인이므로, 정관이나 주주총회 결의라는 법적 근거가 있어야만 정당하게 보상을 받을 수 있습니다.

2. 규정 마련의 필요성 및 근거 법령

- **상법 제388조(이사의 보수):** "이사의 보수는 정관에 그 액을 정하지 아니한 때에는 주주총회의 결의로 이를 정한다."라고 명시하고 있습니다.
- **상법상 퇴직금의 성격:** 대법원 판례에 따라 임원의 퇴직금은 '후불적 보수'에 해당합니다. 따라서 보수와 마찬가지로 정관 또는 주주총회 결의가 있어야 지급이 가능합니다.
- **법인세법과의 연계:** 국세청은 정관상 근거가 없는 임원 보상을 '이익 처분에 의한 배당'으로 간주하여 비용(손금) 처리를 거부합니다.(법인세법 26조)

3. 규정 부재 시 발생하는 문제점

- **세무 리스크 (비용 부인):** 정관에 명확한 지급 기준 없이 임의로 지급한 급여나 고액 상여금은 법인세법상 손금불산입(비용 인정 안 됨) 처리되어 법인세가 추징됩니다.
- **이중 과세 발생:** 법인세 비용 인정은 거부되는데, 수령한 임원 개인에게는 별도의 소득세가 부과되어 세 부담이 극대화 됩니다. (소득세법 22조,43조)
- **형사상 책임 리스크:** 적법한 절차(정관/주총) 없이 보수를 인상하거나 지급하는 행위는 업무상 횡령 또는 배임죄로 형사 처벌의 대상이 될 수도 있습니다.

4. 규정 명문화 시 기대 효과

구분	주요 기대 효과	세부 내용
절세 효과	출구 전략의 극대화	퇴직금은 분류과세 대상이며, 건강보험료와 국민연금이 부과되지 않아 법인 자금을 개인화하는 가장 저렴한 방법임.
재무 안전성	비용(손금) 인정	객관적인 지급 규정에 근거한 보상은 법인의 정당한 비용으로 인정받아 법인세를 절감함.
법적 안전성	경영권 방어	주주 간의 분쟁이나 동업자와의 갈등 시 보수 지급의 적법한 근거가 되어 법적 다툼을 사전에 차단함.
보상 현실화	퇴직금 배수 활용	정관에 '지급 배수 규정(2~3배)'을 명시함으로써, 대표님의 기여도에 걸맞은 높은 퇴직금을 합법적으로 수령 가능함.

컨설턴트의 핵심 요약

임원 보수 및 퇴직금 규정은 단순한 내부 문서가 아니라, 대표님이 일궈낸 회사의 가치를 안전하게 개인 자산으로 이전시키는 '합법적인 통로'이자 세무 당국의 공격을 막아내는 '방패'입니다. 따라서 정관에 "이사의 보수와 퇴직금은 별도의 규정에 의한다"는 문구를 명시하고, 구체적인 지급 배수를 설정한 규정을 반드시 구비해야 합니다

화법으로 마스터하기

컨설턴트: 대표님, 대표님이 그동안 밤낮없이 고생해서 일궈온 이 회사의 이익들, 나중에 어떤 방법으로 가져가실 계획인가요? 사실 대표님에게 가장 정당하고 큰 대가는 급여와 퇴직금입니다. 그런데 혹시 우리 회사 정관에 임원 보수한도와 퇴직금을 몇 배수로 준다는 구체적인 규정이 있나요?

대표: 아니, 규정이야 뭐... 그냥 법무사가 준 표준 정관에 '주주총회에서 정한다'고 되어 있겠죠. 그리고 내 회사인데 나중에 나갈 때 내가 알아서 챙기면 되는 거 아닌가요? 직원들처럼 계산해서 가져가면 누가 뭐라 하겠어요.

1. "임원은 직원이 아닙니다 (상법 제388조)"

컨설턴트: 대표님, 그게 가장 위험한 일입니다. 임원은 근로자가 아니라 경영자라 상법 제388조의 적용을 받습니다. 이 조항에 따르면 임원의 보수는 정관이나 주주총회 결의가 없으면 지급 근거가 아예 없어집니다. 또한 직원들처럼 자동으로 퇴직금이 나오는 게 아닙니다. 규정 없이 가져가시면 국세청은 '회사 돈을 횡령했거나, 배당금을 몰래 챙겼네?'라며 비용 인정을 안 해줍니다.

대표: 아니, 내가 일해서 번 내 회사 돈을 내가 가져가는데 세무서가 왜 횡령이니 배당이니 간섭을 해요?

2. 급여도 맘대로 많이 받아가면 안되요.

컨설턴트: 상법에 상법 제388조 (이사의 보수)에 의하면 상법은 이사의 보수에 대해 다음과 같이 규정하고 있습니다.

"이사의 보수는 정관에 그 액을 정하지 아니한 때에는 주주총회의 결의로 이를 정한다."라고 되어있는데요. 보수의 범위는 월급, 상여금뿐만 아니라 퇴직금, 성과급 등 명칭을 불문하고 직무 수행의 대가로 지급되는 모든 금전적 이익을 포함합니다.

대표: 그럼 어떻게 해야 하나요?

컨설턴트: 상법에 의하면 이사회에서 스스로 자기들의 보수를 정하는 '셀프 결정'을 방지하기 위해, 반드시 주주총회의 승인을 거치도록 하고 있습니다. 개별 임원의 구체적인 액수를 정하기보다, 보통 "전체 이사의 보수 총액 한도"를 주주총회에서 승인받고, 그 범위 내에서 이사회가 각 임원별 배분액을 결정합니다.

대표: 정관에 보수 한도를 정하고 매년 이사회에서 결정해야 한다는 거네요?

3. "최고의 절세 방패, 퇴직금 배수"

컨설턴트: 황당하고 아쉬운 점이 있으나 법이 그러합니다. 세무서는 '근거'가 없으면 무조건 세금을 매기기 때문입니다. 하지만 반대로 고액 수령이 가능한 퇴직금도 정관에 규정만 잘 만들어두면 대표님께 엄청난 효자가 됩니다. 퇴직금은 일반 월급보다 세율이 훨씬 낮고, 무엇보다 건강보험료나 국민연금이 한 푼도 안 붙거든요. 직원들처럼 1배수만 받지 마시고, 정관에 2배, 3배로 배수를 높여두시면 나중에 수십억 원을 가져가셔도 아주 낮은 세금으로 합법적인 수령이 가능합니다.

대표: 배수를 높여서 가져가도 문제가 없단 말이죠? 건보료도 안 나오고? 그거 솔깃하긴 하네요. 그런데 배수를 너무 높이면 또 문제되는 거 아니에요?

컨설턴트: 네 너무 높으면 퇴직소득세가 아니고 근로소득세를 납부하셔야 해서 세금 부담이 높아 지긴 합니다. 하지만 세금을 더 내더라도 퇴직금을 많이 받고 싶으면 배수를 조금 높여도 됩니다.

대표: 퇴직금 관련 규정을 잘 활용하고 고민도 해봐야 겠네요.

4. "횡령·배임 리스크와 경영권 방어"

컨설턴트: 그래서 법이 허용하는 적정 범위 내에서 정관에 명문화하는 작업이 중요한 겁니다. 요즘은 동업자나 투자자들도 무섭습니다. 규정 없이 보수를 마음대로 올리면 업무상 배임으로 소송을 거는 경우도 많아요. 정관 규정은 국세청의 공격뿐만 아니라 이해관계자들로부터 대표님을 지켜주는 든든한 '방패'가 됩니다. 지금 정관 잠깐 볼 수 있을까요? 지급 기준이 현재 보수와 일치하는지 바로 점검해 드릴게요.

대표: 당장 문제가 안 된다고 방치할 게 아니었군요. 정관 여기 있습니다. 한번 봐주세요.

컨설턴트의 핵심 요약

1. **상법 제388조에 따라 '보수 규정'은 필수입니다.** 임원의 보수와 퇴직금은 정관이나 주총 결의가 없으면 법적 권리가 발생하지 않습니다. 규정 없이 지급된 돈은 비용 처리가 안 되어 법인세와 소득세가 이중으로 추징될 수 있습니다.
2. **'퇴직금 배수 규정'으로 합법적 절세를 극대화하세요.** 정관에 퇴직금 지급 배수(2~3배)를 명시하면 일반 소득보다 훨씬 낮은 세율로 법인 자금을 개인화할 수 있으며, 건강보험료 부담도 전혀 없는 최고의 출구 전략이 됩니다.
3. **정관 규정은 대표님을 지키는 '법적 방패'입니다.** 명확한 보수 규정은 국세청의 비용 부인 공격을 막아낼 뿐만 아니라, 업무상 횡령이나 배임 등 법적 분쟁으로부터 대표님을 안전하게 보호합니다.

11. 임원 유족 보상금과 정관 AP핵심 포인트

[임원 유족 보상금 활용 방안]

1. 개념 및 정의

임원 유족보상 규정이란 임원이 재직 중 예기치 못한 사고나 질병으로 유고(사망) 시, 그 유가족에게 지급하는 위로금 및 보상금의 산정 기준과 지급 절차를 명문화한 규정입니다. 이는 산재보험의 사각지대에 있는 경영진을 위한 법인의 안전망입니다.

2. 정관 규정 명문화의 필요성

- **산재보험의 한계:** 일반 직원은 산재 사고 시 국가로부터 보상을 받지만, 경영진(임원)은 보상 체계가 미비하여 별도의 보상 규정이 필수적입니다.
- **지급 근거의 명확화:** 법인 자금을 유족에게 지급할 때, 사전에 정해진 객관적 기준이 없으면 법적·세무적으로 인정받기 어렵습니다.
- **상법적 절차:** 임원에 대한 모든 보상은 상법 정신에 따라 정관 또는 주주총회에서 승인된 규정에 근거해야 합니다.

3. 규정 부재 시 발생하는 문제점

- **법인세 및 증여세 추징:** 규정 없이 지급된 보상금은 세무상 '비용(손금)'으로 인정되지 않아 법인세가 부과되며, 유족에게는 사망 보상금이 아닌 '증여'로 간주되어 고액의 증여세가 부과될 수 있습니다.
- **배임 및 횡령 분쟁:** 남은 주주나 이해관계자가 적법한 절차 없는 자금 집행을 문제 삼아 경영진을 상대로 법적 소송을 제기할 수 있습니다.
- **경영권 흔들림:** 보상액을 두고 유가족과 회사 간의 갈등이 발생하여 회사의 대외 신뢰도와 경영권 승계 과정에 악영향을 미칩니다.

4. 규정 도입의 기대 효과

구분	주요 기대 효과	세부 내용
세무 이익	전액 비용(손금) 인정	정관 근거에 따른 지급은 사회통념상 타당한 범위 내에서 법인 비용으로 처리되어 법인세를 절감.
재원 마련	상속세 납부 재원 확보	유족에게 지급된 보상금은 갑작스러운 고액의 상속세 납부 시 현금 재원으로 활용되어 가업 승계에 도움.
리스크 통제	경영권 분쟁 사전 방지	명확한 보상 산식을 통해 유가족과 경영진 간의 법적 다툼을 원천 차단.
가족 보호	심리적·경제적 안전망	대표이사의 부재라는 위기 상황에서 가족의 생활 안정을 보장하는 실질적인 보호 장치 역할.

컨설턴트의 핵심 요약

유족보상 규정은 회사가 가장 어려울 때 가족을 지켜주는 보험이자, 동시에 세금을 줄여주는 강력한 경영 도구입니다. 특히 대표이사 1인 중심의 중소기업에서는 퇴직금 규정과 반드시 세트로 정비해야 할 가장 우선순위가 높은 규정입니다.

화법으로 마스터하기

컨설턴트: 대표님, 오늘 현장을 둘러보니 직원들 안전 관리에 신경을 정말 많이 쓰시더군요. 혹시 사고 시 직원들이 받는 산재 보상 외에, 대표님 본인을 위한 유족보상 제도도 법적으로 준비되어 있으신가요?

대표: 나야 뭐 회사 주인인데 사고 나면 회삿돈으로 챙겨가면 되는 거 아

닌가요? 직원들처럼 복잡하게 규정까지 있어야 하나요?

1. 세무상 '비용' 인정의 한계 (소득세법 & 법인세법)

컨설턴트: 그게 가장 위험한 생각입니다. 대표님 마음대로 지급하시면 국세청은 그걸 '정당한 비용'으로 보지 않습니다. 법인세법 제26조에 따라 사전에 정해진 '지급 기준'이 없으면 법인의 비용(손금)으로 인정받지 못해 법인세가 추징됩니다.

대표: 아니, 내 회삿돈 내가 준다는데 왜 비용 처리가 안 된다는 겁니까?

컨설턴트: 네, 아쉽지만 규정 없이 지급하면 국세청은 이를 '이익의 임의 분배'로 봅니다. 법인은 비용 처리가 안 되어 법인세를 더 내야 하고, 유족은 퇴직소득이 아닌 증여세나 고율의 근로소득세를 물어야 할 수도 있습니다. 하지만 정관이나 주총 승인 규정이 있다면 사회통념상 타당한 범위 내에서 전액 비용 처리가 가능해집니다.

2. 상속세 재원 마련과 경영권 보호 (상속세 및 증여세법)

대표: 세금도 문제지만, 내가 없으면 우리 가족들이 당장 상속세 낼 돈도 문제가 되겠네요

컨설턴트: 맞습니다. 중소기업 대표님 유고 시 유가족은 수십억 원의 상속세 폭탄을 맞곤 하죠. 이때 현금이 없으면 회사를 급매하거나 가업 승계를 포기해야 합니다. 하지만 명문화된 유족보상 규정을 통해 지급되는 보상금은 유가족에게 즉각적인 현금 흐름을 제공하여 상속세 납부 재원으로 요긴하게 쓰입니다.

유족보상 규정의 가치 요약

구분	규정이 없을 때 (Risk)	규정이 있을 때 (Benefit)
세무(법인)	법인세 비용 불인정 (손금불산입)	법인세 절감 (비용 인정)
세무(유족)	증여세 또는 고율의 근로소득세	절세 효과 (퇴직소득 등 활용)
자금 활용	상속세 재원 부족으로 회사 위기	상속세 납부 재원 확보

컨설턴트: 결국 이 규정은 회사가 어려울 때 가족을 지켜주는 최후의 보루이자 세금을 줄여주는 경영 도구입니다. 특히 대표님처럼 1인 중심 법인은 퇴직금 규정과 유족보상 규정을 세트로 정비하는 것이 최우선 과제입니다.

대표: 듣고 보니 그렇군요. 우리 정관에 그런 내용이 들어있나 모르겠네요.

컨설턴트: 네, 대표님. 정관 내에 유족보상 관련 위임 문구가 있는지, 그리고 실제 지급 시 문제가 없을 표준 산식이 포함되어 있는지 꼼꼼히 체크해 드리겠습니다.

컨설턴트의 핵심 요약

1. "규정 없는 지급은 '선물'이 아니라 '독'입니다."

정관이나 주총 승인 규정 없이 지급하는 보상금은 세무상 '가지급금'이 될 확률이 큽니다. 법인은 법인세 폭탄을, 유족은 소득세/증여세 폭탄을 맞게 됩니다. 반드시 소득세법 제22조(퇴직소득 한도)와 상법 제388조(이사의 보수)를 충족하는 명문화된 규정이 선행되어야 합니다.

2. "보상금은 유족의 '생존권'이자 '경영권'입니다."

중소기업 상속의 최대 걸림돌은 '현금 유동성'입니다. 유족보상금은 상속세 납부 재원으로 활용되어 가업 승계를 원활하게 하고, 남은 경영진과의 분쟁을 막아주는 사회적 안전망 역할을 합니다. 이는 회사가 가족에게 줄 수 있는 가장 합법적이고 큰 배려입니다.

3. "퇴직금 규정과 '세트'로 정비하십시오."

유족보상 규정은 단독으로 존재하는 것보다 임원 퇴직금 지급 규정과 연계될 때 가장 큰 세무상 효과를 발휘합니다. 현재 정관에 '유족보상에 관한 별도의 위임 문구'가 있는지 확인하는 것이 그 시작입니다.

12. 중간·차등배당과 정관 AP핵심 포인트

[배당 관련 정관 점검 핵심]

배당은 주주의 핵심 권리이자 법인 자금을 합법적으로 회수하는 방법입니다. 유연한 자금 운용을 위해 다음 두 가지 규정을 정관에 정비해 두는 것이 전략적으로 매우 중요합니다.

1. 중간배당 규정 (자금 활용의 유연성)

- **필요성:** 통상적인 정기배당(연 1회) 외에 회계연도 중 추가로 배당을 실행할 수 있습니다.
- **장점:** 기업의 현금 흐름에 맞춰 긴급한 자금 수요가 발생했을 때 신속하게 대응할 수 있습니다.
- **체크포인트:** 정관에 '연 1회에 한하여 이사회 결의로 중간배당을 할 수 있다'는 명시적 근거가 있어야 합니다.

2. 차등배당(초과배당) 규정 (증여 및 자금 이전 전략)

- **필요성:** 주주들이 지분율에 비례하지 않고 배당금을 다르게 가져가는 방식입니다.
- **전략적 활용:** 대주주(대표님)가 배당을 포기하고 자녀나 자녀 법인에 더 많은 배당을 몰아줌으로써, 법인 자금을 효율적으로 이전할 수 있습니다.
- **장점:** 향후 가업 승계나 자녀의 자산 형성 시 자금 출처를 확보하는 데 유리합니다. (단, 세무적 검토 병행 필요)

컨설턴트의 핵심 요약

"정관에 중간배당과 차등배당 근거를 미리 마련해두어야, 추후 대표님께서 필요하실 때 세무적 리스크 없이 자금을 유연하고 전략적으로 운영하실 수 있습니다."

화법으로 마스터하기

컨설턴트: 대표님, 오늘 정관을 쭉 훑어봤는데 배당 관련해서는 너무 보수적으로 되어 있습니다. 지금 규정으로는 1년에 딱 한 번, [정기배당]만 가능하시네요.

대표: 일 년에 한 번이면 충분하지 않나요? 배당을 너무 자주 하는 것도 모양새가 좀 그렇고요.

컨설턴트: 그게 꼭 그렇지만은 않습니다. 갑자기 대표님 개인적으로 급전이 필요하거나, 법인 자금을 유동화해야 할 상황이 생길 수 있거든요. 그 때를 위해 [중간배당] 규정이 꼭 필요합니다.

대표: 말씀은 이해하지만, [중간배당] 규정을 정관에 넣는다고 없던 현금이 갑자기 통장에 꽂히는 건 아니지 않습니까?

컨설턴트: 물론이죠. 하지만 규정이 있어야 이사회 결의만으로 신속하게 자금을 집행할 수 있습니다. 일종의 '비상 자금 인출' 근거를 마련하는 셈이죠.

대표: 하지만 우리 회사는 하반기에 수금이 몰리는 구조입니다. 상반기에 규정 믿고 선불리 배당했다가 하반기 [운영자금]이 타이트해지면 누가 책임지나요?

컨설턴트: 그건 대표님께서 자금 상황을 보시고 실행 여부를 결정하시면 됩니다. 규정은 말 그대로 '선택권'을 갖는 것이니까요.

대표: 고민을 해봐야 할 건 같네요

컨설턴트: 그리고 한가지 더 [차등배당]은 어떠십니까? 배당을 차등으로 하는 건데요. 자녀들이 또다른 법인을 운영한다면, 자녀 법인에 주식을 증여하고, 차등배당을 통해 자녀 법인에 자산을 이전시키는데 유용하게 활용할 수있습니다.

대표: 자녀 법인에 자금을 넘겨서 [가업 승계] 재원을 만든다는 그 이야기군요. 저도 관심은 있습니다만, 요즘 세법이 너무 까다롭지 않나요?

컨설턴트: 맞습니다. 예전보다 꼼꼼해졌죠. 하지만 여전히 자녀가 직접 증여세를 내는 것보다 법인 간 이익 이전을 통하는 게 [자산 이전] 속도가 훨씬 빠릅니다.

대표: 제가 알기로는 법인세도 내고 자녀들은 증여세를 내는 걸로 알고 있는데 그럼 절세 효과가 거의 없는 거 아닌가요?

컨설턴트: 그래서 자녀 법인의 주주 1인당 1억을 넘지 않는 범위내에서 차등 배당을 하시면 추가적으로 내는 증여세는 발생하지 않습니다.

대표: 하지만 저는 여전히 [세무 리스크]가 걱정됩니다. 괜히 차등배당했다가 국세청에서 '비정상적 거래'라고 찍히면 본업까지 흔들릴 수 있잖아요.

컨설턴트: 그래서 전문가가 필요한 겁니다. 상법상 절차를 철저히 준수하고, 정관에 명확한 [법적 근거]를 마련해두면 국세청도 함부로 부정하지 못합니다.

컨설턴트의 핵심 요약

"대표님, 경영자의 가장 큰 리스크는 '세금'이 아니라 '준비되지 않은 상태에서 닥치는 변화'입니다. 정관 개정은 당장의 배당을 위해서가 아니라, 대표님의 재산을 지키고 승계를 준비할 수 있는 최소한의 [법적 방어막]을 치는 작업임을 잊지 마십시오."

화법으로 마스터하는 법인컨설팅 ABC

제2부

기업 정보와 Approach 컨셉

데이터로 대표의 마음을 사로잡는 재무설계사의 무기

법인 영업의 세계에서 '감(感)'과 '열정'만으로 대표님의 마음을 얻는 시대는 지났습니다. 이제 재무설계사에게 필요한 것은 기업의 이면을 꿰뚫어 보는 '통찰력'이며, 그 통찰력의 근거는 오직 객관적인 '기업 정보'와 '재무 데이터'에서 나옵니다. 이번 챕터에서는 기업의 재무제표를 단순한 수치 더미가 아닌, 대표님의 결단력을 이끌어낼 강력한 '어프로치 컨셉'으로 변환하는 핵심 전략을 다룹니다.

성공적인 법인 컨설팅은 기업의 지배구조와 재무 상태를 입체적으로 분석하여 대표가 직면한 '진짜 문제'를 찾아내는 것입니다. 주주와 임원 구성은 기업의 보상 구조와 향후 승계 구도를 보여주는 지도이며, 재무상태표의 자산과 부채는 기업의 현재 체력을 증명하는 지표입니다. 특히 매출채권의 회수 가능성이나 재고 자산의 적정성을 날카롭게 분석하는 과정은 잠재적 부실을 차단하는 선제적 방어 컨셉이 됩니다. 여기에 대표님의 최대 고민인 '가지급금'과 '미처분 이익잉여금'이라는 시한폭탄을 안전하게 해체하는 시나리오, 그리고 객관적인 '기업평가'를 통해 현재 위치를 확인시켜 주는 과정은 재무설계사의 전문성을 신뢰로 바꾸는 결정적 순간이 될 것입니다.

나아가 우리는 손익계산서라는 지표를 통해 실질적인 '법인세 절감 및 이익 극대화'라는 매력적인 어프로치 컨셉을 제시해야 합니다. 단순히 비용 지출을 권유하는 것이 아닙니다. 임원의 적정 급여 설정부터 복리후생비, 감가상각비, 대손상각비, 차량유지비, 그리고 기업업무추진비등에 이르기까지 각 항목의 합리적인 점검과 효율적인 집행 기준을 제안하는 것입니다. 적법한 테두리 내에서 경비를 최적화하여 법인세를 줄이고 대표의 실질 이익을 높여주는 조언은, 대표님에게 단순한 금융상품 제안보다 훨씬 강력한 '전문가적 가치'로 다가옵니다.

재무제표의 숫자는 거짓말을 하지 않습니다. 하지만 그 숫자가 무엇을 말하고 있는지 해석하고, 이를 대표의 마음을 움직이는 상담 컨셉으로 연결하는 것은 오직 준비된 재무설계사만이 할 수 있는 영역입니다. 기업 정보를 기반으로 한 정교한 어프로치는 단순한 상품 판매를 넘어, 여러분을 기업의 핵심 문제를 해결하는 '전략적 파트너'로 격상시켜 줄 것입니다.

이 챕터를 통해 재무제표라는 지도를 읽는 법을 마스터하고, 데이터라는 확실한 근거 위에 자신만의 필승 어프로치 컨셉을 구축하시길 바랍니다.

1. 기업 개요를 활용한 AP핵심 포인트

■ 기업개요

기업명	(주)로	기업명	L Co., Ltd.
사업자번호	2 39	법인(주민)번호	13 18
대표자명		종업원수	4명
설립형태	신규설립(개업)	설립년월	2021-09-23
기업유형	일반법인	기업규모	소상공인
전화번호		팩스번호	절차가 반드시 필요
홈페이지		이메일	
결산월	12월	기업공개일자	
주소	(13467) 경기 성		
표준산업분류(10차)	(F41119) 기타		
표준산업분류(11차)	(F41119) 기타		
주요제품(상품)			
무역업허가번호		소속그룹	
주채권기관	국민은행	당좌거래은행	
휴폐업정보	부가가치세 일반과세자 (조회일자: 2026-02-23)	법인등기정보	정상 (조회일자: 2023-11-08)

컨설팅 주요 항목	포인트
설립 형태	법인전환·신규설립
설립 연월	경과 연수에 따른 주요 이슈
종업원 수	(노무관리)
기업 유형	외감·일반
주주	주식수 만큼 권리와 책임 (배당=배당소득세)

기업 개요의 중요 AP 포인트

1. 설립 형태에 따른 법인 사업 전환의 이유

- 법인 사업의 장점에 대한 대화를 중심으로 개인 사업과 법인 사업의 차이를 통해 개인자산과 법인 자산의 분리와 개인자산화의 중요성에 대한 공감대를 형성합니다.

2. 설립 연차별 골든타임

기업의 나이에 맞는 옷을 입어야 합니다.

- **초기 (1~3년):** [경비효율화] 법인운영의 기본적인 내용 숙지하기
- **성장기 (3년이상):** [절세] 절세 및 이익금 관리하기
- **성숙기 (15년 이상):** [자산 승계기] 상승한 주식 가치에 따른 상속세 재원 마련 및 가업 승계 준비하기

3. 인원수에 따른 노무 가이드

직원이 늘어나는 기쁨, 노무 리스크로 변하지 않게 하려면?

- 종업원 수에 따른 노무관리 포인트가 달라짐과 준비 상황 체크해야 합니다

4. 기업 규모에 따른 주요 관심 포인트

- **외감 대상 법인:** 회계 투명성이 생존과 직결됩니다. 외부 감사를 받기 전, 법인 계약을 통해 합법적인 비용 처리와 부채 비율 관리를 선제적으로 시행해야 합니다.

화법으로 마스터하기

1. 설립 배경과 법인의 장점 확인

컨설턴트: 대표님, 처음부터 법인으로 시작하신 특별한 이유가 있으셨나요? 아니면 운영하시면서 법인이라서 좋다고 느끼시는 점이 있으신지요?

대표: 글쎄요, 대외적으로 신용도도 쌓고 나중에 사업 키워서 대출받기도 유리하다고 해서 법인으로 했죠. 세금도 개인보다는 싸다고 들었고요.

컨설턴트: 정확히 알고 계시네요. 법인은 개인사업자보다 대외 신용도가 높아 자금 조달에 유리하고, 무엇보다 세율이 낮아 이익을 사내에 유보하기에 최적의 구조입니다.

대표: 그렇지만 복잡한 것도 많은 것 같아요.

2. 소득 분리를 통한 절세 전략

컨설턴트: 그러실 수 있을 겁니다. 그런데 대표님, 낮은 법인세 혜택을 보시는 만큼, 나중에 이 법인자산을 대표님 개인 자산으로 가져오실 때의 '이름표'도 고민하고 계신가요?

대표: 이름표요? 그냥 내 월급으로 가져가는 거 말고 또 뭐가 있나요?

컨설턴트: 당연히 법인 대표님이라면 방법이 있습니다. 그게 바로 법인의 가장 큰 무기입니다. 법인은 이익을 대표님 급여, 배당, 그리고 퇴직금으로 나눌 수 있습니다. 대표님 혼자 급여로 다 가져가시면 종합소득세가 최고 45%까지 나오지만, 배당을 통하거나 가족과 소득을 분산하거나, 퇴직금 등을 활용하면 전체 세금은 확 줄어들게 됩니다.

3.아직 규모가 작아서 나중에 하겠다

대표: 말씀은 좋은데, 우리 회사는 아직 규모가 작아서 그런 복잡한 건 나중에 이익이 더 많이 나면 그때 해도 되지 않을까요?

컨설턴트: 대표님, 법인의 이익은 쌓일수록 주식 가치를 높여 나중에 상

속세나 증여세 폭탄으로 돌아옵니다. 오히려 지금처럼 성장기일 때 미리 적정한 보수도 받으시고 임원 퇴직금 규정을 정비해두셔야 합니다. 이익이 커진 뒤에 준비하려면 세무당국의 시선도 까다로워지고 비용도 훨씬 많이 듭니다. 지금이 가장 저렴하게 성벽을 쌓을 골든타임입니다.

4. 정관 점검 제안

컨설턴트: 대표님, 법인은 대표님을 위해 일하는 '도구'여야 합니다. 지금 이 도구가 세금만 내고 있는지, 아니면 대표님의 노후를 만들고 있는지 확인해봐야 합니다. 우선 대표님 회사의 정관에 임원 퇴직금 지급 규정이 제대로 되어 있는지도 확인해 보셔야 합니다

컨설턴트의 핵심 요약

법인사업의 장점을 활용하시기 위해서는 법인자산의 개인화 방안 확보와 정관에 대한 정검이 필수입니다.

2. 법인 설립 초창기 기업의 AP핵심 포인트

3년 미만 창업 초기 CEO를 위한 컨설팅 조언

개인(CEO) 과 법인을 분리해라	자금 흐름과 세무 관심 갖기	설립 초기 필수 사항 점검하기
• 법인과 개인 카드 사용 분리 • 사업관련 자금은 법인통장 통해 • 대가를 반드시 수령하기	• 가지급금 과 가수금 유의 • 돈의 흐름에 CEO가 중심되기 • 정부 지원 자금 관심 갖기	• 주주 관계 점검하기 • 임원진 효율적 등재하기 • 법인 정관 제대로 갖추기

• 법인 설립 초기에 법인 운영에 대한 기본적인 기초를 잘 다져야 합니다. 그래야 성장후 발생할 다양한 문제에 대처가 가능합니다

기초는 단단하게, 관리는 투명하게!
초기 CEO 경영 관리 전략

사업 초기에는 공격적인 확장도 중요하지만, 법인의 기초를 잘 다져야 성장 후 발생할 수 있는 리스크를 방지할 수 있습니다. 이를 위한 3가지 핵심 포인트를 기억하십시오.

1. 공과 사를 엄격히 구분하세요 (CEO와 법인의 분리)

법인 설립 초기, 가장 흔히 발생하는 실수가 개인자금과 법인자금을 혼동하는 것입니다. 투명한 회계 처리가 경영의 시작입니다.

- **카드 사용 분리:** 법인카드와 개인카드를 반드시 구분하여 용도에 맞게 사용하십시오.
- **자금 통로 단일화:** 사업 관련 모든 자금 흐름은 반드시 법인 통장을 거쳐야 합니다. 개인 자금이 법인을 거치지 않으면 회수가 불가능할 수 있습니다.

- **정당한 대가 수령:** 사업초기 이익이 없더라도 가능한한 대표는 정당한 급여를 수령해야 합니다. 회사 자금이 부족하더라도 수령 후 가수금처리나 자본금 증액을 하는게 좋습니다.

2. 자금의 흐름을 직접 장악하세요 (자금 흐름 및 세무 관심)

경리담당이나 세무대리인에게만 모든 것을 맡기지 말고, CEO가 직접 돈의 흐름을 꿰뚫고 있어야 위기 상황에 대처할 수 있습니다.

- **가지급금/가수금 유의:** 증빙 없는 지출인 가지급금이나 과도한 가수금은 향후 세무 조사의 타겟이 될 수 있으므로 세심한 관리가 필요합니다.
- **CEO 중심의 자금 관리:** 현금 흐름의 추이를 CEO가 상시 파악하여 리스크를 선제적으로 관리하십시오. 경리 직원에 너무 의존하지는 것 자제하시고, 세무사에게 궁금증을 자주 질문하십시요.
- **정부 지원 활용:** 초기 기업에 제공되는 다양한 정부 지원 자금 및 정책 자금에 적극적으로 관심을 가지십시오.

3. 법적 근거를 완벽히 구축하세요 (설립 초기 필수 사항 점검)

사업이 커진 후에는 절세 방안 마련이 훨씬 어렵고 비용이 많이 듭니다.

- **지배구조(주주 관계) 점검:** 주주 구성에 따른 장단점을 확인 하십시요
- **효율적인 임원 등재:** 책임 경영과 효율적인 의사결정을 위해 임원진 구성을 체계화하십시오. 타인은 가능한 배제하고 가족 중심이 운영에 효율적입니다
- **정관 정비:** 법인의 '헌법'인 정관을 우리 회사 상황에 맞게 제대로 갖춰 법적 보호를 받으십시오.

컨설턴트의 핵심 요약

법인설립 초기는 당사만의 시스템을 구축하는 것이 필요합니다. 엄격한 자금의 분리와 관리 그리고 법적 안정성 확보를 위한 정관 정비가 되어야 합니다.

화법으로 마스터하기
(대표님의 돈, 넣을 땐 내 돈이지만 뺄 땐 남의 돈입니다)

1. 통로 단일화 (자금 회수 리스크)

컨설턴트: 대표님, 혹시 급한 회사 지출이 생길 때 대표님 개인 계좌에서 거래처로 바로 송금하신 적이 있나요? 아니면 개인 카드로 물품을 결제하고 잊어버리신 적은요?

대표: 당연히 있죠. 법인 통장에 잔고가 딱 맞지 않을 때도 있고, 귀찮기도 해서 일단 제 개인 돈으로 처리하고 나중에 정산합니다. 제 회사인데 그게 큰 문제가 되나요?

컨설턴트: 대표님, 그게 가장 위험합니다. 모든 자금은 반드시 '법인 통장'이라는 정문을 통과해야 합니다. 개인 돈을 법인 통장을 거치지 않고 바로 쓰시면, 나중에 회사가 돈을 벌었을 때 대표님이 넣으신 그 소중한 돈을 법적으로 회수할 근거가 사라질 수 있습니다. 증빙이 없으니 '내 돈 내가 가져가는 것'도 횡령이나 가지급금으로 간주되어 다양한 불이익을 당할 수 있거든요. 억울하지 않으시겠습니까? 그래서 반드시 모든 자금은 법인 통장으로 입금 후 거래처로 송금하던지 하셔야 합니다. 그래야 향후 법인으로부터 대표님이 사용하신 자금을 잘 회수할 수 있습니다.

2. 사용 분리 (개인 카드 사용의 함정)

컨설턴트: 대표님, 혹시 외부 업체랑 미팅하시거나 사무실 비품 사실 때, 가끔 법인카드 꺼내기 귀찮아서 그냥 대표님 개인카드로 긁으시죠?

대표: 네, 뭐 제 카드 마일리지도 쌓이고, 어차피 나중에 회사에서 비용

처리하면 똑같은 거 아닌가요? 제가 회사 위해서 내 돈 먼저 쓰는 건데 손해 볼 게 있나요?

컨설턴트: 대표님, 그게 바로 '치명적인 손해'의 시작입니다. 개인카드로 회사 경비를 쓰시면 '사업용'인지 '개인 생활비'인지 구분하기가 매우 어렵습니다. 결국 입증이 까다로워져서 경비 처리가 누락될 확률이 높고, 그만큼 내지 않아도 될 법인세를 더 내게 되는 셈이죠. 마일리지 몇 점 쌓으려다 생돈 나가는 격입니다. 지금부터 법인카드와 개인카드를 엄격히 분리하는 습관이 대표님의 자산을 지키는 첫걸음입니다.

3. 정당한 대가 수령 (전략적 급여 설계)

컨설턴트: 마지막으로 여쭤볼게요. 현재 대표님 본인 급여는 얼마로 책정해서 수령하고 계신가요?

대표: 지금 직원들 월급 주기도 빠듯합니다. 제 월급은 커녕 제 돈을 더 집어넣고 있는 형편인데, 무슨 급여입니까? 전 무급으로 일하고 나중에 이익 나면 그때 가져갈 겁니다.

컨설턴트: 대표님, 그 마음은 알지만 경영자로서는 '최악의 수'입니다. 지금 무급으로 일하시면 나중에 회사가 커졌을 때 그동안 못 받은 돈을 한꺼번에 가져오기가 불가능에 가깝습니다. 차라리 지금 '정당한 급여'를 책정하십시오. 당장 통장에 돈이 없다면, 서류상 급여를 발생시킨 뒤 그 돈을 다시 회사에 빌려준 것으로 처리하는 '가수금' 방식을 쓰거나 자본금을 증액하는 것이 낫습니다. 이렇게 하면 회사는 급여로 비용 처리(절세)를 할 수 있고, 대표님은 나중에 회사가 여유 생길 때 세금 한 푼 없

이 그 돈을 정당하게 회수할 권리가 생깁니다. 지금 안 하시면 나중에 '내 돈' 꺼내올 때 '남의 돈' 꺼내오는 것처럼 세금 내셔야 합니다. 어느 쪽을 선택하시겠습니까?

대표: 말씀 들으니 이제 그리해야 겠네요.

화법으로 마스터하기 (자금의 흐름을 직접 장악하세요)

1. 경리 직원 및 세무사 의존: 전문가가 다 알아서 하는데, 제가 왜?

컨설턴트: 대표님, 혹시 우리 회사에 현금이 정확히 어디로 흘러가고 있는지, 이번 달 세무 이슈는 무엇인지 직접 챙겨 보시나요?

대표: 제가 밖에서 영업하고 매출 올리기도 바쁜데 그런 뒷일은 우리 경리랑 세무사님이 알아서 다 하죠. 전문가들인데 제가 굳이 간섭할 필요 있나요?

컨설턴트: 대표님, 운전대를 맡겼다고 해서 목적지까지 가는 길을 아예 모르면 사고 났을 때 대처가 안 됩니다. 세무사님은 사후 수습을 할 뿐이지, 대표님의 경영 리스크를 대신 책임져주지 않습니다. 특히 경리 직원에게 너무 의존하시면, 나중에 자금 흐름에 구멍이 나도 대표님만 모르고 지나가는 '깜깜이 경영'이 될 수 있습니다. 한 달에 한 번이라도 세무사님께 궁금한 걸 직접 묻고 현금 흐름의 추이를 직접 읽으셔야 위기 때 선제적으로 대응할 수 있습니다. 최소한 법인 통장의 입출금 내역은 대표님 핸드폰으로 직접 받아 볼수 있도록 하십시요. 그래야 입출금 현황과 잔고등을 대표님이 정확히 파악할 수 있습니다

대표: 듣고 보니 중요한데 제가 간과 했네요.

2. 가지급금과 가수금: 내 돈 넣고 빼는 건데 세무조사라니요?

컨설턴트: 그럼 혹시 대표님 개인 돈을 회사에 넣으시거나(가수금), 반대로 급할 때 증빙 없이 회사 돈을 가져가시는(가지급금) 일은 없으신가요?

대표: 초기엔 다들 그러지 않나요? 회사 돈 모자라면 제 돈 넣고, 제가 급하면 좀 가져다 쓰고... 나중에 장부에서 퉁치면 되는 거 아닌가요?

컨설턴트: 그 '퉁치는 것'이 세무조사의 1순위 타겟입니다! 가지급금은 '회사를 사금고처럼 쓴다'는 신호입니다. 특히 가지급금은 매년 복리 이자가 붙어 대표님의 세금 부담을 눈덩이처럼 불립니다. 그리고 언젠가는 갚아야 하는 부채이기에 가지급금이 발생하지 않도록 잘 체크하셔야 합니다. 결국 돈의 꼬리표를 명확히 관리하지 않으면, 나중에 투자 유치나 대출을 받을 때 '재무 건전성 꽝' 판정을 받게 됩니다. 지금부터 관리가 필요합니다.

3. 정부 지원 자금: 그런 공짜 돈은 우리 같은 작은 회사 안 줘요.

컨설턴트: 정부에서 초기 기업에 주는 정책 자금이나 지원금은 좀 알아보셨나요?

대표: 그런 건 절차도 복잡하고, 규모 있는 회사나 받는 거 아닙니까? 서류 꾸밀 시간 있으면 영업 한 번 더 나가는 게 낫죠.

컨설턴트: 대표님, 그게 바로 정보가 돈'인 이유입니다. 초기 기업일수록 담보 없이 저금리로 받을 수 있는 정책 자금이나 고용 지원금이 정말 많습니다. 이건 공짜 돈이 아니라 대표님이 내시는 세금을 돌려받는 정당한 권리입니다. 제가 대표님 사업에 딱 맞는 정부 과제를 매칭해 드릴 테

니, 매출은 대표님이 올리시고 자산의 기초 체력은 정부 자금으로 단단하게 다지시죠.

컨설턴트의 핵심 요약

- **자금 관리:** 경리 직원에게 '위임'하되 '방치'하지 마십시오.
- **가불금 관리:** 가수금과 가지급금은 세무조사를 부르는 '자석'입니다.
- **정부 지원:** 정보에 어두우면 남들 다 받는 혜택도 '손해'가 됩니다.

화법으로 마스터하기 (지배 구조 점검)

1. 지배구조 및 주주 관계: 주식은 나중에 나눠줘도 되지 않나요?

컨설턴트: 대표님, 지금 주주 구성은 어떻게 되어 있나요? 혹시 설립 때 도와준 지인이나 명의만 빌려준 분이 섞여 있지는 않으신지요?

대표: 뭐, 가족들도 좀 있고 친한 친구도 액면가로 좀 넣어줬죠. 나중에 상장하거나 커지면 그때 정리하면 되는 거 아닙니까? 지금은 주식 가치도 얼마 안 되는데...

컨설턴트: 대표님, 바로 그 '얼마 안 될 때'가 골든타임입니다! 사업이 커져서 주당 가치가 100배, 1,000배 뛰고 나면 주식 한 주 옮기는 데도 엄청난 증여세와 양도세가 발생합니다. 그때 가서 지인을 빼려고 하면 그분들이 순순히 비켜줄까요? 지금처럼 회사가 가벼울 때 최적의 주주 구성을 만들어두셔야 나중에 대표님의 경영권을 온전히 지킬 수 있습니다.

대표: 복잡하네요.

컨설턴트: 설립 초기 주식 가치가 낮을 때 주식을 가족에게 분산하거나 차명 주식은 회수하셔야 합니다.

2. 임원진 구성: 이름만 올려둔 임원, 괜찮을까요?

컨설턴트: 대표님! 임원진 구성은 어떻게 되어 있나요? 혹시 외부 인사를 이름만 올려두시진 않았나요?

대표: 친한 직원을 이사로 올려놨죠. 실제 경영은 제가 다 하니까 의사결정에 지장 없어요.

컨설턴트: 그게 가장 위험한 '인사 리스크'입니다. 타인이 임원으로 있으면 책임 경영은 커녕, 나중에 회사가 잘됐을 때 예상치 못한 보상을 요구하거나 법적 분쟁을 일으킬 소지가 큽니다. 의사결정의 효율성을 위해 임원은 대표님을 지탱해 줄 가족 중심으로 슬림하게 구성하는 것이 실질적인 방어막이 됩니다. 모르는 사람에게 우리 집 열쇠를 맡기지 마세요.

대표: 별로 문제없을 거예요

컨설턴트: 임원으로 올라있는 직원과 대표임 급여차이가 많이 나거나, 퇴직금을 차등하면 국세청이 엄청 문제 삼을 수 있으니, 이부분은 고려 해 보셔야 합니다. 그래서 효율적인 임원 구성도 정비하셔야 합니다.

대표: 한번 생각해 봐야 겠네요.

3. 정관 정비: 표준 정관이면 다 되는 거 아닌가요?

컨설턴트: 대표님, 혹시 우리 회사 정관 읽어보셨나요? 설립할 때 법무사 사무실에서 준 '표준 정관' 그대로 쓰고 계시죠?

대표: 정관요? 그냥 서랍에 넣어뒀죠. 사업하는 데 정관이 밥 먹여 주는 것도 아니고, 표준이면 다 검증된 거 아닌가요?

컨설턴트: 대표님, 표준 정관은 대표님을 지켜주지 않습니다! 그 정관에는 대표님의 퇴직금 지급 규정도, 혹시 모를 사고 시 유족 보상 규정도 빠져 있는 경우가 태반입니다. 나중에 큰돈을 퇴직금으로 가져가려 해도 정관에 근거가 없으면 국세청은 '비용 인정'을 안 해주고 세금 폭탄을 때립니다. 법인의 헌법인 정관을 우리 회사 맞춤형으로 고치는 건, 대표님이 일군 성과를 법적으로 보호받기 위한 최소한의 안전장치입니다.

컨설턴트의 핵심 요약

대표님, 수익은 사업에서 창출하지만, 그 수익을 온전히 대표님 것으로 만드는 안전장치는 바로 이 '기초 관리'에서 나옵니다. 지금 단단하게 설계하시죠!

3. 법인 설립 3년이상 기업의 AP핵심 포인트

3년 이상 창업 중기 CEO를 위한 컨설팅 조언	
CEO 정당한 대가를 수령해라	• 사업 안정기일 경우 합당한 보수를 받아라. (낮은 보수는 이익금 증가와 법인세 증가로 귀결)
미처분 이익잉여금과 배당에 관심을 가져라	• 미처분 이익잉여금 증가와 부채 증가 속도를 점검 조정해라 • 이익금의 일부를 매년 배당하는 것도 고려해라. 주식 분산의 마지막 기회를 활용해라
성장을 위한 정부자금과 각종 인증에 관심갖기	• 정부 지원자금이나 저리 대출 가능성을 확인하고 활용해라 • 시설자금, 토지 건물 신축자금 등

성장기 CEO의 골든타임: 이제 '수익'보다 '관리'가 실력입니다

1. CEO의 정당한 대가 수령

- **합당한 보수 체계:** 사업이 안정기에 접어들었다면 CEO로서 정당한 보수를 받아야 합니다.
- **낮은 보수의 부작용:** 대표의 보수를 너무 낮게 설정하면 법인의 이익금이 과도하게 쌓이게 되며, 이는 결과적으로 법인세 증가로 이어집니다.

2. 미처분 이익잉여금 및 배당 관리

- **지표 점검:** 미처분 이익잉여금이 쌓이는 속도와 부채가 늘어나는 속도를 상시 점검하고 조정해야 합니다.
- **전략적 배당:** 이익금의 일부를 매년 배당하는 것을 고려해야 하며, 이를 주식 분산 및 가업 승계를 위한 마지막 기회로 활용할 수 있습니다.

3. 정부 자금 및 각종 인증 활용

- **자금 확보:** 정부 지원 자금이나 저금리 대출(정책 자금) 가능성을 상시 확인하고 적극적으로 활용해야 합니다.
- **용도별 활용:** 시설 자금, 토지 및 건물 신축 자금 등 기업 성장에 필요한 대규모 자금을 조달하는 데 관심을 가져야 합니다.

컨설턴트의 핵심 요약

사업 안정기에는 법인세 절감을 위해 보수를 현실화하고, 쌓인 이익금은 배당을 통해 관리하며, 시설 투자 등을 위해 정부 정책 자금을 적극 활용하는 것이 중요합니다.

화법으로 마스터하기

(이제는 수익보다 관리가 중요합니다)

1. CEO의 보수 현실화: 제 월급 적게 가져가면 회사에 좋은 거 아닌가요?

컨설턴트: 대표님, 사업이 이제 안정기에 접어드셨는데 현재 급여는 어떻게 책정하고 계신가요? 혹시 아직도 사업 초기처럼 최소한의 비용만 가져가고 계시진 않나요?

대표: 회사가 더 커야 하니까 제 월급은 아끼고 있죠. 대표가 적게 가져가야 회사에 돈이 쌓이고 재투자도 할 수 있는 거 아닌가요?

컨설턴트: 대표님, 그 마음은 훌륭하시지만 세무적으로는 '악수'를 두시는 겁니다. 대표님의 보수가 너무 낮으면 그만큼 법인 이익금이 과도하

게 쌓이게 되고, 결국 법인세만 대폭 증가하게 됩니다. 이제는 사업 안정기에 걸맞은 합당한 보수를 받으셔야 합니다. 그것이 법인세를 줄이면서 대표님의 정당한 대가를 확보하는 가장 기초적인 절세 전략입니다.

대표: 법인세가 많이 발생한다는 것은 간과했네요?

2. 이익잉여금과 배당: 이익이 많이 났는데, 그냥 두면 안 되나요?

컨설턴트: 장부를 보니 미처분 이익잉여금이 꽤 쌓였네요. 부채가 늘어나는 속도와 비교해 보셨을 때 이대로 두어도 괜찮으시겠습니까?

대표: 돈이 쌓여 있으면 든든하고 좋죠. 나중에 쓸 데가 있겠죠. 배당은 세금도 많이 나온다던데 굳이 지금 해야 할까요?

컨설턴트: 단순히 쌓아두기만 하는 이익금은 나중에 '독'이 됩니다. 이익잉여금이 과도하면 기업 가치가 비정상적으로 높아져서 나중에 상속이나 증여 시 엄청난 세금 부담으로 돌아오거든요. 매년 전략적인 배당을 통해 이익금을 조절하십시오. 지금이 주식 분산이나 가업 승계를 준비할 수 있는 마지막 골든타임일 수 있습니다.

3. 정부 정책 자금 활용: 대출은 무서운데, 꼭 받아야 합니까?

컨설턴트: 최근 시설 투자나 신축 계획이 있으시다고 들었습니다. 혹시 정부 정책 자금이나 저리 대출 쪽은 알아보셨나요?

대표: 대출은 빚인데 굳이 받고 싶지 않아요. 서류 절차도 복잡하다고 하던데, 우리 회사 돈으로 천천히 하면 안 될까요?

컨설턴트: 대표님, 이건 단순한 빚이 아니라 정부가 주는 '경영 레버리지'

입니다. 시설 자금이나 토지/건물 신축처럼 큰돈이 들어갈 때 시중 금리보다 훨씬 낮은 저금리 정책 자금을 활용하는 것은 경영자의 권리입니다. 정부 지원 가능성을 상시 확인해서 기업 성장의 가속도를 붙이셔야 합니다. 제가 대표님의 상황에 맞는 맞춤형 인증과 자금을 매칭해 드리겠습니다.

컨설턴트의 핵심 요약

성장기 경영의 핵심은 세 가지입니다.

- **보수 현실화:** 법인세 절감과 대표님의 자산 확보의 지름길
- **전략적 배당:** 쌓인 이익금 관리와 승계 준비에 효율적으로 준비
- **정책 자금 활용:** 시설 투자 및 성장을 위한 저리 자금 조달에 관심

4. 60세이상 CEO 기업의 AP핵심 포인트

15년 이상 & 60세 이상 CEO를 위한 컨설팅 조언	
주식 가치와 대안 마련	• 높은 주식 가치시 발생할 미래 문제점 확인(증여상속양도세)을 위해 주식 가치를 평가하고 대책을 마련해라
법인자금 인출 방안 마련하기	• 자기 주식 취득과 CEO퇴직금 제도를 활용한 법인 자산 개인화와 주식 가치 관리 방안 마련하기 (CEO의 목돈확보와 주식가치 관리를 통한 이전 방안 마련)
자산과 부채 점검하고 법인 유동자산을 늘려라	• 자산에서 재고와 매출 채권의 점유비율 점검해라 • 부채 비율과 부채규모를 파악하고 축소 방안 마련하기
법인의 미래에 대한 계획 세우기	• 가업 승계 또는 매각 등에 대한 계획을 수립하고 시간을 두고 실행하기 • 가업 승계시 가업 상속제도 활용을 통한 이전 비용 절감 계획 세우기

[성숙기 CEO를 위한 경영 관리 4대 핵심 전략]

1. 가치 평가와 세금 대책 마련

- **미래 문제점 확인:** 주식 가치가 높을 때 발생할 수 있는 증여세, 상속세, 양도세 등의 세무 리스크를 사전에 파악해야 합니다.
- **선제적 대응:** 현재의 주식 가치를 정확히 평가하고, 세금 부담을 줄이기 위한 구체적인 대안을 수립해야 합니다.

2. 법인 자금의 효율적 개인화

- **자사주 매입 활용:** 자기 주식 취득을 통해 법인의 자금을 합법적으로 개인화하고 주식 가치를 관리하는 것도 고려해 보십시오.
- **CEO 퇴직금 제도:** 퇴직금 제도를 정비하여 대표님의 목돈을 확보하고, 다양하게 활용할 수 있도록 준비하십시오.

3. 재무 건전성 점검 및 유동성 확보

- **자산 구성비 확인:** 전체 자산 중 재고 자산과 매출 채권이 차지하는 점유비율을 점검하여 내실을 기해야 합니다.
- **부채 관리:** 현재의 부채 비율과 규모를 정확히 파악하고, 이를 축소하여 법인의 유동 자산을 늘리는 전략이 필요합니다.

4. 가업 승계 및 법인의 미래 설계

- **장기 계획 수립:** 가업을 자녀에게 승계할 것인지, 아니면 제3자에게 매각(M&A)할 것인지에 대한 계획을 세우고 시간을 두고 실행해야 합니다.
- **상속 제도 활용:** 가업 상속 공제 제도 등 법적 혜택을 활용하여 이전 비용(세금)을 극적으로 절감할 수 있는 계획을 세워야 합니다.

컨설턴트의 핵심 요약

15년 이상 달려오신 대표님께 지금 필요한 것은 '얼마나 버느냐'가 아니라, '어떻게 세금 없이 안전하게 내 자산으로 만드느냐'입니다!

화법으로 마스터하기

(대표님, 이제는 '회사의 돈'이 아니라 '대표님의 돈'으로)

1. 주식 가치와 세금:
회사가 잘됐는데 왜 제가 세금 걱정을 해야 하죠?

컨설턴트: 대표님, 15년 넘게 정말 고생 많으셨습니다. 회사가 처음에 비해 규모가 어마어마하게 커졌는데, 혹시 지금 우리 회사 주식 가치가 얼마 정도 되는지 평가해 보신 적 있으신가요?

대표: 글쎄요, 상장사도 아닌데 주식 가치가 뭐가 중요합니까? 그냥 내 회사고, 나중에 자식한테 물려주면 되는 거 아닌가요?

컨설턴트: 대표님, 바로 그 '나중에'가 무서운 겁니다. 대표님이 회사를 너무 잘 키워놓으셔서 지금 주식 가치가 수십 배 뛰었을 텐데, 이 상태로 아무 준비 없이 증여나 상속을 하게 되면 재산의 절반을 세금으로 내야 할 수도 있습니다. 지금 정확히 가치 평가를 해보고, 주식 가치를 낮추거나 분산하는 선제적 대응을 하지 않으면 공들여 키운 회사가 세금 때문에 흔들릴 수 있습니다.

2. 자사주 매입: 내 주식을 회사가 산다니, 그게 가능한가요?

컨설턴트: 법인에 쌓여있는 이익금을 대표님 개인 자산으로 안전하게 옮기는 방법 중 하나로 '자사주 매입'을 검토해 보시는 것도 좋습니다

대표: 자사주 매입요? 그건 대기업이나 하는 거 아닌가요? 내 주식을 회사가 사고 돈을 가져오는 게 합법인가요?

컨설턴트: 네, 법적 절차만 제대로 지키면 아주 훌륭한 전략입니다. 법인이 대표님의 주식을 사면서 대금을 지급하는 방식인데, 일반적인 배당보다 세율이 낮고 법인 자금을 합법적으로 개인화할 수 있는 강력한 수단입니다. 동시에 주식 가치 관리까지 가능하니, 일석이조의 효과를 보실 수 있습니다.

3. CEO 퇴직금 제도: 퇴직금은 나중에 그만둘 때 생각하면 되죠?

컨설턴트: 대표님, 언젠가 경영 일선에서 물러나실 때를 대비해 '퇴직금

규정'은 제대로 정비되어 있으신가요?

대표: 뭐, 나중에 회삿돈 좀 챙겨서 나가면 되는 거 아닌가 싶네요.

컨설턴트: 대표님, 큰일 날 말씀입니다! 정관에 명확한 지급 규정이 없으면, 나중에 수억 원의 퇴직금을 가져가실 때 국세청에서 '비용'으로 인정해주지 않고 전액 세금 폭탄을 때릴 수 있습니다. 지금 즉시 퇴직금 제도를 정비해서 대표님의 노후 자금(목돈)을 확보할 법적 근거를 만드셔야 합니다. 이것이 대표님의 자산을 가족에게 안전하게 이전하는 가장 확실한 출발점입니다.

3. 재무 건전성: 장부상 이익은 많은데, 왜 쓸 돈은 없죠?

컨설턴트: 대표님, 장부를 보니 매출도 좋고 이익도 상당합니다. 그런데 실제 법인 통장에 바로 쓸 수 있는 현금 유동성은 좀 어떠신가요?

대표: 장부엔 돈이 많다는데 정작 급할 땐 여유가 없어요. 다 어디 가 있는지 모르겠네요.

컨설턴트: 대표님, 그 돈들이 지금 '재고 자산'이나 '매출 채권'에 묶여 있을 확률이 높습니다. 겉으로만 풍성한 '종이 위 이익'인 셈이죠. 이제는 전체 자산에서 이런 항목들이 차지하는 비율을 점검해서 군살을 빼야 합니다. 부채 규모도 다시 파악해서 줄일 건 줄이고, 법인에 실제 현금(유동자산)이 돌게 해야 나중에 은퇴 자금을 회수하실 때도 뒤탈이 없습니다.

4. 가업 승계와 미래: 승계, 그거 자식한테 물려주면 끝 아닌가요?

컨설턴트: 대표님, 혹시 5년 뒤, 10년 뒤 이 회사의 미래를 그려보셨나요?

자제분께 물려주실 계획이신가요, 아니면 적당한 때에 매각을 고려하시나요?

대표: 아직 건강한데 벌써 그런 생각을 해야 합니까? 때 되면 자식이 물려받겠지 싶긴 한데, 절차가 복잡합니까?

컨설턴트: 승계는 하루아침에 되는 게 아니라 최소 5년 이상의 장기전입니다. 자녀에게 물려주실 거라면 '가업 상속 공제 제도' 같은 법적 혜택을 미리 준비해야 세금을 아낄 수 있습니다. 반대로 매각(M&A)을 원하신다면 기업 가치를 최고로 높여놓는 작업이 필요하죠. 지금 계획을 세우지 않으면, 나중에 세금 내느라 회사를 팔아야 하는 주객전도의 상황이 올 수도 있습니다.

컨설턴트의 핵심 요약

대표님, 15년 넘게 앞만 보고 달려오셨다면 이제는 옆과 뒤를 살피실 때입니다.

- **가치 평가:** '세금 폭탄'인지 '황금알'인지 지금 확인하십시오.
- **자산 개인화:** 자사주 매입과 퇴직금 제도로 법인 돈을 '내 돈'으로 만드십시오.
- **재무 건전성:** 묶인 돈(재고/채권)을 풀고 현금을 확보해 내실을 기하십시오.
- **미래 설계:** 승계든 매각이든 지금 결정하셔야 세금 부담 없이 안전하게 대표님의 자산을 지킬 수 있습니다.

5. 종업원 수에 따른 노무관리 AP핵심 포인트

■ **기업개요** 상시 종업원 수

기업의 상시 종업원 수에 따른 사업장 노무 관련 적용 사항 파악

<상시 종업원 수에 따른 노무관련 적용 사항>

5인 미만	5~10인 미만	10인 이상	30인 이상
• 근로계약서 (5백만원 이하의 벌금) • 근로자명부 (5백만원 이하의 과태료) • 최저임금 (2천만원 이하의 벌금) • 주휴수당 (2천만원 이하의 벌금) • 퇴직금 관리 (2천만원 이하의 벌금)	• 가산임금 • 연차수당 • 해고관리 (상기 위반 시 2천만원 이하의 벌금) • 중대재해 처벌법 적용 ※ 5인 미만 사항 포함	• 성희롱 예방교육 (5백만원 이하의 과태료) • 취업규칙 제정/신고 (5백만원 이하의 과태료) ※ 10인 미만 사항 포함	• 노사협의회 • 고충처리 위원회 ※ 10인 이상 사항 포함

* 임금관련사항 위반 시 상기 벌금 또는 3년 이하의 징역

[사업장 규모별 노무관리 체크리스트]

1단계: 5인 미만 (기초 법규)

- **서류 의무:** 근로계약서 및 근로자 명부 작성 (미작성 시 벌금/과태료 최대 500만 원)
- **임금 의무 및 해고 예고:** 최저임금 준수, 주휴수당 지급, 퇴직금 지급 (위반 시 3년 이하 징역 또는 2천만 원 이하 벌금), 해고예고 30일전 서면 안내

2단계: 5인 이상 ~ 10인 미만 (비용 및 안전 강화)

- **추가 수당:** 연장·야간·휴일 근로 가산임금(1.5배) 및 연차유급휴가 부여 의무
- **해고 제한:** 정당한 이유 없는 해고 금지 및 해고 예고 준수
- **안전 관리:** 중대재해처벌법 적용 대상이므로 안전보건 관리 체계 구축 필수

3단계: 10인 이상 (규정 및 교육 의무)

- **취업규칙:** 사내 규정(취업규칙) 제정 후 고용노동부 신고 (미신고 시 과태료 500만 원)
- **법정 교육:** 직장 내 성희롱 예방 교육 등 법정 의무 교육 실시 및 증빙 보관

컨설턴트의 핵심 요약

노무관리는 한 번 터지면 금전적 손실은 물론 형사 처벌 리스크까지 따르는 '경영의 지뢰밭'입니다. 매출 규모에 맞는 시스템을 미리 갖춰야 대표님이 사업에만 전념하실 수 있습니다

화법으로 마스터하기

1. 5인 미만: 가장 기본적인 건데, 벌금이 2천만 원이라고요?

컨설턴트: 대표님, 이제 막 시작하거나 소규모로 운영하실 때 '우리는 가족 같은 분위기라 괜찮아'라고 생각하시는 게 가장 위험합니다. 혹시 근로계약서랑 근로자 명부, 다 써두셨나요?

대표: 아이구, 바빠 죽겠는데 그런 종이 한 장 안 썼다고 설마 큰일 나겠어요? 오랫동안 같이 일한 식구 같은 직원들인데요.

컨설턴트: 대표님의 선하신 그 맘은 이해합니다. 하지만 그렇지 않은 경우도 너무 많더라구요.(사례 제시) 정말 큰일 납니다! 계약서 한 장 안 쓴 게 나중에 걸리면 벌금이나 과태료만 최대 500만 원이에요. 게다가 최저임금이나 퇴직금 문제까지 엮이면 최대 2천만 원 이하 벌금에 징역형까지 나올 수 있습니다. 기초 공사를 잘해야 건물이 안 무너지듯, 노무의 기

초는 이 서류 한 장에서 시작됩니다.

대표: 서류 한장이 중요하다고요?

컨설턴트: 네 근로 계약서는 종업원이 아닌 대표님을 위해 꼭 작성하셔야 합니다. 그래야 미래 발생할 위험을 사전에 예방하실 수있습니다.

대표: 그래요? 근로 계약서가 그리 중요한 건지 몰랐네요

컨설턴트: 계약서는 기본이고 종업원들 맘에 안들어 그만 두라고 하실 때도 조심하셔야 합니다

대표: 일 못하고 사고치는 직원도 내맘대로 그만두라고 못하나요?

컨설턴트: 네, 해고 하실때도 30일전에 서면으로 해고 예고를 하셔야 합니다. 그렇지 않으면 해고 예고가 없었기에 한달치 급여를 추가 지급하셔야 할 수도 있습니다.

2. 5인 이상 ~ 10인 미만: 사람 좀 늘렸더니 나가는 돈이 확 늘어났네요?

컨설턴트: 사업이 잘돼서 직원이 5명을 넘어가기 시작하면, 대표님 지갑에서 나가는 돈의 성격이 확 바뀝니다. 연장이나 야간 근로 시 1.5배 가산임금이랑 연차 수당 챙겨주셔야 하는 거 아시죠?

대표: 아니, 5명 넘었다고 갑자기 그렇게 돈이 많이 나가나요? 그리고 사람 내보내는 것도 마음대로 안 된다면서요?

컨설턴트: 맞습니다. 이때부터는 '정당한 이유 없는 해고'가 엄격히 제한됩니다. 특히 요즘 가장 무서운 게 '중대재해처벌법'입니다. 5인 이상부터는 안전보건 관리 체계를 안 갖췄다가 사고라도 나면 대표님이 직접

처벌받으실 수도 있어요. 이제는 단순 운영이 아니라 '리스크 관리' 단계입니다.

대표: 법정 근로시간인 주 40시간을 넘어서면 급여를 훨씬 더 줘야하고 그렇지 않으면 문제가 된다는 얘기네요?

3. 10인 이상: 이제 회사의 '법'을 만드셔야 할 때입니다

컨설턴트: 네, 뿐만아니라 직원이 10명이 넘어가면 이제 하나의 '조직'입니다. 우리 회사의 룰, 즉 '취업규칙'을 만들어서 나라에 신고하셔야 합니다.

대표: 취업규칙요? 그냥 제가 시키는 대로 하면 되는 거 아닌가요? 교육도 따로 받아야 합니까?

컨설턴트: 아닙니다. 10인 이상인데 취업규칙을 만들어야 하고 신고 안 하시면 과태료 500만 원입니다. 성희롱 예방 교육 같은 법정 의무 교육도 안 하면 또 과태료고요. 이제는 대표님 개인의 지시가 아니라, 명문화된 시스템으로 직원을 관리하셔야 뒤탈이 없습니다.

대표: 사업하기 쉽지 않네요

컨설턴트: 네, 그 맘 이해됩니다. 하지만 법은 따라야 하잖아요. 이런 법규를 잘 알고 준비하셔야 추후 문제가 발생하지 않습니다. 고객님이 원하시면 노무 전문가 상담을 연결해 드리겠습니다. 뿐만 아니라 법정의무 교육도 무상으로 가능한 곳을 연결해드리도록 하겠습니다.

대표: 그래요. 법은 지켜야 겠지요. 괜찮으시면 전문가 상담 부탁드립니다.

컨설턴트: 네, 대표님. 그럼 전문가와 미팅 약속 잡고 다시 한번 찾아뵙겠습니다.

컨설턴트의 핵심 요약

대표님, 노무 관리는 '경영의 지뢰밭'입니다. 한 번 터지면 돈도 돈이지만, 대표님이 쌓아오신 명성까지 흔들릴 수 있습니다. 지금 매출 늘리기도 바쁘시겠지만, 우리 회사 규모에 맞는 방패(노무 시스템)를 미리 만드셔야 대표님이 마음 편히 사업에만 전념하실 수 있습니다.

6. 주주 관계에 따른 AP핵심 포인트

■ 주주 현황과 AP핵심 컨셉

1인 주주	위험요인	이익 회수 문제(배당소득세) 증여 및 상속시 세부담 증가
	해결방안	가치 하락 유도 → 증여 → 주식 분산
	기대효과	배당으로 주주의 자금 출처 확보, 주식 가치 상승에 따른 세부담 경감,상속세↓
동업 주주	위험요인	지분 청산 시 갈등, 동업자 사망시 분쟁, 지분 지급 대가 부담
	해결방안	정관 정비(양도제한), 현금 유동성 확보, 지분 확보 전략 수립
	기대효과	지분 이동에 따른 경영권 분쟁 보호, 동업자 사망시 분쟁방지, 대가 확보
차명 주주	위험요인	소유권 분쟁, 세무조사 리스크(증여세 부담), 상속리스크
	해결방안	주식 양도제한, 차명주식 회수 플랜 마련
	기대효과	안정적 기업 운영, 소유권 분쟁 및 상속 분쟁 해소

[주주 관계의 중요성]

1. 1인 주주 (대표자 단독 지분)

- **문제점:** 이익 회수 시 소득세 부담이 높으며, 기업 가치 상승에 따라 가업 승계 및 상속 발생 시 막대한 상속세 부담이 발생합니다.
- **해결 방안:** 기업 가치가 비교적 낮은 시기에 배우자나 자녀에게 주식을 증여하여 지분을 분산합니다.
- **기대 효과:** 미래의 증여·상속 세액을 절감하고, 자녀의 자금 출처를 합법적으로 확보할 수 있습니다.

2. 동업 주주 (제3자 지분 포함)

- **문제점:** 경영 의사결정 시 갈등이 발생할 수 있으며, 동업자의 지분 매수 요구, 동업 주주 사망 시 상속인과의 지분 청산 및 경영권 분쟁 리스크가 존재합니다.

- **해결 방안:** 법인 정관에 주식 양도 제한 규정을 명시하고, 지분 회수를 위한 현금 유동성을 미리 확보합니다.
- **기대 효과:** 외부로의 지분 유출을 차단하여 안정적인 경영권을 보호하고, 분쟁 발생 시 신속한 대응이 가능합니다.

3. 차명 주주 (명의 신탁 주식)

- **문제점:** 명의 수탁자가 소유권을 주장하거나 반환을 거부할 경우 법적 분쟁이 발생하며, 과세당국의 세무조사 및 과태료 부과 대상이 됩니다.
- **해결 방안:** 실제 소유자 확인 절차를 거치거나 양수도 계약을 통해 기업 가치가 더 커지기 전에 지배구조를 정상화합니다.
- **기대 효과:** 잠재적인 소유권 분쟁을 원천 차단하고, 투명한 지배구조 확립을 통해 가업 승계의 걸림돌을 제거합니다.

화법으로 마스터하기 (주주관계)

1. 1인 주주 (지분 집중 리스크)

컨설턴트: 대표님, 회사 실적이 작년보다 더 좋아지셨네요! 그런데 이대로 두시면 나중에 '세금 고지서'가 대표님의 성장을 방해할까 봐 걱정입니다.

대표: 회사가 잘 되면 좋은 거지, 세금이야 나중에 벌어서 내면 되는 거 아닌가요?

컨설턴트: 대표님이 지분을 다 가지고 계셔서 입니다

대표: 내 지분 100%인데 뭐가 문제죠?

컨설턴트: 지금은 든든하시겠지만, 기업 가치가 올라갈수록 세금 부담은 기하급수적으로 커집니다. 배당하는데도 장애물이 됩니다. 또한 나중에

자녀분이 세금 때문에 회사를 팔아야 할 수도 있습니다. 따라서 지금처럼 가치가 비교적 낮을 때 가족분들께 지분을 조금씩 분산해두시면, 미래의 세금은 확 줄이면서 자녀분들의 합법적인 자산 형성까지 한 번에 끝낼 수 있습니다. 지금이 가장 낮은 비용으로 분산할 수 있는 기회일 수도 있습니다.

2. 동업 주주 (경영권 분쟁 리스크)

컨설턴트: 대표님, 동업하시는 분과 관계가 참 좋으시더라고요. 혹시 만약의 상황을 대비해 정관에 주식 양도 제한 규정은 넣어두셨나요?

대표: 같이 고생한 동료인데 그런 규정 만들면 서로 의심하는 것 같아서 좀 그렇습니다. 우린 죽을 때까지 같이 갈 겁니다.

컨설턴트: 두 분의 신뢰는 믿어 의심치 않습니다. 하지만 리스크는 사람이 아니라 '상황'에서 옵니다. 만약 동업자분께 유고가 생겨 그 지분이 경영을 모르는 유가족에게 상속된다면요? 그분들이 지분을 제3자에게 팔겠다고 하거나 갑자기 경영에 간섭하면 대표님의 경영권이 흔들릴 수 있습니다. 정관을 정비하는 건 서로를 의심하는 게 아니라, 두 분의 소중한 회사를 외부로부터 지키는 방어벽을 세우는 일입니다.

대표: 그럼 어떻게 하죠?

컨설턴트: 다양하게 발생할 수 있는 상황에 대한 대비책을 서로 마련하시는 것이 필요합니다. 그에 대한 전반적인 상담을 진행해 드리도록 하겠습니다.

3. 차명 주주 (명의신탁 리스크)

컨설턴트: 대표님, 창업 초기 사정상 지인 이름으로 올려두신 주식 말입니다. 기업 가치가 더 커지기 전에 이제는 제자리로 돌려놓으셔야 할 때입니다.

대표: 그거 10년 넘게 아무 일 없었습니다. 지금 건드렸다가 괜히 세무조사라도 나오면 긁어 부스럼 만드는 거 아닙니까?

컨설턴트: 대표님, 그 '아무 일 없는 시간' 동안 리스크는 계속 부풀어 오르고 있습니다. 나중에 그 지인이 변심해서 소유권을 주장하거나, 그분이 갑자기 돌아가셔서 자녀분들에게 상속이라도 되면 법적 분쟁은 피할 수 없습니다. 세무당국은 갈수록 정교해지고 있습니다. 나중에 더 큰 비용을 지불하셔야 할 수도 있습니다. 따라서 가장 적은 비용으로 지분구조를 정리할 수 있는 컨설팅을 받아 보시길 바랍니다.

컨설턴트의 핵심 요약

대표님, 경영은 공격이지만 **지배구조는 수비**입니다. 수비가 탄탄해야 공격도 마음 놓고 하실 수 있습니다. 주주 관계에 대한 전반적인 재 점검을 하시길 권해드립니다.

7. 1인 주주 문제점과 AP핵심 포인트

[1인 주주의 주식 분산전략]

1. 문제점 (Risk): 성장이 곧 세무 리스크가 되는 구조

- **세금 폭탄:** 법인 이익이 쌓여 주식 가치가 상승할수록 미래에 지불해야 할 증여·상속세가 기하급수적으로 증가합니다. (최고 세율 50%)
- **승계 재원 부족:** 자녀에게 지분이 없으면, 나중에 세금을 내기 위해 회사를 매각하거나 무리한 대출을 받아야 하는 경영 위기가 발생할 수 있습니다.
- **자금 출처 미비:** 자녀가 독자적인 자산 형성 기회를 갖지 못해 향후 자산 취득 시 세무 조사의 타겟이 될 가능성이 큽니다.

2. 해결안 (Solution): 저점 증여와 전략적 지분 분산

- **단계적 증여:** 기업 가치가 더 오르기 전(저점 시기)에 배우자 및 자녀에게 지분을 증여하여 1인 집중 구조를 탈피합니다.
- **주식 가치 평가:** 현재 우리 회사의 주식 가치를 정확히 측정하여 증여의 최적 시기를 파악합니다.
- **배당 정책 실행:** 분산된 지분을 바탕으로 배당 등을 활용하여 자녀에게 합법적인 소득을 창출해 줍니다.

3. 기대효과 (Benefit): 절세와 경영권 승계 기반 마련

- **극적인 절세:** 사후 상속세보다 사전 증여세가 훨씬 저렴하므로 전체적인 자산 이전 비용을 최소화합니다.
- **합법적 종잣돈:** 자녀는 배당금을 통해 향후 가업 승계나 자산 취득에 필요한 현금을 스스로 확보하게 됩니다.
- **안정적 경영권:** 가족 중심의 주주 명부를 사전에 구성함으로써 외부 리스크를 차단하고 안정적인 승계 기반을 다질 수 있습니다.

컨설턴트의 핵심 요약

1인 주주 체제는 현재는 편하지만, 미래에는 가장 비싼 비용을 치러야 하는 구조입니다. '증여세는 아끼는 것이 아니라, 상속세를 막기 위해 가장 쌀 때 미리 내는 것'이 경영의 핵심입니다.

화법으로 마스터하기

(대표님, 혼자 다 가진 지분이 나중엔 '독'이 됩니다)

1. 1인 주주의 고민: 내 회사 내가 100% 가진 게 왜 문제죠?

컨설턴트: 대표님, 지금 지분구조가 대표님 100%로 되어 있으시죠? 지금은 든든하시겠지만, 사실 대표님은 '세금 시한폭탄'을 안고 계신 것과 같습니다. 이제는 지분을 좀 나누셔야 할 때입니다.

대표: 내 회사 내가 다 가진 게 가장 깔끔하고 의사결정도 빠르지 않나요? 괜히 애들한테 미리 줬다가 나중에 경영권 간섭받기도 싫고, 무엇보다 지금 증여하면 생돈 나가는 증여세가 너무 아까워요. 나중에 은퇴할 때 한꺼번에 처리하면 되지, 뭘 벌써부터 증여하라고 하십니까?

컨설턴트: (주의 환기) 대표님, '나중에' 하겠다는 그 말씀이 사실은 가장 비싼 대가를 치르는 길입니다! (문제점) 지금 회사가 계속 성장 중이시잖아요? 이익이 쌓여 주식 가치가 10억일 때 증여하면 낼 세금을, 나중에 가치가 50억, 100억이 된 후에 상속으로 넘기면 절반 이상(최고 세율 50%)을 세금으로 내야 합니다. 자칫하면 세금 때문에 회사를 팔아야 하

는 상황이 올 수도 있습니다.

2. 해결 전략: 지금이 대표님 인생에서 세금이 가장 싼 시점입니다

대표: 듣고 보니 주식 가치가 더 오르기 전에 손을 써야 한다는 소리군요. 그럼 구체적으로 어떻게 하라는 건가요?

컨설턴트: (해결안) 방법은 명확합니다. 우선 현재 주식 가치를 정확히 평가한 뒤, 가치가 상대적으로 낮은 시점에 배우자와 자녀에게 지분을 전략적으로 분산(증여)하는 것입니다. 한꺼번에 다 주는 게 아니라, 세금 면제 한도와 낮은 세율 구간을 활용해 단계적으로 나누는 것이 핵심입니다.

3. 기대 효과: 세금은 줄이고, 자녀의 '자생력'은 키우고!

대표: 그럼 그렇게 지분을 쪼개놓으면 구체적으로 저한테 뭐가 좋은 건가요?

컨설턴트: (기대 효과) 크게 세 가지 장점이 있습니다!

첫째, 절세의 극대화입니다. 높은 상속세율이 적용되기 전에 낮은 증여세율로 미리 매듭지어 전체적인 세금 부담을 수억 원 이상 줄일 수 있습니다.

둘째, 합법적인 자금 출처 확보입니다. 분산된 지분을 바탕으로 자녀에게 배당을 실시하면, 자녀는 나중에 승계 세금을 낼 '종잣돈'을 대표님 도움 없이 스스로 마련하게 됩니다.

셋째, 경영권 방어입니다. 가족 중심의 탄탄한 주주 명부를 미리 구성해두면, 향후 가업 승계 과정에서 외부 리스크로부터 훨씬 안정적으로 대응할 수 있습니다.

컨설턴트의 핵심 요약

대표님, 증여세는 지출이 아니라 미래의 상속세를 막는 '가장 수익률 좋은 투자'입니다. 주식 가치가 더 오르기 전에 오늘 바로 우리 회사 주식이 얼마짜리인지 평가부터 시작하십시오.

8. 동업 주주와 AP 핵심 포인트

[동업 주주 리스크 관리]

1. 문제점 (Risk): 신뢰와 별개로 발생하는 경영권 위기

- **지분 유출 리스크:** 동업자가 지분을 제3자에게 매각하거나, 갑작스러운 유고 시 지분이 가족(상속인)에게 넘어가 경영권이 분산될 수 있습니다.
- **의사결정 교착:** 사업 방향에 대한 의견 차이가 생길 경우 지분 구조에 따라 의사결정이 마비되어 적기 성장의 기회를 놓칠 수 있습니다.
- **청산 갈등:** 은퇴나 결별 시 지분 가치 평가에 대한 이견으로 법적 분쟁이 발생하거나, 지분을 매수할 현금이 부족해 곤란을 겪을 수 있습니다.

2. 해결안 (Solution): 사전 약정과 시스템을 통한 방어

- **정관 정비:** 주식 양도 시 이사회의 승인을 얻도록 하거나, 기존 주주에게 우선매수권(First Refusal)을 부여하는 조항을 명시합니다.
- **주주 간 계약서 작성:** 지분 매각 조건, 의사결정 방식, 동업 종료 시 지분 처리 방법 등을 담은 구체적인 계약서를 체결합니다.
- **유동성 확보:** 동업자의 지분을 회수해야 할 상황을 대비하여 법인 내에 자사주 매입 등을 위한 현금(또는 보험 등 금융상품)을 미리 준비합니다.

3. 기대효과 (Benefit): 예측 가능한 경영 환경 조성

- **경영권 보호:** 지분이 외부나 비전문가(상속인 등)에게 유출되는 것을 원천 차단하여 대표님의 경영권을 안정적으로 유지할 수 있습니다.
- **분쟁 비용 절감:** 갈등 상황에 대한 해결책이 미리 명문화되어 있어, 불필요한 법적 소송이나 감정 소모 없이 합리적인 정리가 가능합니다.
- **기업 영속성 확보:** 주주 구성의 변화와 관계없이 회사가 지속적으로 성장할 수 있는 제도적 기틀을 마련하게 됩니다.

컨설턴트의 핵심 요약

동업 관리는 '사람을 믿지 않는 것'이 아니라, '사람이 바뀔 상황'을 대비하는 것입니다. 동업자와 사이가 가장 좋을 때 시스템(정관 및 계약)을 갖추는 것이 진정한 우정이자 경영 전략입니다.

화법으로 마스터하기 (동업관계 리스크 관리)

1. 동업 주주의 고민: 우리 사이엔 계약서 같은 거 필요 없어요

컨설턴트: 대표님, 지금 동업하시는 분과 지분을 나눠 갖고 계신데, 만약의 상황을 대비한 '주주 간 계약'이나 '정관 정비'는 되어 있으신가요?

대표: 이 친구와 고생하며 여기까지 온 지가 벌써 10년이 넘었어요. 서로 눈빛만 봐도 아는 사이인데, 야박하게 무슨 계약서입니까? 그런 말 꺼냈다가 오히려 사이만 서먹해져요. 그냥 지금처럼 믿고 가면 됩니다.

컨설턴트: 대표님, 동업자분을 못 믿어서가 아니라 '동업자의 상황'을 대비하자는 겁니다! 만약 동업자분이 투자 철회를 요구할 수도 있고, 갑자기 유고 시 그 지분은 법을 모르는 유가족에게 상속됩니다. 그때 유가족이 지분을 엉뚱한 제3자에게 팔거나, 경영은 모르면서 무리한 배당을 요구하면 대표님 경영권은 바로 마비됩니다. 이게 바로 '지분 유출'과 '의사결정 교착'의 시작입니다.

2. 해결 전략: 가장 사이 좋을 때 빗장을 걸어 잠가야 합니다

대표: 그분 가족들까지는 생각을 못 했네요. 그럼 계약서 말고 다른 방법은 없나요?

컨설턴트: 그래서 시스템이 필요한 겁니다.

첫째, 정관을 정비해서 주식을 양도할 땐 반드시 이사회 승인을 얻게 하거나, 대표님이 먼저 살 수 있는 '우선매수권'을 명시해야 합니다.

둘째, 주주 간 계약서를 써서 은퇴나 결별 시 지분을 얼마에, 어떻게 정리할지 미리 약속해 두는 거죠.

셋째, 나중에 그 지분을 사 올 돈이 없어서 곤란해지지 않게 법인 내 현금 유동성을 미리 확보해두는 플랜이 필요합니다.

3. 기대 효과: 예측 가능한 경영이 회사를 살립니다

대표: 듣고 보니 서로를 위해서라도 명확히 해두는 게 나중에 얼굴 붉힐 일을 막는 거겠군요.

컨설턴트: 맞습니다! 이렇게 해두시면 세 가지가 확실해집니다.

첫째, 경영권 보호입니다. 지분이 외부인이나 비전문가에게 넘어가 경영이 흔들리는 걸 원천 차단합니다.

둘째, 분쟁 비용 절감입니다. 갈등이 생겨도 이미 정해진 룰이 있으니 지루한 법적 소송이나 감정 소모 없이 합리적으로 정리됩니다.

셋째, 기업의 영속성입니다. 주주 구성이 어떻게 바뀌든 상관없이 회사가 계속 성장할 수 있는 튼튼한 기틀을 마련하는 것이죠.

컨설턴트의 핵심 요약

동업 관리는 사람을 의심하는 게 아니라, '사람이 처할 상황'에 대비하는 지혜입니다. 대표님과 동업자분의 우정이 가장 깊을 때, 회사를 지킬 안전장치를 만드십시오.

9. 차명주주와 AP핵심 포인트

[차명주주 리스크 관리]

1. 문제점 (Risk): 폭탄을 안고 달리는 격

- **소유권 분쟁:** 명의 수탁자(이름을 빌려준 사람)가 마음이 변하여 본인의 주식이라고 주장하거나, 반환을 거부하며 대가를 요구할 수 있습니다.
- **가업 승계 결격:** 차명 주식이 있으면 정부의 가업상속공제 혜택을 받기 어렵고, 승계 과정에서 세무조사가 착수될 확률이 매우 높습니다.
- **세금 폭탄:** 명의를 회수할 때 국세청이 이를 '증여'나 '양도'로 간주하여 막대한 증여세, 양도소득세, 가산세를 부과할 수 있습니다.

2. 해결안 (Solution): 기업 가치가 더 오르기 전 정상화

- **실제소유자 확인제도:** 2001년 이전 설립된 법인 등 일정 요건을 갖춘 경우, 간소화된 절차를 통해 실소유주 명의로 환원합니다.
- **계약 해지 및 소송:** 명의신탁 해지 약정을 통해 회수하거나, 분쟁이 예상될 경우 소유권 확인 소송을 통해 법적으로 회수합니다.
- **자사주 매입 및 소각:** 주식 가치가 비교적 낮을 때 법인이 주식을 사들여 소각하는 방식으로 차명 지분을 정리합니다.

3. 기대효과 (Benefit): 투명한 지배구조와 안전한 승계

- **지배구조 정상화:** 잠재적인 소유권 분쟁을 원천 차단하여 대표님의 1인 지배력 또는 가족 중심의 안정적인 경영권을 확립합니다.
- **세무 리스크 해소:** 국세청의 명의신탁 통합분석시스템 검증에서 벗어나 불필요한 세무조사 리스크를 제거합니다.
- **승계 기반 마련:** 투명한 주주 명부를 바탕으로 정부의 각종 가업 승계 지원 제도를 온전하게 활용할 수 있게 됩니다.

컨설턴트의 핵심 요약

차명 주식은 시간이 흐를수록, 회사가 커질수록 회수 비용(세금)이 기하급수적으로 증가합니다. '나중에'는 없습니다. 주식 가치가 하루라도 더 낮은 오늘이 가장 적기입니다.

화법으로 마스터하기 (차명주식)

1. 차명 주주의 고민: 그 친구는 절대 딴소리할 사람이 아닙니다.

컨설턴트: 대표님, 법인 설립 때 인원수 맞추느라 지인 명의로 해둔 주식 아직 그대로죠? 이거 지금 당장 회수 절차 밟으셔야 합니다.

대표: 아이구, 그 친구는 욕심도 없고 내가 명의 빌린 것도 잊고 살아요. 나중에 필요할 때 서류 한 장 써달라고 하면 바로 해줄 사람인데, 뭐 하러 지금 세금 내면서 긁어 부스럼을 만듭니까?

컨설턴트: 대표님, 친구분은 천사일지 몰라도 국세청은 아닙니다. 지금은 괜찮아 보여도 회사가 커지면 그 친구 유가족이 소유권을 주장하며 반환을 거부할 수도 있고, 무엇보다 국세청의 '명의신탁 통합분석시스템'에 걸리면 증여세와 가산세 폭탄을 맞습니다. 가치가 오를수록 회수 비용은 수억 원대로 불어납니다.

2. 해결 전략: 가장 저렴하고 깔끔하게 가져오는 법이 있습니다

대표: 주식 가치가 더 오르면 문제가 커진다고요? 그럼 어떻게 가져오는

게 가장 안전합니까?

컨설턴트: 상황에 맞는 최적의 전략을 쓰셔야 합니다.

첫째, 실제 소유자 확인제도를 활용하시는 겁니다. 요건만 맞으면 간소화된 절차로 명의를 되찾아올 수 있습니다.

둘째, 명의신탁 해지 약정을 통해 법적으로 소유권을 분명히 하고 회수 절차를 밟는 것입니다.

셋째, 주식 가치가 낮을 때 자사주 매입 후 소각 등의 방식을 활용해 차명 지분 자체를 없애버리는 전략도 검토해보실 수 있습니다.

3. 기대 효과: 숙제를 끝내야 승계라는 다음 단계가 보입니다

대표: 진작 정리할걸 그랬네요. 이렇게 명의를 다 찾아오면 뭐가 가장 좋아지는 건가요?

컨설턴트: 대표님 발목을 잡던 족쇄가 풀리는 겁니다!

첫째, 소유권 분쟁 종결입니다. 더 이상 남의 눈치 보지 않고 대표님의 경영권을 100% 확실하게 행사할 수 있습니다.

둘째, 세무 리스크 해소입니다. 국세청의 감시망에서 벗어나 불필요한 세무조사 걱정 없이 사업에만 집중할 수 있습니다.

셋째, 가업 승계의 필수 요건 충족입니다. 투명한 지분 구조가 갖춰져야만 정부의 가업상속공제 같은 혜택을 온전히 누리며 자녀에게 회사를 넘길 수 있습니다.

대표: 그럼 어떻게 해야 하나요? 막막한데요.

컨설턴트: 대표님 회사 상황에 맞는 가장 적합한 회수 방안을 찾으셔야

합니다. 대표님이 허락만 하신다면 저희 전문가와 함께 다시한번 방문하여 구체적인 회수 방안에 대하여 안내 드리도록 하겠습니다. 다음주 언제가 시간 좋으세요?

컨설턴트의 핵심 요약

차명 주식은 회사가 성장할수록 대표님께 짐이 되는 '성장의 배신'이 됩니다. 주식 가치가 하루라도 더 낮은 오늘이 가장 싸게 회수할 수 있는 골든타임입니다. 대표님 상황에 맞는 차명주식 회수 방안에 대하여 전문가와 함께 전략을 세우셔야 합니다

10. 경영진 현황과 AP핵심 포인트

■ 경영진 현황

이사의 수 관계 확인(타인 여부), 가업 승계(경영 승계)여부 확인,
등기 임원 & 실제 임원 확인

구분	성명	등기여부	직위	담당업무	근속년수	경영실권자와의 관계	주식소유현황	
							주식	스톡옵션
대표이사 및 사원	전○○	등기	대표이사					
사내이사	이○○	등기	사내이사			기타		

<경영진 구성에 대한 고려사항>

등기임원 / 비 등기임원 구분과 타인포함 여부/ 가족 친인척의 임원 등재 활용 방안 모색

임원은 근로 기준법 적용 대상이 아닌 정관과 별도 규정 적용에 유의

보수, 상여, 유족보상, 퇴직금의 지급 규정 반드시 필요

법인 이익잉여금에 대한 개인 소득화 방안 필요

[비상장 법인 임원 구성 및 전략적 요약]

1. 타인 임원 선임 시 발생하는 4대 리스크 (위험 요인)

- **행정적 비효율성:** 이사회 결의 등 중요 의사결정 시 절차가 복잡해지고, 등기 관련 행정 비용과 번거로움이 증가합니다.
- **보상 체계의 갈등:** 임원 간 급여 및 보상 수준에 대한 형평성 문제로 갈등이 생기며, 어색한 관계가 만들어 질 수 있습니다.
- **CEO 중심 보상설계의 제약:** 타인의 시선으로 인해 CEO에게 유리한 보수 및 퇴직금 제도를 유연하게 설계하기 어려워집니다.

- **지배구조의 불안정:** 타인 임원이 지분을 보유할 경우, 향후 독립적인 의사결정을 방해하거나 지분 반환 거부 등의 분쟁으로 이어질 가능성이 있습니다.

2. 효율적인 임원 구성 전략 (해결 방안)

- **가족 중심의 이사회 구성:** 신속한 의사결정을 위해 가급적 친인척 중심으로 임원을 선임하고, 회사에서 일하고 있는 자녀는 반드시 임원 선임하세요.
- **임원 수의 최적화:** 자본금 10억 미만 법인의 특례(이사 1인 이상 가능, 감사 선임 의무 없음)를 활용해 불필요한 등기 임원 수를 과감히 조정하십시오.
- **법적 근거(정관) 정비:** 정관에 임원 보수, 퇴직금, 유족 보상 규정을 명확히 명문화하여 합법적인 집행 근거를 마련합니다.

3. 기대 효과 (전략적 이익)

- **법인 자산의 합법적 개인화:** 정비된 규정을 통해 퇴직금과 보수를 전략적으로 지급함으로써 법인 자산을 안전하게 개인 자산화할 수 있습니다.
- **절세 효과 극대화:** 적정한 비용 처리를 통해 법인세를 절감하고, 가족 중심 소득 분산으로 가계 전체의 세금 부담을 낮춥니다.
- **안정적인 경영권 승계:** 가족 중심의 지배구조를 통해 외부 리스크를 차단하고 가업 승계를 위한 탄탄한 기반을 구축합니다.

컨설턴트의 핵심 요약

비상장 중소법인은 타인을 임원으로 두기보다 가족 중심의 이사회를 구성하는 것이 지배구조 안정성과 보안 측면에서 유리합니다. 여기에 정관 내 보상 규정을 명문화하는 '법적 장치'를 더함으로써 CEO의 이익 실현과 절세라는 두 마리 토끼를 잡을 수 있습니다. 시간이 흐를수록, 회사가 커질수록 회수 비용(세금)이 기하급수적으로 증가합니다. 나중이 아닌 지금이 적기입니다.

화법으로 마스터하기
(대표님, 임원도 전략적으로 활용하세요)

1. 타인 임원의 리스크: 믿었던 사람인데, 절차가 발목을 잡네요?

컨설턴트: 대표님, 지금 등기부등본 보니까 실무자나 지인분이 이사로 올라와 있지 않나요? 이거 나중에 회사가 더 커지면 대표님 결정 내릴 때마다 그분들 눈치 보셔야 할 수도 있습니다.

대표: 아니, 같이 고생한 사람 대우해 주려고 올린 건데 그게 왜요? 그리고 뭐 결정할 때 도장 한 번 찍어달라고 하면 되는 거 아닌가요?

컨설턴트: 좋을 때는 그렇지만, 사람 일은 모르는 법입니다! 우선 중요한 결정마다 이사회 소집하고 서류 갖추는 게 생각보다 번거롭고 비용도 듭니다. 무엇보다 그분들이 대표님 급여나 퇴직금 많이 책정하는 걸 보고 '왜 나는 적냐'고 보이지 않는 불평을 갖고 있을 수도 있습니다. 가끔은 대표님들이 그들 눈치 보느라 급여를 낮게 책정하는 경우도 있습니다. 지분이라도 조금 나눠 주셨다면 상황은 더 복잡해지죠.

2. 해결 전략: 가장 든든한 내 편, 가족으로 임원을 구성하세요(가족 임원 구성)

대표: 그럼 그분들 빼고 나 혼자 다 하라는 건가요? 그것도 좀 모양새가 빠지는데.

컨설턴트: (해결안) 그래서 비상장 법인은 가족 중심의 이사회가 정답입니다!

첫째, 친인척으로 구성하세요. 의사결정도 대표님 중심으로 하며 빠르게 하실 수 있고, 대표님을 가장 잘 이해하는 분들이니까요.

둘째, 인원수를 최적화하세요. 자본금 10억 미만이면 이사 1명만 있어도 되고 감사는 없어도 됩니다. 굳이 남을 넣어서 복잡하게 만들 필요가 없다는 거죠.

셋째, 정관을 고치세요. 가족 임원들이 받을 보수와 퇴직금 규정을 정관에 못 박아두면, 나중에 국세청이 와도 '법대로 줬다'고 당당하게 말할 수 있습니다.

3. 기대 효과: 법인 돈을 내 돈으로, 가장 안전하게 만드는 법

대표: 듣고 보니 가족 중심으로 임원을 선임하면 좋은데, 등기에서 빼겠다고 얘기하면 서운해 하지 않을까요?

컨설턴트: 많은 대표님들이 그 부분을 염려하십니다. 하지만 미래에 더 큰 분란을 막기위해서는 결단하셔야 합니다. 말씀하기가 거북스러우시면 다음번 임원 중임시 자연스럽게 재등기를 안하시는 것도 방법입니다. 또는 매번 서류 작성시 관공서 서류와 인감 요청등의 번거러움을 핑계로 설득하셔서 등기임원에서 제하는 것이 좋을 듯합니다

대표: 고민해 보고 등기임원에서 빼긴 해야 할 것 같네요.

컨설턴트: (기대 효과) 그렇습니다! 그렇게 세팅하면 세 가지가 달라집니다.

첫째, 법인 자산의 합법적 개인화입니다. 타인을 배제하고 정해진 규정에 따라 퇴직금을 넉넉하게 수령하실 수 있습니다. 그게 바로 대표님의 안전한 은퇴 자금이 됩니다.

둘째, 절세의 끝판왕입니다. 실제 근무 가족들에게 급여을 지급하면 법

인세도 줄고, 대표님 혼자 고액 연봉 받는 것보다 가족 전체의 소득세가 훨씬 낮아집니다. 또한 근무하는 자녀들이 임원으로 등재한 후 절세에 효과적으로 활용이 가능합니다.

셋째, 철통같은 경영권입니다. 외부 간섭 없이 자녀에게 승계할 수 있는 탄탄한 기반이 만들어지는 것이죠.

컨설턴트의 핵심 요약

대표님, 비상장법인 등기 임원은 전략적으로 활용하셔야 합니다. 타인의 시선에서 벗어나 근무하는 가족 중심으로 구성하시고, 정적 급여와 퇴직금 제도 활용을 통해 합법적으로 법인 자산을 개인화 하는데 장점이 있습니다.

11. 재무 상태표와 AP핵심 포인트

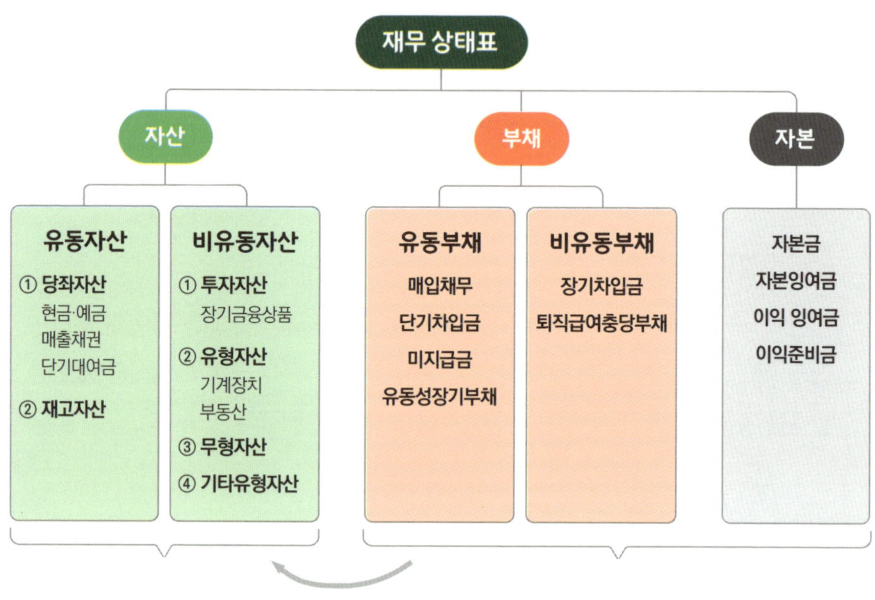

[재무상태표의 이해]

1. 자산 (Assets): 기업이 보유한 경제적 자원

- **유동자산:** 1년 이내에 현금화가 가능한 자산
  - 당좌자산: 현금·예금, 매출채권, 단기대여금 등
  - 재고자산: 판매를 위해 보유 중인 상품이나 제품
- **비유동자산:** 1년 이상 장기간 보유하는 자산
  - 투자자산: 장기금융상품 등
  - 유형자산: 기계장치, 부동산 등 형태가 있는 자산
  - 무형자산: 영업권, 특허권 등 형태가 없는 자산
  - 기타비유동자산

2. 부채 (Liabilities): 미래에 갚아야 할 채무

- **유동부채:** 1년 이내에 갚아야 하는 빚
  - 매입채무, 단기차입금, 미지급금, 유동성장기부채 등
- **비유동부채:** 상환 기간이 1년 이상 남은 빚
  - 장기차입금, 퇴직급여충당부채 등

3. 자본 (Equity): 소유주의 몫 (순자산)

자본금: 주주가 납입한 원금

- **자본잉여금:** 증자 등 자본 거래에서 발생한 이익
- **이익잉여금:** 영업 활동을 통해 벌어들인 이익 중 사내에 쌓인 금액
- **이익준비금** 등

핵심 원리: 자산 = 부채 + 자본

12. 재무상태표 주요 항목과 AP핵심 포인트

핵심 쟁점	대표님의 생각 (Pain Point)	컨설턴트의 제안 (Value)
자산 vs 부채	"자산 규모와 매출액이 최고다"	• 자산이 커도 부채규모와 구성이 나쁘면 위기초래(부채비율) • 자산의 질과 부채의 규모가 더 중요하다 • 상환계획은 확보되어 있는가?
현금 및 현금성 자산	"투자 안 하고 묵히는 돈은 낭비다"	• 현금은 혈액, 지급 능력이 신용이다 • 장부상 이익이 아닌 실질적 현금흐름에 관심 갖기 • 즉시 가용가능한 금융자산 유지하기
재고 및 채권	"이것도 다 회사의 소중한 재산이다"	• 채권및 재고는 현금 흐름을 막고 세금 부담만 키우는 리스크다 • 장기 미회수 채권회수 방안 마련과 과감한 대손 처리하기 • 적정 재고 수준 설정, 주기적 실사, 악성 재고 할인 판매/폐기하기 • 자산의 질을 개선하여 유동성 확보하기
리스크헷지	무방비	• 비상상황 대비책 확보(장기자금과 보험)

[기업 생존의 핵심: 자산의 '양'보다 '질'에 집중하라]

1. 재무 건전성의 본질: 부채와 리스크 관리

기업의 규모(자산·매출)가 크다고 안전한 것이 아닙니다. 진짜 실력은 부채를 다루는 관리능력에서 나옵니다.

- **부채의 질 관리:** 자산이 많아도 부채 구조가 나쁘면 순식간에 무너집니다. 현재의 영업이익으로 이자를 감당할 수 있는지 상시 점검해야 합니다.
- **구체적 상환 계획:** 단순히 빚을 내는 것이 문제가 아니라, 어떻게 갚을지에 대한 디테일한 로드맵'이 있느냐가 핵심입니다.
- **리스크 헷지:** 금리 인상, 매출 급감, CEO 유고 등 예상치 못한 변수에 대비한 안전장치를 반드시 확보해야 합니다.

2. 현금 유동성: 기업의 혈액이자 신용의 척도

이익이 나도 망할 수 있다(흑자도산)는 말은 현금이 줄어들때 현실이 됩니다.

- **현금성 자산 확보:** 장부상 유동자산이 많아도, 당장 쓸 수 있는 '현금 및 금융자산'이 부족하면 위기 대응이 불가능합니다.
- **지급 능력 = 신용도:** 단기 부채를 즉시 해결할 수 있는 현금 동원 능력이 곧 대외적인 기업의 신용을 결정합니다.

3. 매출채권·재고 관리: 자산의 가면을 벗겨라

장부에는 '자산'으로 적혀 있지만, 현금화되지 않는 채권과 재고는 오히려 독이 될 수도 있습니다.

- **자금 잠식의 주범:** 돈은 안 들어왔는데 세금(부가세, 법인세)부터 먼저 나가게 되어 현금 흐름을 악화시킵니다.
- **3대 리스크:** 회수 불능(대손) 위험, 재고 가치 하락(폐기), 그리고 겉만 좋아 보이는 재무지표 왜곡으로 인한 금융권 불이익이 발생합니다.
- **대응 전략:** 장기 미회수 채권은 과감히 대손 처리하고, 악성 재고는 할인 판매나 폐기를 통해 자산의 유동성을 강제로라도 확보해야 합니다.

컨설턴트의 핵심 요약

장수 기업일수록 자산 내에 쌓인 '가짜 자산(악성 재고·채권)'을 털어내야 합니다. 자산의 질을 높여 법인 유동성을 늘리는 것이 향후 기업 승계나 매각 등 미래 전략을 세우는 데 압도적으로 유리합니다.

성공적인 경영은 매출액 숫자가 아니라, 오늘 당장 인출 가능한 현금의 흐름에서 완성됩니다.

화법으로 마스터하기
(매출액은 '자부심'이지만, 부채 관리와 유동성은 '생존')

컨설턴트: 대표님, 최근 공장 부지도 매입하시고 매출도 역대 최고치를 경신했더군요. 축하드립니다. 하지만 재무제표를 살펴보니 좀 걱정되는 부분이 있더라구요.

대표: 아니, 매출이 잘 나오고 자산 규모가 이렇게 커졌는데 뭐가 걱정이 된다고 하시죠?

컨설턴트: 기업 운영의 성패는 자산의 양이 아니라 자산의 질과 부채의 규모에 있습니다. 오늘 제가 드리는 4가지 진단을 한번 들어봐 주세요.

대표: 그래요 들어나 봅시다.

① 자산보다 부채 관리가 더 중요한 이유

컨설턴트: 대표님, 자산은 시장이 얼어붙으면 팔고 싶어도 못 파는 짐이 되지만, 부채는 1원도 깎이지 않고 확정된 이자를 요구합니다. 아무리 100억대 자산가라도 부채의 질(단기 상환 압박, 높은 금리)이 나쁘면 순식간에 무너집니다. 지금은 '무엇을 더 살까'가 아니라 '부채를 어떻게 재구성할까'도 고민하실 때입니다.

② 감당 가능한 수준의 파악 (상시 점검)

대표: 사업하면서 빚 없는 회사가 어디 있습니까? 나중에 매출 더 나오면 한꺼번에 갚으면 되는 거 아닙니까?

컨설턴트: 그 '나중에'가 기업을 위험하게도 합니다. 지금 당장 영업이익

으로 대출 이자를 충분히 감당할 수 있는지 숫자로 확인하고 계십니까? 현재 부채 비율이 우리 회사의 체급에 적정한지 상시 점검하지 않으면, 대표님이 공들여 키운 자산들은 결국 발목을 잡을 수 있습니다.(자산에서 부채가 차지하는 비율 언급하기)

③ 구체적인 상환 계획의 유무

대표: 뭐, 은행 대출 연장하면서 상황 봐서 조금씩 갚아나가면 되죠. 다들 그렇게 하지 않나요?

컨설턴트: 단순히 빚을 지는 것보다 훨씬 중요한 건 '구체적인 상환 로드맵'입니다. 언제, 어떤 자금으로 갚을지가 마련되어 있어야 합니다. 계획이 없는 부채는 단순한 채무가 아니라 기업의 수명을 갉아먹는 시한폭탄입니다.

④ 리스크 헷지: 변수에 대비한 방안

컨설턴트: 마지막으로 묻겠습니다. 금리가 폭등하거나, 매출이 급격히 줄거나, 혹은 대표님 신변에 유사 상황이 발생했을 때 이 회사를 지켜줄 방어막이 있나요? 변수에 대비한 '리스크 헷지' 방안이 확보되지 않았다면, 지금까지 쌓아온 성장은 모래성 위에 지은 궁전일 뿐입니다.

대표: 매출 숫자에만 취해서 뒷문 단속을 소홀히 할 수 있단 얘기군요. 자산 규모보다 부채의 질과 유동성 관리가 훨씬 절박하다는 말씀, 고민이 되긴 하네요.

컨설턴트: 현명한 판단이십니다. 자산의 껍데기(규모)보다 알맹이(유동

성)가 튼튼해야 100년 기업으로 갈 수 있습니다. 당장 우리 회사의 부채 관리 로드맵부터 다시 확인하셔야 합니다.

컨설턴트의 핵심 요약

- **자산 다이어트:** 현금화 안 되는 악성 재고와 채권을 즉시 정리해 유동성을 확보
- **부채 재구조화:** 단기 차입금을 장기 저리 자금으로 전환하여 상환 압박을 분산
- **리스크 헷지 구축:** CEO 유고 및 비상 경영을 위한 보장 자산(경영인 정기보험 등)을 법인 비용으로 마련하십시오.

화법으로 마스터하기

(장부상 이익은 '숫자'일 뿐, 회사를 살리는 건 '현금')

컨설턴트: 대표님, 이번 달 결산 보고서 보셨죠? 장부상으로는 이익이 꽤 났더군요. 그런데 지금 회사 통장에 바로 쓸 수 있는 현금이 얼마나 있는지 알고 계십니까?

대표: 장부에 이익이 저렇게 찍혔는데, 당연히 통장에도 돈이 쌓여 있겠죠! 우리 회사 유동자산 규모가 얼만데 현금 걱정을 하십니까? 창고에 재고도 가득하고, 거래처에서 받을 돈(매출채권)도 많아요. 이게 다 돈 아닙니까?

컨설턴트: 그게 바로 무서운 착각입니다. 대표님, 혹시 '흑자도산'이라는 말 들어보셨습니까? 이익이 나도 망할 수 있다는 뜻입니다. 기업 운영의

성패는 장부상 이익이 아니라 실질적인 현금 유동성에 달려 있습니다.

대표: 그건 그렇죠.

① 현금은 기업의 혈액: 재고가 급여를 줄 순 없습니다

컨설턴트: 아무리 유동자산이 수십억 원이라도, 당장 내일 직원 급여나 원자재 대금을 치를 '즉시 가용 현금'이 없으면 회사는 멈춥니다. 현금은 기업의 혈액과 같습니다. 재고가 아무리 많아도 그걸로 이자를 낼 수는 없지 않습니까? 긴급한 경영 위기가 왔을 때 우리를 지켜주는 건 창고의 물건이 아니라 바로 통장의 현금 및 금융 자산입니다.

대표: 아니, 그래도 물건 팔면 금방 돈 들어올 텐데 현금을 너무 많이 쌓아두는 건 기회비용 낭비 아닙니까?

② 지급 능력 확보: 신용도는 통장 잔고에서 나옵니다

컨설턴트: 그 기회비용보다 무서운 게 '신용 부도'입니다. 단기 부채를 갚아야 할 때 현금을 즉시 동원하지 못하면 그게 바로 부도입니다. 현금 동원 능력이 곧 기업의 신용도와 직결됩니다. 은행이나 협력업체는 대표님의 '자산 규모'보다, 약속한 날짜에 돈을 입금할 수 있는 '지급 능력'을 보고 거래를 지속합니다.

대표: 듣고 보니 그렇군요. 물건은 팔렸는데 돈은 아직 안 들어오고, 나갈 돈은 줄 서 있는 상황이 제일 아찔하긴 하더라고요.

컨설턴트: 맞습니다. 그래서 경영자는 항상 적정 수준의 현금을 유지해야 합니다. 지금처럼 매출채권과 재고에만 자금이 묶여 있으면 외풍이 불

때 바로 쓰러집니다. 지금 즉시 '즉시 가용 현금 비중'을 체크하고, 현금 흐름을 막고 있는 요소들을 정리해야 합니다.

대표: 이익 숫자에 취해서 혈압(현금 흐름) 체크를 못 했군요. 당장 우리 회사 현금 동원 능력부터 다시 점검해 봅시다.

컨설턴트의 핵심 요약

- **흑자도산 경계:** 장부상 이익에 속지 말고, 실제 유입되는 현금을 관리할 것.
- **가용 현금 확보:** 유동자산 중에서도 즉시 현금화 가능한 금융 자산을 적정 수준 유지할 것.
- **신용의 본질:** 단기 부채 상환 능력이 곧 시장에서의 기업 신용도임을 명심할 것.

화법으로 마스터하기
(재고와 외상값은 자산의 탈을 쓴 '비용)

컨설턴트: 대표님, 재무제표를 보니 자산 총액이 아주 든든해 보입니다. 그런데 이 자산의 절반 이상이 '매출채권'과 '재고자산'에 묶여 있더군요. 솔직히 말씀드리면, 이건 건강한 근육이 아니라 언제든 독소로 변할 수 있는 부종과 같습니다.

대표: 아니, 매출채권은 어차피 받을 돈이고, 재고는 다 돈 들여서 만든 우리 재산 아닙니까? 자산이 많아야 은행에서도 좋게 봐줄 텐데, 왜 자꾸 줄여야 한다고 하시는지 모르겠네요.

① 자금 잠식: 돈은 안 들어왔는데 세금부터 내라고 합니다

컨설턴트: 대표님, 그게 가장 무서운 겁니다. 물건을 팔았으니 장부상 매출은 찍히고 이익도 난 것처럼 보이죠. 하지만 실제 현금은 안 들어왔는데 부가가치세와 법인세는 먼저 내야 합니다. 결국 세금 낼 현금을 마련하느라 대출을 더 써야 하는 '자금 잠식' 상태에 빠지게 되는 거죠. 자산이 늘수록 통장 잔고가 마르는 기이한 현상이 여기서 시작됩니다.

대표: 그렇긴 하지만 그래도 언젠간 현금으로 돌아오겠지요.

② 회수 및 변질 리스크: 시간이 지날수록 가치는 '0'을 향합니다

컨설턴트: 매출채권이 100% 회수된다는 보장이 있습니까? 업체 사정이 나빠지면 한순간에 휴지조각(대손)이 됩니다. 재고는 더 심각하죠. 창고에 오래 머물수록 유행이 지나거나 변질되고, 관리비와 폐기 비용만 쌓입니다. 시간은 결코 자산의 편이 아닙니다.

③ 재무지표 왜곡: 은행은 '가짜 자산'을 금방 알아챕니다

대표: 그래도 겉보기에 자산이 많아야 대출 한도라도 더 잘 나오는 거 아닙니까?

컨설턴트: 아닙니다. 요즘 은행은 대표님보다 더 꼼꼼하게 '자산의 질'을 확인합니다. 회전되지 않는 채권과 쌓여 있는 재고를 확인하는 순간, '이 회사는 유동성 위기에 취약하구나'라고 판단해 오히려 대출 금리를 올리거나 한도를 축소합니다. 투자자들 역시 이런 구조를 가장 기피합니다.

④ 컨설턴트의 해결 전략: 장수 기업일수록 과감해야 합니다

컨설턴트: 특히 대표님처럼 오래된 기업은 창고 구석구석에 '죽은 자산'들이 숨어 있기 마련입니다. 지금 바로 결단하셔야 합니다. 해결책 몇 가지를 제시해 드리겠습니다.

1. 장기 미회수 채권은 회수 방안을 강구하되, 불가능하다면 과감히 대손 처리하여 법인세를 절감하십시오.
2. 적정 재고 수준을 재설정하고, 정기 실사를 통해 악성 재고는 할인 판매나 폐기를 단행하십시오.
3. 이렇게 확보한 법인 유동성이 있어야 향후 가업 승계나 기업 매각 시 기업 가치를 제대로 평가받을 수 있습니다.

대표: '언젠가는 돈이 되겠지' 하며 쌓아둔 것들이 사실은 제 발목을 잡고 있었군요. 당장 창고부터 개방하고 장기 미회수 채권 리스트부터 뽑아오라고 하겠습니다.

컨설턴트의 핵심 요약

자산의 양보다 '질(현금화 가능성)'에 집중하십시오. 통장에 꽂히지 않는 숫자는 내 돈이 아닙니다.

13. 가지급금(단기대여금)과 AP 핵심 포인트

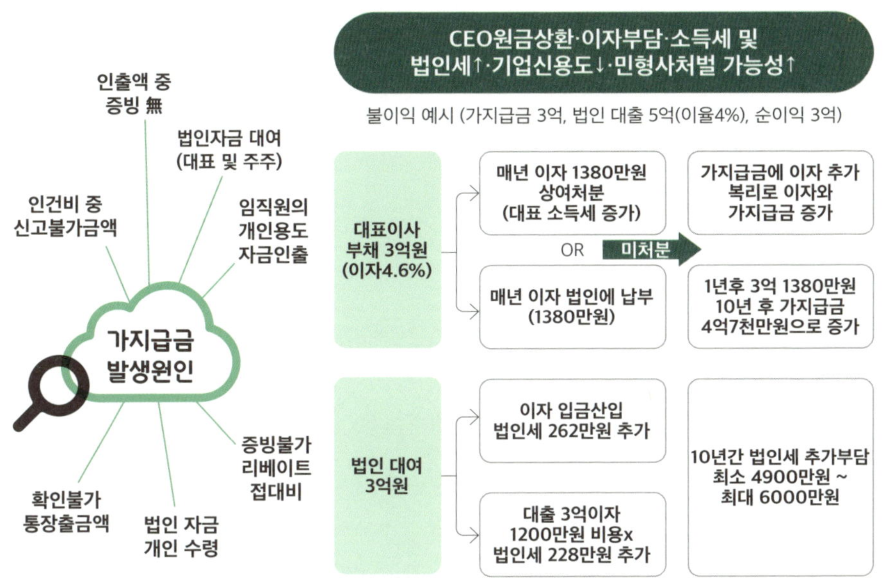

[법인의 시한폭탄, '가지급금']

1. 가지급금이란?

- **정의:** 법인 자금이 유출되었으나 증빙이 없는 돈 (대표이사의 상환 채무).
- **주요 원인:** 증빙 불가한 리베이트, 대표의 개인적 인출, 영수증 미확보 등.

2. 가지급금이 가져오는 4대 세무 리스크

가지급금은 법인과 대표 모두의 세금 부담을 끝없이 키우는 구조입니다.

구분	주요 내용 및 불이익
인정이자 발생	매년 약 4.6%의 이자가 발생하며, 법인의 수익으로 간주되어 법인세 증가

구분	주요 내용 및 불이익
소득세 폭탄	인정이자를 미납하고 대표의 상여로 처리하면 CEO의 소득세가 급증
비용인정 불가	법인이 외부에서 빌린 돈에 대한 이자 중 가지급금 비율만큼은 비용(손금)으로 불인정
복리의 마법	이자 미납 시 원금에 가산되어 가지급금이 복리로 불어남 (10억 기준 매년 4,600만 원씩 증가)

3. 경영 및 승계 시 발생하는 불이익

- **신용도 추락:** 재무제표상 비정상적 자산으로 분류되어 금융권 대출 및 입찰 시 불이익.
- **상속·증여세 가중:** 회계상 자산(채권)으로 잡혀 주식 가치를 왜곡시키고 세금 부담을 높임.
- **청산 리스크:** 폐업 시 갚지 못한 가지급금 전액이 대표 소득으로 잡혀 막대한 세금 부과.

4. 법적 불이익

- 가지급금은 단순히 세금 문제가 아니라 횡령죄나 배임죄라는 형사 처벌로 이어질 수 있는 매우 심각한 문제입니다. 대법원 판례들(대법원2009도11967 등)은 가지급금이 언제 '단순한 채무'를 넘어 '범죄'가 되는지 그 기준을 명확히 제시하고 있습니다

컨설턴트의 핵심 요약

가지급금은 방치할수록 복리로 늘어나는 무서운 채무입니다. 10억 기준 매년 4,600만 원의 이자가 발생하는데, 이를 해결하지 않으면 법인 유동성은 고갈되고 승계나 청산 시 치명적인 독이 됩니다. 조기에 적법한 해결 방안(급여, 상여, 자기주식 취득 등)을 마련하는 것이 경영자 리스크 관리의 시작입니다.

화법으로 마스터하기
(가지급금은 매년 '복리'로 자라는 시한폭탄)

컨설턴트: 대표님, 재무제표에 '단기대여금'으로 잡힌 가지급금 10억 원, 이거 이대로 두시면 나중에 회사가 감당 못 할 세금 폭탄이 됩니다. 이제는 정리를 시작하셔야 합니다.

대표: 가지급금이요? 그게 정확히 뭡니까? 그냥 장부상에만 있는 숫자 아닙니까? 어차피 내 회사 돈 내가 필요해서 좀 쓴 건데 뭐가 문제죠?

1. 가지급금의 정의: 내 회사 돈이 아니라 '빌린 돈'입니다

컨설턴트: 정확히 짚어드리면, 가지급금은 법인에서 돈은 나갔는데 '어디에 썼는지 증빙이 없는 자금'을 말합니다. 세무사 사무실에서는 이유가 어떻건간에 대표님이 법인에서 돈을 빌려 간 '대표이사의 채무'로 간주합니다. 즉, 대표님이 법인에 반드시 갚아야 할 빚이라는 뜻이죠.

2. 발생 원인: 영수증 없는 지출이 화근입니다

대표: 아니, 사업하다 보면 영업상 어쩔 수 없이 증빙 못 남기는 돈도 있고, 급할 때 개인 용도로 좀 가져다 쓸 수도 있는 거 아닙니까? 회사 운영하다 보면 다 생기는 일 아닌가요?

컨설턴트: 맞습니다. 주로 세 가지 경우에 가지급금이 발생합니다.
첫째, 리베이트처럼 실제 지출은 했지만 증빙을 남길 수 없을 때.
둘째, 법인카드가 아닌 법인 자금을 개인 용도로 직접 인출했을 때.
셋째, 실제 업무에 썼더라도 영수증(적격 증빙)을 챙기지 못했을 때입니다.

하지만 이유가 무엇이든 결과는 대표님의 개인 빚으로 남습니다.

3. 치명적인 문제점: 복리의 저주가 시작됩니다

대표: 나중에 회사 폐업하거나 은퇴할 때 한꺼번에 정리하면 되는 거 아닙니까? 지금 당장 큰일 나는 것도 아닌데 나중에 천천히 생각합시다.

컨설턴트: 대표님, 그게 가장 위험한 생각입니다. 가지급금은 가만히 있어도 세금이 증가합니다

- **인정이자 폭탄:** 매년 연 4.6%의 이자(10억 기준 4,600만 원)를 법인에 내셔야 합니다. 안 내시면 대표님 소득세로 청구되거나, 원금에 붙어 매년 '복리'로 불어납니다. (10억이 다음해 10억 4600만원으로 증가, 다음해엔 10억9410만원으로 증가하며 가지급금 상환시까지 계속 복리로 늘어나 갚아야 할 부채가 무한정 증가합니다)
- **비용 불인정:** 법인이 은행 대출이 있다면, 가지급금 비율만큼의 이자는 비용(손금)으로 인정 못 받아 법인세가 추가로 나옵니다.
- **신용 및 승계 리스크:** 은행은 가지급금을 'CEO의 공금 유용'으로 봐서 신용 등급을 깎습니다. 또 주식 가치를 부풀려 상속·증여세까지 키우죠.

마지막에 청산할 때 정리하시겠다고요? 그때 10억에 이자까지 계속 더해진 상태에서 한꺼번에 대표님 소득으로 잡히면 지방세 포함 약 50%의 소득세를 한 번에 내야 합니다. 사실상 회사를 접지도 못하게 만드는 족쇄가 되는 겁니다.

대표: 매년 4,600만 원씩 늘어나고, 나중에 소득세로 절반이 날아간다니... 장부상 숫자라고 우습게 볼 게 아니었군요. 그럼 이거 어떻게 해결

해야 합니까?

컨설턴트: 늦어질수록 해결 비용은 기하급수적으로 늘어납니다. 지금 당장 대표님의 급여, 상여, 혹은 자기주식 취득 등 법적으로 허용된 출구 전략을 짜야 합니다. 오늘 당장 시뮬레이션부터 시작하시죠.

14. 가지급금 해결 방안과 AP핵심 포인트

[가지급금 해결을 위한 5대 핵심 전략]

1. 자사주 매입 (가장 권장되는 절세 전략)

회사가 대표이사(주주)가 보유한 주식을 사들이고, 그 매각 대금으로 대표자의 가지급금 채무를 상계하는 방식입니다.

- **실행 구조:** 주식 가치 평가 → 이사회/주주총회 결의 → 주식 양도 계약 → 대금 지급 및 가지급금 상계
- **핵심 이점:** 고액의 가지급금 상환에 가장 적합(양도세 및 배당소득세 부담)

2. 급여 및 상여금 활용 (소액 해결에 최적)

대표이사의 급여를 인상하거나 상여금으로, 가지급금을 변제하는 방식입니다.

- **핵심 이점:** 별도의 자산 매각이나 복잡한 절차 없이 즉시 실행 가능하며, 법인 입장에서는 비용 처리가 되어 법인세 절감 효과가 있으며, 규모가 크지 않은 소액 가지급금을 매달 안정적으로 줄이거나 정리할 때 가장 간편합니다.

3. 중간 배당 활용

- **핵심 이점:** 정기 배당 외에 중간 배당을 통해 상환이 가능하며, 법인에 쌓인 미처분 이익잉여금을 동시에 줄여 기업 가치를 적정하게 관리할 수 있습니다.

4. 대표이사 소유 자산 활용

개인 명의로 보유한 부동산, 보험, 특허권, 상표권 등 지식재산권을 법인에 양도하고 그 대가로 가지급금을 정리하는 방식입니다.

- **핵심 이점:** 무형자산 양도 대가는 기타소득으로 분류되어 60% 필요경비가 인정되어 대표자는 낮은 세율로 자금 마련할 수 있고 법인은 해당 자산 감가 상각하여 법인세 절감도 가능합니다

5. 퇴직금 중간정산 및 상계

- **실행 구조:** 퇴직금 정산 요건 확인 → 퇴직금 산정 → 지급 시점에 가지급금과 상계 처리
- **핵심 이점:** 퇴직소득세는 일반 소득세에 비해 세율이 현저히 낮고 단번에 큰 금액의 가지급금을 정리할 수 있는 확실한 카드입니다.

컨설턴트의 핵심 요약

가지급금은 한 가지 방법만 고집하기보다, 규모와 법인 상황에 맞춰 전략적으로 혼합하는 것이 좋습니다.

- **소액인 경우:** 급여 및 상여금으로 간편하게 시작하십시오.
- **고액인 경우:** 자사주 매입을 기본으로 하되, 보유한 특허나 배당을 섞어 소득 구간을 분산하는 것이 가장 안전합니다.

화법으로 마스터하기 (가지급금 해결 방안)

컨설턴트: 대표님, 지난번에 가지급금 10억의 위험성은 충분히 공감하셨죠? 오늘은 이 시한폭탄을 안전하게 해체할 5가지 출구 전략을 가져왔습니다. 단순히 현금으로 갚는 것뿐만 아니라, 세금을 최소화하는 게 핵심입니다.

대표: 안 그래도 고민이 많았습니다. 그런데 내 돈 내고 갚겠다는데도 세금이 문제인가요? 그냥 깔끔하게 처리할 방법 위주로 좀 알려주세요.

1. 개인 자산 상환: 가장 깔끔하지만 출처가 명확해야 합니다

컨설턴트: 가장 안전한 건 대표님의 개인 현금이나 부동산 매각 대금으로

직접 갚는 겁니다. 하지만 주의할 점이 있습니다. 개인 자산 형성 과정이 불투명한데 갑자기 큰돈이 들어오면, 국세청에서 '이 돈은 또 어디서 났느냐'며 자금 출처 조사를 나올 수 있습니다. 반드시 근거가 명확한 자금으로 진행해야 합니다.

2. 소득 보상(급여·상여·배당): 보편적이지만 세금이 무겁습니다

대표: 내 월급이나 배당을 좀 더 받아서 그걸로 메꾸는 건 어떻습니까? 그게 제일 쉽지 않나요?

컨설턴트: 가장 흔한 방법이지만 소득세와 4대 보험료 부담이 될 수 있습니다. 한 번에 수억 원을 상여로 받으면 절반 가까이 세금으로 떼일 수 있죠. 그래서 이건 한 번에 끝내기보다 수년에 걸쳐 분할 상환하는 세무 스케줄을 짜는 것이 훨씬 전략적입니다.

대표: 그럼 시간이 너무 오래 걸릴 것 같은데요?

3. CEO 퇴직금 중간정산: 정관 규정이 방패입니다

컨설턴트: 주택 구입이나 요양 등 법정 사유가 있다면 퇴직금을 미리 받아 갚을 수도 있습니다. 하지만 이 방법의 핵심은 정관입니다. 정관에 임원 퇴직금 규정이 명확하지 않으면, 받은 퇴직금 자체가 또 다른 가지급금으로 간주되어 역풍을 맞을 수 있습니다. 반드시 정관부터 정비해야 합니다.

4. 자기주식 취득(자사주 매입): 세율은 낮지만 절차가 까다롭습니다

대표: 우리 회사 주식을 회사가 다시 사게 하고 그 돈으로 갚는 방식도 있

다면서요?

컨설턴트: 네, 매매의 방식이면 양도소득세(20~25%)가 적용되어 일반 소득세보다 훨씬 유리하죠. 하지만 배당가능이익 범위 내에서만 가능하고, 주식 가치 평가가 객관적이지 않으면 '가짜 거래'로 의심받아 세금 폭탄을 맞을 수 있습니다. 이 역시 정관에 근거 절차가 명확해야 합니다. (이익 소각시 배당소득세 납부)

5. 지식재산권(특허권) 활용: 절세 효과는 최고, 증빙은 철저히

컨설턴트: 만약 대표님 명의의 특허가 있다면 법인에 양도하고 그 대가로 상환하는 게 가장 매력적입니다. 필요경비 60%를 인정받아 세금을 획기적으로 줄일 수 있거든요. 다만, 대표님이 실제 발명자라는 증거와 가치 평가의 적정성이 세무조사의 1순위 타겟이 되니 철저한 준비가 필요합니다.

대표: 허허, 방법마다 장단점이 뚜렷하군요. 단순히 돈만 넣는다고 해결되는 게 아니라 정관도 고쳐야 하고 세무 스케줄도 짜야 하니 전문가 손길이 꼭 필요하겠네요.

컨설턴트: 맞습니다. 대표님 회사의 현재 이익 구조와 정관 상태에 따라 두세 가지 방법을 섞어서 사용하는 게 최선입니다. 지금 당장 어떤 방법이 우리 회사에 가장 저렴한 비용(세금)이 들지 전문가의 점검이 필요합니다 다음 번 방문할 때 좀더 구체적으로 대화를 나눠보고 전문가의 상담도 추진해 보도록 하겠습니다.

〈참고〉 대법원의 횡령죄 관련 판례 기준

가지급금으로 인한 횡령죄는 **대표이사 등이 회사의 재물을 보관하는 임무를 위배**하고 그 돈을 개인적으로 사용하려는 의도(불법영득의사)가 인정될 때 성립합니다.

- **횡령죄가 성립하는 기준 (대법원 2009도11967 판결 등 참조)**

  판례에 의하면 대법원은 대표이사가 회사 자금을 인출하여 사용한 행위가 횡령죄를 구성하는지에 대해 다음과 같이 기준을 제시했습니다.

요건	판례의 판단
적법 절차	이사회 결의 등 **적법한 절차를 거치지 아니하고** 인출했을 때
사용처	회사를 위한 지출 외에 **사적인 용도**로 거액의 자금을 인출, 사용했을 때
변제 관련	인출 당시 **변제할 의사나 능력이 없었을** 때
지위 이용	대표이사 등의 **지위를 이용하여** 회사 자금을 개인적으로 대여/처분한 것과 다를 바 없다고 보일 때

- **판례 요약:**

  회사의 대표이사 등이 이자나 변제기의 약정 없이 이사회 결의 등 적법한 절차를 거치지 아니하고 회사를 위한 지출 이외의 용도로 거액의 회사 자금을 가지급금 등의 명목으로 인출, 사용한 행위는 통상 용인되는 직무권한이나 업무의 범위를 벗어나 대표이사 등의 지위를 이용해 회사 자금을 사적인 용도로 대여/처분하는 것과 다를 바 없다고 할 것으로 그러한 행위는 형법상 횡령죄에 해당한다고 봄이 상당하다.

- **횡령죄가 성립되지 않는 예외적인 경우**

  다음과 같은 경우에는 **불법영득의사가 부정되어 횡령죄가 성립되지 않을 수 있습니다.** (대법원 2013도7637 판결 등 참조)

- 대표이사가 회사에 대하여 개인적인 채권(받을 돈)을 가지고 있는 상태에서, 그 채권 변제에 충당하기 위해 회사 자금을 가져간 경우. (정당한 권리 행사로 볼 여지가 있음)
- **가지급금 인출 당시 소액**이었고, **이자나 변제기의 약정**이 있었으며, **적법한 이사회 결의** 등을 거친 경우. (이는 사장의 '단기 차입'으로 볼 여지가 큼)

15. 당기 순이익과 법인세 절감 AP핵심 포인트

■ 당시 순이익과 법인세 절감

관리 항목	리스크 및 문제점	효율적 해결 방안 (Solution)
과도한 순이익	법인세 부담 급증 및 잉여금 적체 리스크	각종 비용 가능 항목 점검을 통한 이익 규모 적정화
CEO 보수	보수가 너무 낮을 시 법인세 비정상적 증가	CEO의 합당한 보수 설정을 통한 비용 처리 및 세무 최적화
보험 활용	리스크 무방비 및 세무 혜택 기회 상실	정기보험 활용을 통한 리스크 대비 및 보험료 비용 반영

[당기 순이익이 쌓이면 과도한 비만이 됩니다]

1. 과도한 순이익 관리 (자산의 질 개선)

- **문제점:** 실질적인 현금 유입이 없는 상태에서 장부상 이익만 높을 경우, 법인세 부담이 급증하고 기업 가치(비상장주식 가치)가 비정상적으로 높아져 승계나 증여 시 세금 폭탄이 됩니다.
- **해결방안:**
  - 자산 다이어트: 회수 불능인 장기 미회수 채권은 대손처리, 가치가 없는 악성 재고는 폐기처리하여 장부상 이익을 현실화하고 법인세를 즉시 절감합니다.
  - 비용의 현실화: 미뤄두었던 수선비, 소모품비 등 당기 비용을 적절히 반영하여 순이익을 조절합니다.

2. CEO 보수 및 퇴직금 (정관 정비)

- **문제점:** CEO에게 지급되는 급여, 상여, 퇴직금이 정관 및 보수 규정에 명시되어 있지 않으면 세무조사 시 '법인 비용(손금)'으로 인정받지 못하고 전액 부인당할 수 있습니다.

- **해결방안:**
  - 보수 최적화: CEO의 개인 소득세율과 법인세율을 비교하여 최적의 급여/배당 비율을 설정함으로써 전체 세부담을 낮춥니다.
  - 정관 정비: 임원 보수 규정과 퇴직금 지급 규정을 정관에 구체적으로 명문화하여 적법한 비용 처리 근거를 마련합니다.

3. 상속에 대비하며 법인세 줄이기

- **문제점:** CEO 유고 시 상속세 재원 부족으로 기업이 공중분해되거나, 갑작스러운 유동성 위기 시 법인을 지켜줄 안전장치가 없는 경우가 많습니다. 비용을 인정받으며 상속세 재원을 마련할 방법을 찾으십시요
- **해결방안:**
  - 경영인 정기보험 활용: 납입 보험료를 법인 비용으로 처리(손금산입)하여 법인세를 절감하는 동시에, 유사시 CEO 유족 보상금이나 퇴직금 재원으로 활용합니다.
  - 목적자금 마련: 법인의 유동성을 보장성 자산으로 분산하여 장기적인 자금 흐름을 안정화합니다.

화법으로 마스터하기 (당기순이익과 절세)

컨설턴트: 대표님, 올해 결산 자료를 보니 순이익이 상당히 높게 잡힐 것 같습니다. 성장이 장점이 되기도 하지만, 재무적으로는 '세금 폭탄'이 예고된 상황입니다. 오늘은 이 이익을 어떻게 관리할 것인지에 대해 잠깐 말씀드리겠습니다.

1. 과도한 순이익 관리: 가짜 자산을 털어내야 세금이 줄어듭니다

대표: 이익이 많이 나면 좋은 거 아닙니까? 세금 좀 내더라도 회사가 튼

튼해 보이는 게 나을 텐데요.

컨설턴트: 그게 바로 함정입니다. 현금은 안 들어왔는데 장부상 이익만 높으면 법인세만 급증하죠. 더 큰 문제는 기업 가치(비상장주식 가치)가 비정상적으로 높아진다는 겁니다. 나중에 자녀분에게 승계하거나 증여할 때 세금 감당이 안 될 수준이 됩니다.

대표: 그럼 어떡하면 좋을까요?

컨설턴트: 우선 자산 다이어트부터 실시하시죠. 회수 불가능한 장기 미회수 채권은 대손처리 하시고, 창고의 악성 재고는 폐기처리 하십시오. 장부상 이익을 현실화하는 것만으로도 법인세는 즉시 줄어듭니다. 그리고 비용을 현실화하셔야 합니다. 사업을 위해 쓰여진 정당한 비용을 적극 반영해 순이익을 조절해야 합니다. 급여도 좀 올리시고요.

2. CEO 보수 및 퇴직금: 정관은 대표님을 지키는 가장 강력한 방패입니다

대표: 월급 많이 받아가면 세금만 많이 내는 것 아닙니까?

컨설턴트: 아닙니다. 적정한 급여를 수령하지 않으시면 법인세만 많이 냅니다. 법인세 내는것 보다는 급여 올리셔서 자금 출처도 확보하시고 정당하게 사용하시는 것이 세금 측면에서도 유리합니다 그리고 정관 및 보수 규정에 명시되지 않은 급여나 퇴직금은 세무조사 시 '법인 비용(손금)'으로 인정받지 못합니다. 세무서에서 '근거 없는 지출'이라며 전액 부인하면 대표님은 세금 폭탄을 맞게 됩니다. 이에 대한 정비도 하시고요.

대표: 정비해야 한다고요? 무슨 정비를 해야 하나요?

컨설턴트: 먼저 보수 최적화 플랜을 세우세요. 대표님 개인 소득세율과 법인세율을 정밀 비교해, 급여와 배당 비율을 다시 설계해야 전체 세부담이 최소화됩니다. 그리고 지금 즉시 정관에 임원 보수 및 퇴직금 규정을 명문화하십시오. 이것이 적법한 비용 처리의 유일한 근거입니다.

대표: 네 고려해 보겠습니다.

컨설턴트: 마지막으로 많은 법인에서 시행하고 있는 보험을 활용하는 것입니다.

3. 보험 및 보장성 자산 활용: CEO 유고는 기업의 존폐 문제입니다

대표: 보험요? 법인 돈으로 보험을 드는 게 경영에 무슨 도움이 됩니까?

컨설턴트: 대표님이라는 '핵심 자산'을 보호하기 위해서입니다. CEO 유고 시 가장 큰 문제는 막대한 상속세와 유동성 위기입니다. 그래서 경영인 정기보험을 많이 가입하십니다. 정기보험은 납입 보험료를 법인 비용으로 처리해 법인세를 매년 절감하게 됩니다. 동시에 유사시에는 CEO 위험발생시 보상금이나 퇴직금 재원으로 활용해 기업의 연속성을 지켜주기 때문입니다.

대표: 솔깃하긴 하네요.

컨설턴트: 법인의 유동성을 보장성 자산으로 분산해두면, 위기 시 긴급자금으로 활용하며 재무 건전성을 유지할 수 있습니다.

대표: 순이익이 높다고 좋아할 게 아니라 주식 가치 상승과 세금 리스크를 먼저 봤어야 했군요. 그리고 법인세를 줄일 방법도 마련해야 할 것 같네요.

컨설턴트: 현명한 판단이십니다. 절세는 12월 결산 때 하는 것이 아니라, 1년 내내 관리하는 과정입니다. 빠르면 빠를수록 대표님에게 이로우실 것입니다.

컨설턴트의 핵심 요약

절세는 한 가지 방법만 고집하기보다, 법인 상황에 맞춰 전략적으로 혼합하는 것이 좋습니다.

1. **순이익 관리:** 비용 반영, 자산 다이어트(대손/폐기)로 법인세를 절감하세요.
2. **적정 급여:** 적정급여인상과 ·퇴직금 규정활용하여 법인세 절감과 세무 리스크 사전 차단하십시오.
3. **리스크 헷지:** 경영인 보험을 통한 비용 처리 및 CEO 위험 대비 재원을 만드세요.

16. 미처분 이익잉여금과 AP 핵심 포인트

■ 미처분 이익잉여금 증가 원인(과다 이익)

문제점 (Risk)	상세 내용
각종 낮은 비용 처리와 낮은 CEO 보수	적정한 비용처리가 되지 않거나 대표님의 급여나 상여를 법인 이익 규모보다 낮게 설정하여 비용 처리가 되어야 할 금액이 고스란히 이익으로 남은 경우
배당 부재	매년 발생한 당기순이익을 주주에게 배당하지 않고 사내에 계속 유보했기 때문
비정상적 영업관행	금융권 대출이나 입찰을 위해 고의로 비용을 누락하거나 매출을 과다 계상하여 장부상 이익만 부풀린 경우(분식회계)

■ 미처분 이익잉여금 리스크 핵심 요약

문제점 (Risk)	상세 내용	컨설턴트의 조언
주식 가치 폭등	이익잉여금 누적으로 비상장 주식 가치 상승	지분 이전 전에 반드시 선제적 정리 필요
상속/증여세 부담	높아진 주가로 인해 승계 시 막대한 세금 발생	가업 승계 계획에 맞춘 전략적 배당 실행
재무 건전성 착시	부채 비율 등 지표는 좋으나 세무 리스크 잠재	사업 무관 자산 비율 상시 점검 및 조정

[미처분 이익잉여금 증가와 위험]

1. 미처분 이익잉여금이 과도하게 발생하는 원인

법인에 미처분 이익잉여금이 비정상적으로 쌓이는 이유는 크게 세 가지 유형으로 볼 수 있습니다.

첫째, 비용 처리의 미흡과 낮은 경영자 보수 때문입니다. 법인의 이익 규모에 비해 대표이사의 급여나 상여금을 너무 낮게 책정하거나, 마땅히 처리해야 할 비용을 적절히 반영하지 않아 장부상 이익이 실제보다 크게 남게 됩니다.

둘째, 배당의 부재입니다. 기업이 매년 벌어들인 당기순이익을 주주들에게 배당으로 환원하지 않고 계속해서 사내에만 유보해 두는 관행이 원인이 됩니다.

셋째, 비정상적인 영업 관행입니다. 금융권 대출을 원활하게 받거나 공공기관 입찰 등에 유리하도록 고의로 비용을 누락하거나 매출을 과다하게 계상하는 이른바 '분식회계'를 통해 장부상의 이익만 부풀려진 경우입니다.

2. 이익잉여금 과다 누적에 따른 리스크

이렇게 쌓인 이익잉여금은 기업에 세 가지 측면의 심각한 리스크를 초래합니다.

① 우선 주식 가치가 폭등하게 됩니다. 이익잉여금의 누적은 곧 비상장 주식의 평가 금액을 높이는 결과를 가져오며, 이는 향후 지분 이동 시 큰 걸림돌이 됩니다.

② 상속 및 증여세의 부담이 급격히 커집니다. 주식 가치가 높아진 상태에서 가업 승계나 지분 증여가 이루어지면 막대한 세금이 발생하여 경영권 승계 자체에 위협이 될 수 있습니다.

③ 재무 건전성의 착시 현상이 나타납니다. 부채 비율 같은 겉모양 지표는 좋아 보일 수 있으나, 실제로는 보이지 않는 세무 리스크가 잠재되어 있어 기업의 실질적인 재무 안전성을 해칠 수 있습니다.

컨설턴트의 핵심 요약

미처분 이익잉여금은 단순한 '돈의 축적'이 아니라 경영권 승계와 세무 안전성을 위협하는 '잠재적 시한폭탄'과 같습니다.
따라서 지분을 이전하기 전에는 반드시 선제적인 정리 작업이 선행되어야 하며, 가업 승계 계획을 고려한 전략적인 배당을 실행해야 합니다. 또한, 겉으로 보이는 지표에 안주하지 말고 사업과 무관한 자산 비율을 상시 점검하고 조정하여 실질적인 세무 리스크를 관리하는 것이 가장 중요합니다.

문제점 (Risk)	상세 내용	컨설턴트의 조언 (대응)
주식 가치 폭등	이익잉여금 누적으로 인해 비상장 주식의 가치가 급상승함.	지분 이전(양도/증여) 전에 반드시 선제적 정리 필요.
상속/증여세 부담	주가가 높아져 가업 승계 시 막대한 세금이 발생함.	가업 승계 계획에 맞춘 전략적 배당 실행.
재무 건전성 착시	부채 비율 등 지표는 좋아 보이나 세무 리스크가 잠재됨.	사업 무관 자산 비율을 상시 점검하고 조정.

화법으로 마스터하기 (미처분 이익잉여금 관리)

컨설턴트: 대표님, 작년 결산 재무제표를 검토해보니 '미처분 이익잉여금'이 30억 원을 넘었습니다. 이거 지금 당장 관리 안 하시면 나중에 큰 문제가 될 수도 있습니다.

대표: 아니, 우리 회사가 그만큼 돈 잘 벌고 튼튼하다는 증거 아닌가? 은행에서도 부채비율 낮다고 좋아하던데요.

컨설턴트: 겉으로 보이는 지표는 좋죠. 하지만 이 잉여금이 왜 이렇게 비정상적으로 많이 쌓였는지 원인을 짚어봐야 합니다.

대표: 장부상 숫자라도 많으니 좋은 것 아닌가요?

1. 비용 처리의 미흡과 낮은 경영자 보수

컨설턴트: 대표님이 그동안 본인 급여나 상여금을 너무 낮게 책정하셨어요. 비용으로 처리해야 할 경영자 보수를 아끼다 보니 장부상 이익이 실

제보다 과하게 남은 겁니다.

대표: 회사가 커가는 맛에 제 월급은 뒷전이었죠. 그리고 배당도 한 번 안 하고 꼬박꼬박 모으기만 했습니다.

컨설턴트: 맞습니다. 두 번째 원인인 '배당의 부재'입니다. 게다가 입찰이나 대출을 위해 이익을 좋게 보이게 하려고 비용 처리를 미루신 적도 있으시죠? 그게 바로 세 번째 원인인 '비정상적 영업 관행'입니다. 당장 입찰에는 유리했겠지만, 그 대가는 혹독합니다.

대표: 대가라니요? 이익이 많으면 회사 가치가 올라가서 좋은 거 아닌가요?

2. 상속 및 증여세의 부담 급증

컨설턴트: 상장사라면 좋겠지만, 우리 같은 비상장 법인은 다릅니다. 이익잉여금이 누적되면 비상장 주식 가치가 폭등하게 됩니다. 이 상태에서 나중에 아드님에게 가업을 물려주려고 지분을 증여하거나 상속하게 되면 어떻게 될까요?

대표: 회사 가치가 큰 것을 남겨주니 좋지 않을까요?

컨설턴트: 주식 가치가 높아진 상태에서 승계가 이루어지면 막대한 세금이 발생하여 경영권 승계 자체에 위협이 될 수 있습니다. 배보다 배꼽이 더 커지는 상황이죠. 최대 50%의 세금을 납부하셔야 할 수있습니다.

대표: 듣고보니 회사를 지키려고 아껴온 건데 그게 오히려 독이 될 수도 있네요.

컨설턴트: 네, 바로 그게 '재무 건전성의 착시 현상'입니다. 부채 비율 같은 겉모양 지표는 좋아 보일 수 있으나, 실제로는 보이지 않는 세무 리스

크가 잠재되어 있어 기업의 실질적인 안전성을 해칠 수 있습니다.

대표: 그럼 이제 어떻게 해야 합니까?

컨설턴트: 지분을 이전하기 전에 반드시 선제적인 정리 작업이 선행되어야 합니다. 가업 승계 계획을 고려한 전략적인 배당을 실행하고, 겉으로 보이는 지표에 안주하지 말고 사업과 무관한 자산 비율을 상시 점검하여 실질적인 세무 리스크를 관리하는 것이 가장 중요합니다.

컨설턴트의 핵심 요약

- **발생 원인:** 낮은 급여 책정, 배당 미실시, 입찰용 이익 부풀리기가 잉여금을 비정상적으로 키웁니다.
- **치명적 리스크:** 주식 가치 폭등으로 인한 증여세 폭탄과 경영권 위기, 그리고 재무 건전성의 착시를 초래합니다.

17. 미처분 이익 잉여금 해결과 AP핵심 포인트

■ **이익잉여금 해결을 위한 4대 핵심 전략 요약**

전략 구분	주요 내용	추가 기대 효과 (Value)
비용 최적화	CEO 급여 인상 및 효율적 비용 관리	법인세 절감 및 대표님 개인 소득 증대
전략적 배당	정기 배당 및 가족 지분 분산 활용	가족 자금 출처 확보 및 소득 분산 효과
자산 개인화	자기주식 취득 및 임원 퇴직금 제도	저세율(양도세) 적용 및 주식 가치 하락 유도
재무 질적 개선	매출채권·재고 점검을 통한 유동성 확보	실질적 현금 흐름 개선으로 Exit 자금 마련

[이익잉여금 해결을 위한 핵심전략]

1. 비용 최적화

- **실행 방안:** CEO의 급여를 현실화하여 인상하고, 회사의 전반적인 비용 관리 체계를 효율적으로 개선합니다.
- **기대 효과:** 법인세를 절감하는 동시에 대표이사 개인의 가처분 소득을 증대시킬 수 있습니다.

2. 전략적 배당

- **실행 방안:** 일회성이 아닌 정기적인 배당 정책을 수립하고, 가족 등에게 지분을 분산하여 배당을 실행합니다.
- **기대 효과:** 자녀 등 가족의 합법적인 자금 출처를 확보할 수 있으며, 소득 분산을 통해 전체적인 세율을 낮추는 효과가 있습니다.

3. 자산 개인화

- **실행 방안:** 법인이 자기주식을 취득(자사주 매입)하거나, 임원 퇴직금 지급 제도를 정비하여 실행합니다.

- **기대 효과:** 일반 소득세보다 낮은 양도소득세율을 적용받을 수 있으며, 유보된 이익을 인출함으로써 주식 가치를 적정 수준으로 하락시키는 효과가 있습니다.

4. 재무 질적 개선 (Financial Quality)

- **실행 방안:** 장부상으로만 존재하는 매출채권이나 가공 재고 자산을 점검하고 정리하여 실제 유동성을 확보합니다.
- **기대 효과:** 회사의 실질적인 현금 흐름을 개선하고, 향후 사업 정리나 승계를 위한 Exit 자금을 마련할 수 있습니다.

화법으로 마스터하기 (미처분 이익잉여금 해결)

대표: 원인과 리스크는 이제 충분히 알겠습니다. 듣고 보니 정말 무섭네요. 그럼 이 '잉여금 폭탄'을 안전하게 제거하려면 구체적으로 뭐부터 해야 합니까?

컨설턴트: 대표님, 당황하실 필요 없습니다. 세금을 최소화하면서 법인의 돈을 합법적으로 꺼내오고 미처분이익 잉여금 증가를 억제할 수 있는 4가지 핵심 전략을 하나씩 실행하면 됩니다.

1. 비용 최적화: 대표님 급여, 아끼는 게 능사가 아닙니다

컨설턴트: 대표님 급여인상을 제안드립니다. 그래야 당기 순이익을 줄이고 미처분 이익잉여금 증가도 막으실 수 있습니다

대표: 급여를 높이면 내 개인 소득세가 올라가는데, 회사 돈을 굳이 내 주머니로 옮길 필요가 있습니까? 법인에 두는 게 세금이 더 싸지 않나요?

컨설턴트: 단순히 세금 문제가 아닙니다. CEO의 급여를 현실화하면 법인 입장에서는 비용 처리가 되어 법인세가 줄어듭니다. 동시에 대표님 개인의 가처분 소득이 늘어나죠. 회사의 전반적인 비용 관리 체계를 효율적으로 개선하는 것만으로도 잉여금의 증가 속도를 늦출 수 있습니다.

2. 전략적 배당: 가족에게 미리 나누는 것이 최고의 절세입니다

컨설턴트: 배당을 실시하십시요

대표: 우리 같은 가족 회사에서 배당하면 결국 내 돈 나가는 건데, 굳이 번거롭게 배당 절차를 밟아야 하나요? 그리고 세금도 많다던데.

컨설턴트: 대표님 혼자 다 가져가려니 세금이 무서운 겁니다. 가족들에게 지분을 분산하고 정기적인 배당을 하면, 소득이 분산되어 전체 세율이 낮아집니다. 무엇보다 자녀분이 나중에 집을 사거나 증여세를 낼 때 필요한 '자금 출처'를 국가가 인정하는 합법적인 방법으로 미리 만들어주는 가장 확실한 길입니다.

3. 자산 개인화: 자사주와 퇴직금은 가장 저렴한 인출 통로입니다

대표: 세금을 가장 적게 내고 목돈을 마련할 방법은 없습니까? 미처분 잉여금도 줄이고요.

컨설턴트: 법인이 대표님의 주식을 사들이는 자기주식 취득'을 활용하는 방법도 있고요. 또한, 임원 퇴직금 지급 제도를 정비해 퇴직금을 인출하면 주식 가치를 적정 수준으로 떨어뜨리면서 고액의 자금을 합법적으로 확보할 수 있죠.

4. 재무 질적 개선: 장부상의 '가짜 이익'부터 털어내야 합니다

대표: 장부에만 있고 실제로는 없는 돈들도 꽤 되는데, 이건 어떡하죠?

컨설턴트: 그게 가장 위험합니다. 회수 불가능한 매출채권이나 창고에 쌓인 가공 재고 자산을 철저히 점검해서 정리해야 합니다. 재무의 질적 개선을 통해 실질적인 유동성을 확보해야만, 나중에 사업을 정리하거나 승계할 때 필요한 실제 'Exit 자금'을 마련할 수 있습니다.

컨설턴트의 핵심 요약

- **비용 & 배당:** 급여 현실화와 소득 분산으로 매년 쌓이는 이익을 조절합니다.
- **자산화 & 질적 개선:** 자사주와 퇴직금으로 주식 가치를 낮추고, 가공 자산을 정리해 실질적인 현금 흐름을 확보합니다.

18. 비상장 주식가치 평가 관련 AP 핵심 포인트

■ 비상장 주식 가치 평가 방법

구분	주당 평가액 계산 방법	비고
일반적인 경우	순손익가치 60%+순자산가치40%	평가하한 적용 (순자산가치 80%)
부동산 평가액이 총자산 50%↑	순손익가치 40% + 순자산가지60%	
부동산 평가액이 총자산 80%↑ or 법인설립3년↓	순자산 가치로만 적용	영업권 평가 합산 제외

[주당 순손익 가치] = 주당 순손익 가중 평균액 / 10%

[주당 순손익 가중평균액] = $\frac{(1년\ 전\ 순손익)\times3) + (2년\ 전\ 순손익\times2) + (3년\ 전\ 순손익\times1)}{6}$

■ 비상장 주식 가치 평가 방법

매출↑ → 비용↓ → 당기순이익↑ → 배당↓ → 미처분이익↑ → 순자산↑ → 주식가치↑

■ 주식 가치가 높아지면 ?

주식가치가 높다는 것은 이익이 높고, 순자산이 많다는 것을 의미
결국 세금 증가로 귀결 (청산 소득세 / 양도소득세 / 증여세 / 상속세)

1. 비상장 주식 가치 평가 방법

비상장 주식은 회사의 이익(수익성)과 자산(안정성)을 가중 평균하여 평가합니다.

- **실행 방안:** C일반적인 평가 공식:
  주당평가액 = {순손익가치} × 60% + {순자산가치} × 40%
- **특수한 경우:** 부동산 비중이 높을 경우(총자산의 50% 초과) 순손익가치 40%, 순자산가치 비중은 60%로 바뀝니다.
  부동산 비중이 80%를 넘거나 설립 3년 이하인 법인은 순자산가치만으로 평가

- **순손익가치 산출:** 최근 3년간의 순손익에 가중치(3:2:1)를 두어 평균한 뒤 이를 10%로 나누어 계산합니다.

2. 주식 가치가 높아지는 메커니즘

회사의 실적이 좋아지는데 적절한 처분이 이루어지지 않으면 주식 가치는 수직 상승하게 됩니다.

[주가 상승 경로]

매출 증가 → 비용 부족 → 당기순이익 증가 → 배당 미실시
→ 미처분 이익잉여금 누적 → 순자산 증가 → 주식 가치 폭등

즉, 비용 처리가 미흡하거나 이익을 사내에 계속 유보할수록 주가는 계속해서 오르는 구조입니다.

3. 주식 가치가 높아지면 발생하는 현상 (세무 리스크)

주식 가치가 높다는 것은 회사가 돈을 잘 번다는 긍정적인 신호일 수 있으나, 비상장회사 대표님들에게는 곧 세금 부담의 극대화'를 의미합니다.

- **세금 부담 급증:** 가업 승계나 지분 이동 시 증여세 및 상속세가 막대하게 발생합니다.
- **처분 시 과세:** 주식을 매각할 때는 양도소득세, 회사를 청산할 때는 청산소득세 부담이 커집니다.
- **승계의 걸림돌:** 높은 주가는 자녀에게 지분을 넘길 때 현금 확보의 어려움을 초래하여 원활한 가업 승계를 방해합니다.

컨설턴트의 핵심 요약

비상장 주식 가치는 '미처분 이익잉여금'에 의해 크게 좌우됩니다. 따라서 주가가 너무 높아지기 전에 배당, 급여 현실화, 자사주 매입 등의 전략을 통해 이익잉여금을 선제적으로 관리하는 것이 세금 폭탄을 막는 유일한 방법입니다.

화법으로 마스터하기 (주식가치 평가와 리스크)

컨설턴트: 대표님, 회사의 주당 가치가 얼마인지 혹시 계산해 보셨습니까? 장부상 액면가는 5,000원이지만, 세무상 평가액은 이미 그 20배인 10만 원을 넘었을 가능성이 큽니다.

대표: 아니, 상장사도 아닌데 주가가 그렇게나 높다고요? 우리 회사 가치가 그만큼 높다는 뜻인데 좋은 거 아닌가요?

컨설턴트: (평가 방법의 오해) 상장사는 시장 거래가로 결정되지만, 우리 같은 비상장 회사는 법에서 정한 공식이 따로 있습니다. 대표님이 열심히 벌어들인 지난 3년간의 이익(60%)과 그동안 쌓아온 회사의 순자산(40%)을 합쳐서 계산하거든요. 회사가 튼튼해질수록 주가는 수직 상승하게 설계되어 있습니다. 문제는 이 주가가 높을수록 대표님이 내야 할 세금의 단위가 달라진다는 점입니다.

대표: 세금이야 나중에 주식을 팔 때나 내는 거 아닙니까? 당장 팔 것도 아닌데 주가 높은 게 무슨 상관이죠?

컨설턴트: (상속·증여 리스크) 그게 가장 위험한 생각입니다. 만약 지금 자녀분에게 지분을 조금 넘겨주려 한다면, 대표님은 5,000원짜리 주식을 주는 게 아니라 10만 원짜리 주식을 주는 셈이 됩니다. 증여세가 20배로 뛰는 거죠. 만약 준비 없이 상속이라도 발생하면, 자녀분들은 그 비싼 주식 세금을 내느라 회사를 팔거나 대출을 왕창 받아야 하는 상황에 놓이게 됩니다.

대표: 아니, 회사가 돈을 잘 벌어서 이익잉여금을 차곡차곡 쌓아둔 게 죄입니까? 배당 안 하고 회사에 둔 게 오히려 독이 됐다는 소리네요?

컨설턴트: (이익잉여금 관리의 필요성) 죄는 아니지만, 세법상으로는 '관리가 필요한 대상'입니다. 매출은 늘고 비용은 적게 쓰니 이익잉여금이 쌓이고, 그게 곧 순자산 가치를 끌어올려 주가를 폭등시킨 겁니다. 결국 대표님이 아껴온 그 돈이 자녀분들에게는 '세금 폭탄'으로 돌아가는 구조죠. 그래서 주가가 더 오르기 전에 배당 같은 전략으로 이 잉여금을 미리 털어내야 하는 겁니다.

대표: 주가가 너무 높으면 자식한테 짐을 지우는 꼴이 되겠네요. 그럼 이 주가를 다시 떨어뜨릴 방법이 있긴 한 건가요?

컨설턴트: 당연히 있습니다. 오늘 제가 가져온 4대 전략이 바로 그 주가 조절의 핵심입니다. 합법적으로 이익을 인출해서 주식 가치를 떨어뜨리고, 세금 부담을 낮추는 시뮬레이션을 지금 바로 보여드리겠습니다.

컨설턴트의 핵심 요약

- **비상장 주식은 거래가가 아니라 '공식'에 의해 결정됩니다.** (평가 방식의 특수성 강조)
- **주가가 높다는 것은 대표님의 자산이 늘어난 것이 아니라, 자녀가 낼 세금이 늘어난 것입니다.** (상속/증여 관점의 리스크 부각)
- **잉여금 관리는 탈세가 아니라, 기업 승계를 위한 '필수적인 안전장치'입니다.** (전략 실행의 명분 부여)

19. 주식가치 관리 방법 AP 핵심 포인트

■ 주식 가치 관리 방법

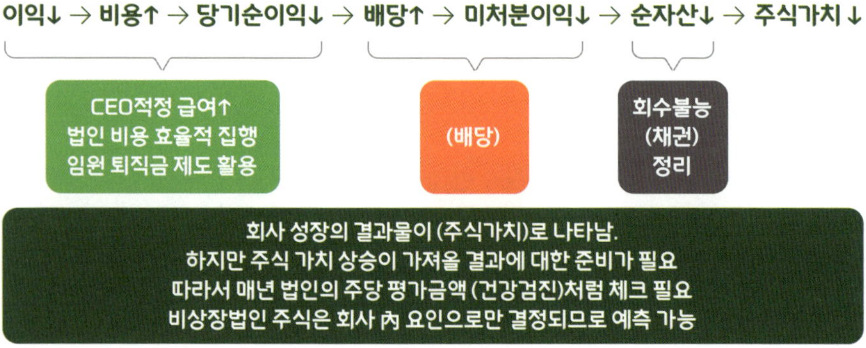

이익↓ → 비용↑ → 당기순이익↓ → 배당↑ → 미처분이익↓ → 순자산↓ → 주식가치↓

CEO적정 급여↑
법인 비용 효율적 집행
임원 퇴직금 제도 활용

(배당)

회수불능
(채권)
정리

회사 성장의 결과물이 (주식가치)로 나타남.
하지만 주식 가치 상승이 가져올 결과에 대한 준비가 필요
따라서 매년 법인의 주당 평가금액(건강검진)처럼 체크 필요
비상장법인 주식은 회사 內 요인으로만 결정되므로 예측 가능

1. 주식 가치 관리 프로세스

기업의 순자산을 줄여 주식 가치를 낮게 유지하거나 관리하는 흐름을 설명하고 있습니다.

- **이익 감소 & 비용 증가:** CEO 급여 인상, 법인 비용의 효율적 집행, 임원 퇴직금 제도 등을 통해 당기순이익을 조절합니다.
- **배당 활용:** 이익을 배당으로 사외 유출하여 미처분이익잉여금을 줄입니다.
- **자산 정리:** 회수가 불가능한 채권을 정리하여 순자산을 감소시킵니다.
- **최종 결과:** 이 과정들을 통해 순자산이 감소하면 결과적으로 주식 가치가 하락하게 됩니다.

2. 주식 가치 관리의 필요성

- **회사의 성적표:** 회사가 성장하면 그 결과물은 '주식 가치' 상승으로 나타납니다.
- **리스크 대비:** 주식 가치가 너무 높으면 증여, 상속, 양도 시 과도한 세무 리스크가 발생할 수 있으므로 이에 대한 사전 준비가 필요합니다.

• **정기적 점검:** 매년 건강검진을 받듯, 법인의 주당 평가금액을 정기적으로 체크해야 합니다.

화법으로 마스터하기 (주식가치 관리 필요성)

컨설턴트: 대표님, 올해 결산 수치를 보니 회사가 아주 탄탄하게 성장했네요. 그런데 혹시 우리 회사 '주식 가치'가 얼마인지 매년 체크하고 계신가요?

대표: 아이고, 우리 같은 중소기업이 주식 가치는 무슨... 상장할 것도 아닌데 그게 왜 중요합니까? 그냥 세금 꼬박꼬박 내고 직원들 월급 잘 주면 되는 거 아닙니까?

컨설턴트: 맞습니다. 경영을 잘하고 계신다는 증거죠. 하지만 대표님, 비상장주식은 '시한폭탄'이 될 수도 있습니다. 회사가 잘 나갈수록 주식 가치는 천정부지로 솟는데, 나중에 자녀분에게 물려주거나 지분 이동을 할 때 그게 다 세금으로 돌아오거든요.

대표: 세금이야 그때 가서 내면 되는 거 아닌가요? 지금 당장 승계할 것도 아닌데 벌써부터 복잡하게 주식 가치를 낮추네 마네 하는 건 좀 시기상조 같은데요. 비용도 들 테고.

컨설턴트: 병도 이미 커진 다음에 수술하려면 비용도 많이 들고 완치도 어렵죠? 주식 가치도 마찬가지입니다. 매년 조금씩 관리하면 충분히 조절할 수 있는데, 나중에 수십억 원의 세금 고지서를 받고 나서 관리하려고 하면 방법이 없습니다.

대표: 그럼 구체적으로 어떻게 관리한다는 겁니까? 이익을 일부러 안 내

야 한다는 소린가요?

컨설턴트: 아닙니다. 이익은 내되, 법인 내부에 과도하게 쌓이지 않도록 '순자산'을 조절하는 전략입니다.

1. **비용의 전략적 집행:** 대표님 급여를 현실화하고 임원 퇴직금 제도를 정비해 당기순이익을 합법적으로 조절합니다.
2. **배당 활용:** 쌓여있는 이익잉여금을 배당으로 사외 유출해 회사의 몸집(순자산)을 가볍게 만듭니다.
3. **자산 정리:** 장부상에만 잡혀있는 부실 채권이나 회수 불가능한 자산을 정리해 순자산을 실제 가치에 맞게 낮춥니다.

대표: 자산을 줄여서 주식 값을 낮춘다... 근데 이거 괜히 건드렸다가 세무조사 타겟 되는 거 아닌가요? 요즘 국세청이 얼마나 깐깐한데.

컨설턴트: 당연히 걱정되시죠. 그래서 '정기 점검'이 중요합니다. 한꺼번에 무리하게 조정하면 눈에 띄지만, 매년 전문가와 함께 합법적인 테두리 안에서 조금씩 관리하면 가장 안전합니다. 이건 편법이 아니라 기업의 '재무 건전성 관리'이자 '합법적 절세 전략'입니다.

대표: 주식 가치가 오르는 게 마냥 좋은 성적표인 줄만 알았는데, 관리를 안 하면 독이 될 수도 있겠군요.

컨설턴트: 네, 대표님. 올해 우리 회사의 주당 평가금액이 얼마인지부터 정확히 진단해 보는 건 어떨까요? 현재 상태를 알아야 앞으로의 관리 플랜을 짤 수 있습니다.

컨설턴트의 핵심 요약

- **리스크 인식:** 높은 주식 가치는 당장은 성과처럼 보이지만, 추후 가업 승계나 지분 이동 시 '수십억 원의 세금 폭탄'이 될 수 있습니다
- **해결 전략:** 이익은 내되, 급여·배당·자산 정리 등을 통해 법인 내 순자산을 합법적으로 조절하여 회사의 몸집(가치)을 가볍게 관리합니다.
- **정기적 점검:** '정기적인 건강검진'이 비용이 적고 안전하듯, 매년 결산 시점에 맞춘 정기적인 주식 가치 평가와 관리가 필요합니다

20. 손익계산서 주요 항목을 통한 절세와 AP 핵심 포인트

■ 손익 계산서 점검을 통한 법인 이익과 법인세 절세 컨셉 핵심

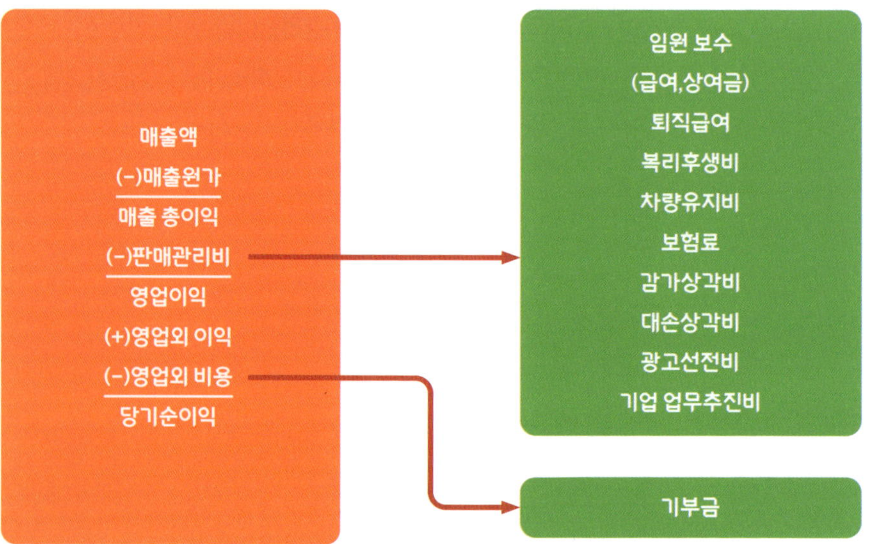

손익계산서 점검을 통한 이익 관리 및 절세 전략

1. 판매관리비(판관비) 항목의 효율적 집행

영업이익을 결정짓는 주요 비용 항목들을 사전에 점검하여 법인 이익을 최적화합니다.

- **인건비 및 퇴직금 관리:**
  - 임원 보수: CEO 및 임원의 급여와 상여금을 적정 수준으로 인상하여 비용 처리.
  - 퇴직급여(전입금): 임직원 퇴직급여 제도 활용 및 퇴직급여 충당금 설정을 통한 이익 조절.

- **복리후생 및 운영 비용:**
  - 복리후생비: 직원 및 조직의 사기 진작을 위한 사용 비용.
  - 차량유지비 & 보험료: 법인 차량 운영 및 회사와 임직원 보험료 지출.
- **자산 및 마케팅 비용:**
  - 감가상각비: 고정자산의 가치 감소분을 비용으로 반영.
  - 대손상각비: 회수 불가능 채권 비용 처리.
  - 광고선전비: 브랜드 홍보 및 마케팅 활동을 통한 비용 집행.
- **대외 활동비:**
  - 기업 업무추진비: 원활한 사업 운영을 위한 대외 활동 비용 활용.

2. 영업외 비용의 활용

영업 활동 외적인 부분에서도 합법적인 비용 처리를 통해 최종 당기순이익을 조정함

- **기부금:** 사회 환원 활동과 법인의 당기순이익을 낮추는 절세 수단으로 활용.

3. 손익 관리 프로세스 요약

법인세 절세의 핵심 메커니즘은 다음과 같습니다.

단계	주요 활동 내용	기대 효과
이익 관리	매출액에서 매출원가를 차감한 매출총이익 확인	기초이익 규모 파악
비용 확대	판관비(임원보수, 복리후생비, 업무추진비 등)의 전략적지출	영업이익 감소(절세)
최종 조정	영업외 비용(기부금 등) 집행	당기순이익 최적화

컨설턴트의 핵심 요약

법인의 성적표인 손익계산서를 정기적으로 점검하여, CEO 적정 급여, 퇴직 급여 제도, 효율적인 법인 비용 집행을 통해 당기순이익을 관리하는 것이 법인세 절세 컨셉의 핵심입니다

화법으로 마스터하기

컨설턴트: 대표님, 올해 결산 수치를 보니 매출총이익이 작년 대비 20%나 상승했더군요. 정말 축하드립니다! 사업이 아주 탄탄하게 궤도에 올랐네요.

대표: 뭐, 운이 좋았지요. 그런데 매출이 늘면 뭐 하나? 그만큼 법인세로 다 나갈 텐데. 올해는 세금 낼 생각 하니 벌써 머리가 아프네요.

컨설턴트: 맞습니다. 이익이 늘면 세금 고민도 깊어지는 법이죠. 그래서 오늘 제가 '손익계산서'를 간단히 분석해서 가져왔습니다. 당기순이익을 적절히 조절해서 법인세를 합법적으로 줄이는 방법입니다.

대표: 우리 경리와 세무사 사무실에서 비용 처리할 거 다 하고 있어요. 식대며 기름값이며... 더 뺄 게 어디 있나? 괜히 무리하게 비용 만들었다가 나중에 세무조사라도 나오면 누가 책임지나요? 난 골치 아픈 거 딱 질색인데요.

컨설턴트: 당연히 걱정되시죠. 하지만 세무사와 경리만 믿지 말고 제 말도 좀 들어보세요. 제가 말씀드리는 건 '가공 비용'이 아닙니다. 판관비(판매비와 관리비) 항목을 전략적으로 재배치하자는 겁니다. 예를 들어, 대표님 급여가 몇년 전이랑 똑같던데, 회사가 이렇게 커졌는데 CEO 보수 규정이 그대로인 게 더 부자연스러울 수 있습니다.

대표: 급여를 올리면 내 소득세가 많이 나오지 않나? 법인세 아끼자고 내 개인 세금을 더 내는 게 무슨 의미가 있나 싶은데요.

컨설턴트: 대표님 개인의 소득세와 법인세 사이의 '최적 구간'을 찾는 게 핵심입니다. 급여 인상분은 법인에서 전액 비용 처리가 되니까요. 또한,

임원 퇴직금 제도를 정비하고 잘 활용하면, 당장 현금이 나가지 않아도 장부상 이익을 조절하는데 효과적입니다.

대표: 퇴직금 제도라... 그건 좀 솔깃하군. 그럼 다른 비용들은 어떤 게 있나요?

컨설턴트: 활용할 카드는 많습니다.

- **복리후생비 & 광고선전비:** 직원 사기도 높이고 브랜드 가치도 올리면서 당당하게 비용 처리할 수 있습니다
- **감가상각비 & 업무추진비:** 고정자산 가치 하락분을 꼼꼼히 반영하고, 대외 활동 비용도 규정에 맞춰 넉넉하게 집행하는 겁니다.
- **영업외 비용(기부금):** 사회 공헌을 위해 기부하시거나 종교 단체 기부금도 잘 활용하시면 최종 당기순이익을 한 번 더 낮출 수 있죠.

대표: 듣고 보니 무작정 아끼는 게 능사가 아니었네요. 쓸 곳에 잘 써서 법인세를 줄이는 것도 경영의 일환이겠어요

컨설턴트: 정확하십니다! 매출액에서 매출원가를 뺀 기초 이익은 우리가 조절하기 어렵지만, 이 판관비와 영업외 비용은 대표의 의사결정에 따라 관리할 수 있는 영역입니다. 매년 결산 전에 '건강검진' 하듯 손익계산서를 한 번만 훑어보시면 수천만 원의 세금이 달라집니다.

대표: 알겠어요. 그럼 우리 회사 손익계산서 펴놓고 어디서 '지출의 기술'을 발휘할 수 있을지 구체적으로 한번 검토해 보지요

컨설턴트: 네, 제가 그럼 몇 군데만 말씀드려 보도록 하겠습니다.

컨설턴트의 핵심 요약

- **인식의 전환:** 무조건 지출을 줄이는 것이 능사가 아니라, 법인세를 줄이기 위해 판관비와 영업외 비용을 전략적으로 집행하는 '지출의 기술'이 필요합니다.
- **실행 전략:** CEO 급여 현실화(소득세-법인세 최적 구간 찾기), 임원 퇴직금 제도 정비, 복리후생비 및 감가상각비의 꼼꼼한 반영을 통해 당기순이익을 합법적으로 조절합니다.
- **관리의 효과:** 가공 비용이 아닌 '규정에 맞는 비용 재배치'를 통해 세무 리스크를 방어하고, 매년 결산 전 정기 점검으로 절세방법을 찾습니다.

21. 복리 후생비와 AP 핵심 포인트

■ **복리후생비 전략: 세금은 줄이고 직원 만족도는 높이는 마법**

비용 인정의 포괄성

사회 통념상 타당한 범위 내라면
전액 손비 인정 → 법인세 절감

부가세 환급

직원 식대·비품 구입 등 복리후생비는
10% 부가세를 돌려받을 수 있음
(업무추진비는 불가)

급여 대체 효과

비과세 항목(식대 20만 원, 자가운전보조금 20만 원 등) 활용 시
직원 실수령액 ↑, 회사 4대 보험료 ↓

[복리 후생비 제대로 활용하기]

1. 복리후생비의 개념

복리후생비란 법인이 임직원의 업무 능률을 향상시키고 복지 증진을 위해 지출하는 비용을 의미합니다. 급여 외에 제공되는 부가적인 혜택으로, 근로 환경 개선과 관련된 비용이 주를 이룹니다.

- **주요 항목:** 식대, 경조사비, 건강검진비, 4대 보험료 회사 부담분, 직장행사, 명절 선물 등.

2. 복리후생비 지출의 주요 장점

- **법인세 절감 효과:** 복리후생비는 세법상 전액 손비(비용) 인정이 가능합니다. 이는 법인의 이익을 줄여 법인세를 낮추는 직접적인 효과를 줍니다.
- **임직원 근로 의욕 고취:** 급여 인상보다 세부담이 적으면서도 직원들의 실질적인 생활 질을 높여 장기 근속을 유도하고 인재 유출을 방지합니다.

- **급여(인건비) 대비 효율성:** 급여 인상은 4대 보험료와 퇴직금 적립 부담을 동시에 높이지만, 적절한 복리후생 지출은 이러한 부수적 비용 증가 없이 복지 체감을 높일 수 있습니다.

3. 사용 시 반드시 지켜야 할 유의점

'세무적 안전성'과 '목적성'을 고려할 때 다음 사항을 주의해야 합니다.

① 지출의 '사회통념상 적정성' 유지

- 복리후생비는 금액이 사회통념상 타당한 범위 내여야 합니다. 너무 과도한 경조사비나 특정 임원에게만 치중된 혜택은 복리후생비가 아닌 '급여'나 '상여'로 간주되어 추가적인 소득세가 부과될 수 있습니다.

② 증빙 서류의 철저한 관리

- 법인카드 영수증, 세금계산서 등 적격증빙을 반드시 갖추어야 합니다. 특히 경조사비의 경우 청첩장, 부고장 등을 보관하여 지출의 사실 관계를 입증해야 합니다.

컨설턴트의 핵심 요약

① **절세와 복지의 양립:** 4대 보험료와 퇴직금 부담을 높이는 급여 인상 대신, 전액 비용 인정이 가능한 복리후생비를 활용해 법인세를 줄이고 임직원 만족도를 높여야 합니다.

② **지급 규정의 객관성:** 특정인에게 치우친 과도한 혜택은 '변칙 상여'로 간주되어 소득세가 추징될 수 있으므로, 누구나 납득 가능한 사회통념상 적정 범위를 반드시 준수해야 합니다.

③ **증빙 관리의 철저함:** 법인카드와 세금계산서는 물론, 경조사비의 경우 청첩장이나 부고장 같은 증빙 자료를 반드시 확보해야 세무조사 시 비용 부인을 막을 수 있습니다.

화법으로 마스터하기 (복리 후생비 활용과 절세)

컨설턴트: 대표님, 회사 이익도 증가하고 잘 운영되고 있는데 직원들 복지 향상을 위해 복리후생비도 잘 사용하고 계시지요?

대표: 복리후생비요? 그냥 직원들 사기 진작 차원에서 쓰는 단순 부가적인 비용 아닌가요?

1. 직접적인 법인세 절감과 인건비 대비 높은 효율성

컨설턴트: 그렇게만 보시기엔 너무나 아까운 '전략적 카드'입니다.

가장 큰 매력은 법인세 절감 효과입니다. 복리후생비는 세법상 전액 손비(비용) 인정이 가능해서, 법인의 이익을 실질적으로 줄여 세금을 낮춰 줍니다. 특히 급여 인상은 4대 보험료와 퇴직금 적립 부담을 도미노처럼 높이지만, 적절한 복리후생 지출은 이런 부수적 비용 증가 없이도 직원들의 실질적인 생활 질을 높여 근로 의욕 고취와 인재 유출 방지에 아주 효과적입니다.

대표: 오, 법인세도 줄고 보험료 부담도 없다니 솔깃하네요. 그럼 이참에 제 개인적인 경조사비나 지인들 선물 비용도 전부 복리후생비 명목으로 넣어서 비용 처리를 확 늘려버리면 어떨까요? 절세도 되고 좋잖아요!

2. 사회통념상 적정성 유지와 세무 리스크 방지

컨설턴트: 대표님, 그 부분은 약간 위험 하실 수 있으니 유의하셔야 합니다 복리후생비는 반드시 사회통념상 적정성을 유지해야 합니다. 대표님 개인 용도로 과하게 쓰시거나 특정 임원에게만 고액의 혜택을 몰아주면,

세무조사 시 이를 복리후생비가 아닌 '급여'나 '상여'로 간주될 수 있습니다. 그렇게 되면 법인세 절감은 커녕 대표님 개인에게 엄청난 추가 소득세가 부과되는 역효과가 납니다. 누구나 납득할 수 있는 타당한 범위 내에서 집행하는 것이 세무적 안전성을 지키는 길입니다.

대표: 법인 돈이라고 마음대로 썼다간 제 개인 세금이 폭탄이 될 수도 있겠군요. 조심해야겠네요. 그럼 관리는 어떻게 해야 합니까?

3. 철저한 증빙 서류 관리와 사실관계 입증

컨설턴트: 가장 중요한 것은 증빙 서류의 철저한 관리입니다. 세무서에서는 '기록이 없으면 비용도 없다'고 봅니다. 법인카드 영수증이나 세금계산서 같은 적격증빙은 기본이고요. 특히 증빙이 애매한 경조사비의 경우, 청첩장이나 부고장, 심지어 모바일 부고 문자라도 캡처해서 보관하셔야 합니다. 그래야 나중에 지출의 사실 관계를 입증하고 정당하게 비용으로 인정받을 수 있습니다.

대표: 단순히 돈만 잘 쓰면 되는 줄 알았더니 생각보다 챙길 게 많군요.

컨설턴트: 네 그리고 반드시 직원들을 위한 식대나 선물비등은 기업 업무추진비와 섞이지 않게 별도로 표기하여 세무사 사무실에 넘겨주시는 것도 중요합니다.

컨설턴트의 핵심 요약

- **세무 효율의 극대화:** 복리후생비는 급여 인상과 달리 4대 보험료나 퇴직금 부담을 키우지 않으면서도, 전액 손비 인정을 통해 법인세를 낮추는 가장 스마트한 비용 관리 수단입니다.
- **지급의 객관성 확보:** 특정 임원에게 쏠린 과도한 혜택은 '변칙 상여'로 간주되어 소득세 폭탄을 맞을 수 있으므로, 전 직원을 대상으로 한 사회통념상 적정한 기준을 세워 사용하셔야 합니다.
- **철저한 증빙의 생활화:** 세무조사의 핵심은 입증 책임입니다. 법인카드 영수증은 물론, 특히 누락되기 쉬운 경조사비는 청첩장·부고장 등 지출의 사실관계를 증명할 근거를 반드시 상시 보관해야 합니다. 그리고 업무추진비와 별도로 분리해서 관리 하셔야 합니다.

22. 차량 유지비와 AP핵심 포인트

법인 차량 유지비 및 절세 전략 가이드

1. 비용 인정 범위 (연간 최소 1,500만 원의 구성)

- 법인 차량 운영의 핵심은 연간 1,500만 원까지 복잡한 서류(운행기록부) 없이도 비용 처리가 가능하다는 점입니다. 하지만 이 금액은 크게 두 가지로 나뉩니다.
- **감가상각비 (차 값):** 연간 800만 원 한도
  - 자가 구매 시: 차량 가액을 5년간 나눈 금액 중 연 800만 원까지 인정.
  - 리스/렌트 시: 리스료·렌트료 중 '차 값'에 해당하는 금액도 연 800만 원까지만 인정 후 이월
- **유지비 (기타 비용):** 연간 700만 원 내외
  - 유류비, 보험료, 수선비, 자동차세, 통행료 등 실비 항목.
- 감가상각비(800)와 유지비(700)를 합쳐 총 1,500만 원까지 증빙 없이 인정됩니다.

2. 리스 및 렌트 시 '감가상각비 상당액' 계산법

- 리스나 렌트로 전액이 차 값으로 인정되는 것이 아니며, 아래의 비율만큼만 800만 원 한도 내에서 인정됩니다.

구분	감가상각비 상당액 인정 비율	비고
운용 리스	리스료의 93%	보험료, 수선비 등을 제외한 금액
장기 렌트	렌트료의 70%	정비 포함 비중이 높아 인정 비율이 낮음

예시: 월 리스료가 100만 원(연 1,200만 원)이라면, 그중 93%인 1,116만 원이 차 값입니다. 하지만 연 한도가 800만 원이므로, 316만 원은 내년으로 이월됩니다.

3. 필수 준수 사항 (리스크 방어)

- **법인전용 자동차보험 가입:** 미가입 시 비용 인정 0%. 단 한 푼도 인정 못 받습니다.
- **법인카드 결제:** 모든 유지비는 법인카드로 결제하여 '사적 사용' 오해를 차단해야 합니다.
- **임직원 한정 운전:** 법인 보험 범위 내의 임직원만 운전해야 사고 시 보호받고 비용도 인정됩니다.

화법으로 마스터하기

컨설턴트: 대표님, 지금 타고 계신 차량은 아직 개인 명의시죠? 이거 법인으로 넘기시는 게 대표님 개인에게도, 회사에도 훨씬 이득입니다.

대표: 에이, 내 차 내가 타는데 뭐하러 복잡하게 법인으로 넘겨요? 취등록세도 새로 내야 하고 절차도 귀찮잖아요. 그냥 지금처럼 내 카드로 기름 넣고 정비하면 안 됩니까?

1단계: 개인 비용 처리의 위험성

컨설턴트: 대표님, 개인 카드로 법인 업무 차량 비용을 처리하는 건 세무조사 때 가장 먼저 부인당 할 수 있어요. 나중에 가공경비로 판명되면 세금 추징은 물론이고 대표님 소득세까지 가산세가 붙습니다.

대표: 아니, 그래도 다 일할 때 쓰는 건데 너무 깐깐한 거 아니에요?

컨설턴트: 그래서 법인으로 넘기시면 차량 매각 대금을 법인으로부터 받으시니 대표님 개인 현금도 생기시고, 보험료·연료비·수선비를 법인 돈

으로 정당하게 처리할 수 있는데 굳이 위험을 감수하실 필요가 없죠.

2단계: 운행기록부 작성 부담 해소 (편의성 강조)

대표: 법인 차는 그 귀찮은 '운행기록부' 써야 한다면서요? 나는 바빠서 그런 거 못 써요.

컨설턴트: 대표님, 걱정 마십시오! 연간 1,500만 원까지는 운행기록부를 안 써도 100% 비용 인정이 됩니다. 웬만한 고급 세단 유지비로는 충분한 금액이죠. 법인 전용 보험만 가입해두시면 됩니다. 1,500만 원이 넘을 것 같을 때만 저희 가이드에 따라 기록하시면 되니 번거로운 일은 저희가 다 도와드리겠습니다.

3단계: 세무사와 컨설턴트의 역할 차이 (신뢰 구축)

대표: 들어보니 일리는 있는데... 우리 세무사는 별말 없던데 왜 팀장님만 유난이에요? 굳이 차까지 넘겨야 하나 싶네요.

컨설턴트: 대표님, 세무사님은 이미 터진 사고를 수습하는 분이라면, 저는 사고가 터질 빌미를 미리 없애드리는 사람입니다. 문제없겠지 하고 방치하다가 조사 나오면 그때는 늦습니다. 그리고 차를 넘기신 후에는 반드시 개인 돈 쓰지 마시고 법인카드로 모든 것을 결제하셔야 증빙이 완벽해집니다.

대표: 법인 차량은 내 개인카드를 사용하는 것은 안하는게 좋겠네요.

컨설턴트: 네 가끔 법인 승용차가 있는데도 차량유지비가 아주 소액만 지출되는 경우가 많은데요. 왜 그럴까요?

대표: 대표가 본인 카드로 기름넣고 수리했을까요?

컨설턴트: 맞습니다. 법인 차량과 관련된 기름값, 수리비 등 모든 비용은 반드시 법인카드 사용하시고 보험료도 반드시 법인계좌에서 인출되도록 하셔야 합니다

대표: 신경써야 겠네요. 무심코 개인카드 쓰는것도 자제하고요.

컨설턴트의 핵심 요약

구분	주요 내용	비고
비용 인정 한도	**연간 총 1,500만 원** (무증빙 한도)	초과 시 운행기록부 작성 필수
감가상각비 (차 값)	**연간 800만 원** 한도	리스료/렌트료 중 차 값 상당액 포함
필수 조건 1	**법인 전용 자동차 보험** 가입	미가입 시 비용 인정 **0원**
필수 조건 2	모든 유지비 **법인카드** 결제	유류비, 수선비 등 증빙 필수
개인적 이득	차량 매각 대금 수령 (개인 자산화)	법인 자금으로 차량 유지 가능

23. 법인의 보험료 계정과 AP핵심 포인트

법인 보험료 계정 활용 및 절세 전략

1. 강력한 절세 효과 (비용 처리를 통한 법인세 절감)

법인이 납입하는 회사와 임직원 관련 보장성 보험료는 세법상 비용(손비)으로 인정받을 수 있습니다.

- **원리:** 보험료 지출만큼 법인 이익이 줄어들어, 결과적으로 법인세(약 10~25%)를 직접적으로 낮추는 효과가 있습니다.
- **관점 전환:** 국가에 낼 세금을 회사의 리스크 대비 자금으로 '적립'하는 셈입니다.

2. CEO 리스크 관리 및 은퇴 자원 확보

CEO의 유고는 곧 기업의 존립 위기로 이어집니다. 보험은 이를 방어하는 가장 효율적인 수단입니다.

- **긴급 자금:** CEO 유고 시 유입되는 사망보험금으로 대출금 상환, 긴급 운영 자금, 유가족의 상속세 재원을 마련합니다.
- **합법적 자금 개인화:** 환급금을 활용하여 CEO 은퇴 시 퇴직금 재원으로 사용함으로써, 법인 자금을 낮은 세율(퇴직소득세)로 합법적으로 이전할 수 있습니다.

3. 노무 리스크 및 직원 복지 (단체보험)

업무 중 사고 발생 시 산재보험만으로는 부족한 민사상 배상 책임에 대비합니다.

- **자산 보호:** 회사 자산 유출 없이 보험금으로 합의금을 해결하여 경영 리스크를 최소화합니다.
- **기업 이미지:** 직원의 복지와 안전을 책임지는 회사라는 이미지를 주어 우수 인력 유출을 방지합니다.

보험료 지출 유무에 따른 비교 요약

구분	보험료 지출이 적을 때 (현재)	보험료를 적절히 지출할 때 (추천)
세무 측면	비용처리 부족으로 법인세 부담 증가	보험료 비용 처리로 법인세 절감
사고 대응	사고 시 법인 자산으로 직접 배상 (위험)	보험금으로 배상 처리 (자산 보호)
은퇴 준비	퇴직금 마련을 위해 별도 현금 확보 필요	보험 환급금으로 퇴직금 재원 확보
승계	갑작스러운 상속세 재원 부족	보험금으로 상속세 재원 마련 가능

컨설턴트의 핵심 요약

대표님, 보험료는 한 번 쓰면 없어지는 소모품이 아닙니다. 평소에는 법인세를 줄여주는 절세 도구로, 사고 시에는 회사를 지키는 방패로, 은퇴 시에는 대표님의 퇴직금으로 돌아오는 가장 영리한 재무 전략입니다.

화법으로 마스터하기 (법인 보험 활용하기)

컨설턴트: 대표님, 이번 결산서를 보니 '보험료' 지출이 거의 없으시네요. 공장 화재보험이나 자동차 보험 정도만 들어있고, 다른 항목은 전무합니다. 혹시 특별한 이유가 있으신가요?. 아님 따로 준비하신 게 있으신가요?

대표: 아이고, 요즘 경기도 안 좋은데 무슨 보험입니까? 보험료 낼 돈 있으면 기계 하나 더 사고 직원들 보너스 주는 게 낫죠. 사고 나면 그때 가서 해결하면 되는 거 아닙니까?

1단계: 비용에 대한 고정관념 깨기 (절세 전략)

컨설턴트: 대표님 말씀대로 기계 사고 보너스 주는 것, 정말 중요합니다. 그런데 대표님, 매년 내시는 법인세는 안 아까우신가요?

대표: 당연히 아깝죠! 세금이라면 아주 지긋지긋합니다.

컨설턴트: 바로 그 세금을 줄여서 보험을 드는 겁니다. 법인이 내는 보험료는 전액 비용(손비) 처리도 가능합니다. 즉, 그냥 두면 국가에 세금으로 낼 돈(법인세 10~25%)을 우리 회사의 비상금으로 차곡차곡 '적립'하는 셈이죠. 생돈 나가는 게 아니라 '세금 낼 돈을 회사 방패 만드는 데 쓰는 것'입니다.

2단계: 리스크 대응 능력 확인 (CEO 유고 및 노무 리스크)

대표: 그래도 보험은 나중에 돈이 묶이는 것 같아서 싫어요. 필요할 때 바로 못 쓰잖아요.

컨설턴트: 오히려 반대입니다. 만약 대표님께 갑작스러운 유고 상황이 생기거나, 현장에서 직원이 큰 사고를 당하면 당장 수억, 수십억의 현금을 어디서 구하시겠습니까?

대표: 그건 좀 골치 아프긴 하겠네요. 산재 처리하면 되는 거 아닌가?

컨설턴트: 산재는 최소한의 보상일 뿐입니다. 유족이 제기하는 민사상 손해배상은 별개예요. 이때 보험이 없으면 회사 통장에서 생돈이 나가야 하고, 경영권까지 흔들릴 수 있습니다. 하지만 단체보험이나 경영인 보험이 있으면 회사의 자산 유출 없이 보험사 돈으로 깔끔하게 해결할 수 있습니다.

대표: 직원들은 산재나 보험가입해서 해결한다고 해도, 저는 어떻게 하나요?

컨설턴트: 맞습니다. 대표님이 더욱 걱정이죠. 대표님은 근로자가 아니어서 산재 보상도 불가능하고 회사의 별도 규정이 없으면 보호를 받을 수 없기 때문입니다. 그래서 더더욱 대표님을 위한 보험이 필요합니다.

3단계: 합법적인 자금 회수 (퇴직금 플랜)

대표: 들어보니 일리는 있네만... 그래도 나중에 내가 은퇴할 때 그 돈을 내가 가져갈 수도 있는 건가요?

컨설턴트: 당연하죠! 이게 바로 '보험의 매력'입니다. 법인 명의로 적립된 환급금을 나중에 대표님 은퇴하실 때 '퇴직금 재원'으로 전환할 수 있습니다. 법인 자금을 개인화할 때 가장 낮은 세율인 퇴직소득세만 내고 합법적으로 가져가시는 거죠.

법인 보험 도입 전후 비교표

구분	도입 전 (현재)	도입 후 (추천)
법인세	비용 처리 항목 부족으로 **납부액 높음**	보험료 비용 처리시 **법인세 절감**
위기관리	사고 시 **법인 자산으로 직접 배상**	**보험금으로 해결** (회사 자산 보호)
CEO은퇴	퇴직금 마련을 위해 **별도 현금 필요**	**보험 환급금**으로 퇴직금 자동 확보
가업승계	상속세 낼 **현금(재원) 부족**	사망보험금으로 **상속세 즉시 해결**

컨설턴트의 핵심 요약

대표님, 보험료는 아까운 지출이 아니라 법인의 자산을 방어하는 '방패'이자, 나중에 대표님이 합법적으로 가져가실 '비상금'입니다. 사고가 안 나면 대표님 퇴직금이 되는 것이고, 사고가 나면 회사를 살리는 돈이 됩니다.

24. 대손상각비, 감가상각비, 재고자산 폐기손실과 AP 핵심 포인트

대손 상각비와 감가 상각비, 재고자산 폐기 손실

1. 대손상각비 (못 받은 돈의 비용 처리)

받아야 할 돈을 못 받게 되었을 때, 이를 손해로 인정받는 것입니다.

- **개념:** 거래처의 부도, 파산, 행방불명 등으로 인해 외상매출금이나 대여금을 회수할 수 없게 되었을 때, 그 금액을 비용으로 처리하는 항목입니다.
- **법인의 이득:** 실제로 돈은 잃었지만, 그만큼 이익이 줄어든 것으로 계산되어 법인세를 줄여주는 효과가 있습니다.
- **주의사항:** 세법에서 정한 객관적인 사유(부도 발생 후 6개월 경과, 2년 경과 채권 등)가 충족되어야 인정됩니다.

2. 감가상각비 (가치가 깎인 만큼 비용 처리)

비싼 물건을 샀으니, 쓰는 기간 동안 나눠서 비용 처리하는 것입니다.

- **개념:** 건물, 기계장치, 차량 등 비싼 자산은 한 번 사면 몇 년을 쓰죠? 이걸 산 해에 한꺼번에 비용 처리를 하면 그해만 적자가 나고 다음 해는 이익이 너무 커집니다. 그래서 사용하는 기간(내용연수) 동안 매년 조금씩 쪼개서 비용으로 처리하는 것입니다.

3.재고 자산 폐기 손실

회사가 보유한 재고(상품, 제품, 원재료 등)가 진부화(유행 경과), 파손, 마모, 부패 등의 사유로 인하여 더 이상 판매할 수 없거나 사용할 수 없게 되어 해당 자산을 물리적으로 폐기할 때 발생하는 손실을 말합니다.

- **계정명:** 재고 자산 폐기 손실

- **분류:** 영업외비용 (일반적인 경우) 단, 업종 특성상 재고 폐기가 빈번하고 정상적인 제조 과정에서 반복적으로 발생한다면 '매출원가'에 포함시키기도 하지만, 대부분의 중소기업은 영업외비용으로 처리하여 법인세 절감 증빙으로 활용합니다.
- **주의:** 장부상으로만 폐기했다고 하면 나중에 현금 없이 매출을 누락한 것(무자료 거래)으로 오해받을 수 있습니다.
  - 사진 및 영상: 폐기 전, 폐기 진행 중, 폐기 완료 후의 사진(날짜 포함 필수).
  - 폐기 리스트: 품목, 수량, 단가, 총금액이 적힌 목록.
  - 폐기 보고서: 사내 결재를 받은 공식 문서.
  - 외부 증빙: 폐기물 처리 업체 확인서나 세금계산서

화법으로 마스터하기
(법인세 절감 전략: 현금 지출 없이 이익을 조절하는 법)

컨설턴트: 올해 가결산 결과를 보니 이익이 꽤 많이 잡혔습니다. 이대로 가면 법인세 부담이 상당하실 텐데, 장부상에서 합법적으로 이익을 낮출 수 있는 방법 3가지를 점검해 보시죠.

대표: 네? 기계 살 돈도 없고, 보너스 줄 여유도 없는데 무슨 비용을 더 만든다는 겁니까? 세무사가 알아서 다 하고 있는 거 아니에요?

1. 감가상각비: 이익의 완급 조절

컨설턴트: 대표님, 세무사님은 기본 가이드라인을 지키지만, 상각 시점은 대표님이 결정하시는 겁니다. 작년에 들여온 저 설비들, 올해 이익이 많이 났을 때 감가상각비를 최대치로 반영해서 법인세 구간을 낮춰야 합니다.

대표: 아니, 감가상각은 정해진 기간 동안 똑같이 나누는 거 아닙니까? 내 마음대로 하면 나중에 국세청에서 문제 삼을 텐데요.

컨설턴트: 아닙니다. 세법이 정한 범위 내에서 '결산조정'을 통해 올해 많이 떨지, 내년으로 미룰지 선택할 수 있습니다. 이익이 많이 난 올해 '방패'로 사용해서 세금을 줄이고, 나중에 이익이 적은 해에는 상각을 줄여서 이익을 방어하는 '이익 평준화' 전략이 가능합니다.

대표: 그래요 세무사 사무실에 확인 한번 해봐야 겠네요.

2. 대손상각비: 죽은 채권을 절세로 환생시키기

컨설턴트: 그리고 저기 외상매출금 명부에 있는 A 업체 말입니다. 부도난 지 6개월 넘었죠? 이거 장부에서 지우고 비용 처리하셨나요?

대표: 아유, 속 쓰려서 쳐다보기도 싫은 돈입니다. 못 받게 된 것도 억울한데 그걸 비용 처리한다고 뭐가 달라집니까? 어차피 들어올 돈도 아닌데.

컨설턴트: 대표님, 그걸 장부에 그대로 두시면 받지도 못한 돈 때문에 세금을 내고 계신 꼴입니다! 부도 후 6개월 경과 같은 객관적 사유만 있으면 '대손상각비'로 처리해서 그만큼 세금을 깎을 수 있습니다. 돈은 잃었어도 세금이라도 돌려받아야죠.

대표: 그걸 왜 세무사 사무실에서는 가만히 있었죠? 알겠습니다.

컨설턴트: 대표님, 그리고 2년 전, 3년 전부터 멈춰있는 외상매출금이 있지 않나요?. 이 업체들, 아직 영업은 하나요?

대표: 아유, 전화도 안 받고 연락 두절입니다. 소송을 걸자니 배보다 배꼽이 더 클 것 같고, 그냥 포기하고 잊고 살았죠. 근데 이런 건 부도난 것도

아닌데 어떻게 비용 처리를 합니까? 세무사가 6개월 지나야 한다 어쩌구 하던데...

3. 2년 경과 장기 미회수 채권의 대손 처리 (추가 전략)

컨설턴트: 대표님, 바로 그 '잊고 계신 채권'이 올해 법인세를 줄여줄 효자입니다. 세법이 개정되면서, 중소기업의 경우 외상매출금 및 미수금 발생일로부터 2년이 경과한 채권은 특별한 부도 사유가 없어도 대손상각 처리가 가능해졌습니다. 알고 계시나요?

대표: 아니, 상대방이 부도난 게 아닌데도 그냥 2년만 지나면 세금 혜택을 볼 수 있다고요?

컨설턴트: 네, 맞습니다! 중소기업 외상매출금 중 회수 기일로부터 2년이 지난 것은 '결산조정사항'으로 비용 처리가 가능합니다. 굳이 소송해서 판결문 안 받아도, 장부에서 지우는 것만으로도 법인세를 줄일 수 있는 거죠.

4. 나중에 돈 들어오면 어떡합니까?

대표: 그런데 이거 장부에서 지웠다가, 나중에 그 업체가 마음 바뀌어서 돈을 갚으면 어떡해요? 그럼 장부가 꼬이는 거 아닙니까?

컨설턴트: 전혀 문제없습니다! 나중에 돈이 들어오면 그때 다시 '대손채권 회수익'이라는 항목으로 잡고 세금을 내면 됩니다. 핵심은 '지금 당장 낼 세금을 뒤로 미루고, 현금 흐름을 확보하는 것'입니다. 받지도 못한 돈에 대해 미리 세금 내고 계실 필요가 전혀 없다는 뜻이죠

대표: 그래요 오늘 배우는게 아주 많네요. 또 없나요?

5. 재고자산 폐기손실: 창고의 먼지를 현금으로

컨설턴트: 마지막으로 창고에 쌓인 저 구형 모델들, 저거 더 이상 못 파시는 거죠? 이번 결산 때 폐기 처리하시죠.

대표: 버리는 게 무슨 절세입니까? 그냥 두면 언젠가 헐값에라도 팔 수 있을지 모르는데, 버렸다가 세무조사라도 나오면 '무자료로 팔아치우고 버렸다고 거짓말한다'고 오해받으면 어떡해요?

컨설턴트: 그래서 '증빙'이 생명입니다. 단순히 장부에서 지우는 게 아니라 사진 찍고, 폐기 리스트 만들고, 폐기물 업체 영수증까지 챙기면 국세청도 꼼짝 못 합니다. 창고에 썩고 있는 재고를 '폐기손실' 계정으로 털어내면 그만큼 이익이 줄어들어 법인세가 즉시 줄어듭니다. 유행이 지난 상품은 최대한 빠른 시간안에 할인 판매나 폐기 처분 하는 것도 고려해 보시면 좋을 것 같습니다

컨설턴트의 핵심 요약

대표님, 이 세 가지는 현금이 한 푼도 나가지 않으면서 법인세를 줄여주는 가장 강력한 도구입니다. 세무사님께 '알아서 해주겠지'하면서 기다리지말고, 우리가 먼저 '버릴 물건과 못 받을 돈'을 확정해 줘야 합니다.

〈참고〉 감가상각의 이해

1. 유형자산별 법정 내용연수

대부분의 기업은 세법에서 정한 기준내용연수를 바탕으로 상각 기간을 결정합니다. 보통 기준연수의 25%범위 내에서 기업이 선택하여 신고할 수 있습니다.

자산 항목	기준 내용연수	선택 가능 범위
차량 및 운반구 (승용차, 트럭 등)	5년	4년 ~ 6년
공구, 기구 및 비품 (PC, 복사기, 가구 등)	5년	4년 ~ 6년
기계장치 (제조업 설비 등)	8년	6년 ~ 10년
건축물 (철근콘크리트조 사무실, 공장)	40년	30년 ~ 50년
기타 건물 (연와조, 목조 등)	20년	15년 ~ 25년

2. 주요 상각 방법

기간뿐만 아니라 어떤 방식으로 가치를 줄여나가는지도 중요합니다.

- **정액법:** 매년 동일한 금액을 상각합니다. 주로 건물이나 무형자산에 적용합니다.
  연간 감가상각비 = (취득원가 - 잔존가치) / 내용연수
- **정률법:** 초기에 많이 상각하고 시간이 갈수록 금액이 줄어듭니다. 주로 차량, 기계, 비품에 적용하여 초기 비용 처리 효과를 높입니다.

25. 기업 업무 추진비와 AP핵심 포인트①

업무추진비 활용 방안(1)

1. 업무추진비의 정의와 개념

업무추진비란 기업이 원활한 경영 활동과 영업을 위해 고객, 거래처 등 업무와 관련이 있는 사람과 접대, 교제, 사례 등의 목적으로 지출하는 비용을 말합니다.

- **세무적 의미:** 기업의 영업 활성화를 위해 연간 일정 금액(기본 3,600만 원 + 매출액 비례)까지는 비용으로 인정해 줍니다. 즉, 합법적인 사용권입니다.

2. 어디에 사용하는 것인가요? (주요 사용처)

업무추진비는 업무상 관계가 있는 대상에게 지출하는 다음 항목들이 포함됩니다.

- **거래처 접대:** 식사, 주류 제공, 골프 등 운동 접대
- **경조사비:** 거래처의 결혼, 부고시 화환이나 부조금(건당 20만 원 이하)
- **선물:** 명절 선물, 창립기념일 선물 등 거래처에 제공하는 물품
- **기타 교제비:** 업무와 관련하여 발생하는 각종 편의 제공 비용

3. 대표님을 위한 3가지 핵심 조언

① 안 쓰면 권리를 스스로 포기하는 것입니다

국가는 기업 운영을 위해 매년 수천만 원 상당의 세금 면제 한도를 부여합니다. 이 한도를 채우지 않는다는 것은 나라에서 준 '비용 처리 기회'를 버리는 것과 같습니다. 한도까지는 무조건 법인카드를 쓰는 것이 돈을 버는 길입니다.

② 대표님의 개인 자산을 보호하세요

업무 관련 지출을 대표 개인 카드로 결제하면, 이미 세금을 떼고 남은 귀한

개인 현금이 사라집니다. 법인 카드로 결제하면 기업의 비용으로 처리되어 개인 자산을 온전히 보존할 수 있습니다.

③ **투명한 기업임을 증명하는 지표입니다**

적정한 업무추진비 지출은 우리 회사가 활발하고 건강하게 영업 활동을 하고 있다는 가장 확실한 증거가 됩니다.

컨설턴트의 핵심 요약

업무추진비는 낭비가 아니라, 나라가 허용한 한도 내에서 최대한 누려야 할 기업의 정당한 혜택입니다. 개인 돈을 쓰지 마시고, 법인 카드를 사용하세요.

화법으로 마스터하기
(기업업무 추진비는 합법적인 절세 카드입니다)

컨설턴트: 대표님, 작년 결산 자료를 보니 업무추진비(접대비) 지출이 거의 없으시더라고요. 한도가 꽤 많이 남았는데, 이건 국가가 준 '법인 자금 사용권'을 그냥 버리고 계신 겁니다.

대표: 아이고, 요즘 경기도 안 좋은데 굳이 돈 써가며 접대할 일이 뭐 있겠습니까? 그리고 법인카드 많이 쓰면 괜히 세무조사 타겟 된다는 말도 있고 해서... 그냥 제 개인 카드로 조금씩 긁고 말아요.

컨설턴트: (세무조사 우려 해소) 대표님, 오히려 반대입니다! 지출이 너무 없는 회사가 세무 당국 눈에는 더 이상해 보여요. '이 회사는 영업도 안 하나? 매출은 어떻게 나오지? 혹시 가공 경비로 세금을 탈루하나?' 하는 의심을 살 수 있죠. 적정한 업무추진비는 우리 회사가 건강하게 영업 활

동을 하고 있다는 가장 투명한 증거가 됩니다.

대표: 듣고 보니 그렇긴 하네요. 그래도 회사 돈 아껴야지, 굳이 안 써도 될 돈을 일부러 쓸 필요는 없잖아요?

컨설턴트: (개인 자산 보호 강조) 그게 바로 대표님께서 가장 크게 실수하시는 부분입니다. 거래처 경조사비나 식사비를 대표님 개인 카드로 결제하시죠? 그 돈은 이미 소득세 다 떼고 남은 대표님의 '진짜 생돈'이잖아요. 법인 카드로 쓰면 회사의 비용으로 인정받아 법인세도 줄이고, 대표님 개인 재산도 지킬 수 있는데 왜 굳이 대표님 주머니 돈을 쓰세요? 이건 절약이 아니라 손해입니다.

대표: 내 개인 돈을 지키는 길이다? 그건 생각을 못 했네요. 근데 접대비라고 해봐야 뭐 술 먹고 밥 먹는 거 말고 또 있나요?

컨설턴트: (다양한 사용처 안내) 범위가 아주 넓습니다! 거래처 명절 선물, 창립기념일 축하 화환, 심지어 골프 접대나 경조사비(건당 20만 원 이하)도 다 포함됩니다. 국가가 '중소기업은 연간 기본 3,600만 원까지는 묻지도 따지지도 않고 비용으로 인정해 줄게'라고 판을 깔아줬는데, 이 권리를 스스로 포기하지 마세요.

대표: 거래처 경조사비는 현금으로 주는데, 그건 영수증도 없는데 어떡해요? 다 내 주머니 돈 나가는 거 아닌가요?

컨설턴트: 걱정 마십시오! 거래처 경조사비는 회당 20만 원까지 영수증 없이도 비용 인정이 됩니다. 단, 청첩장이나 부고 문자를 꼭 캡처해서 보관해 주세요. 20만 원 초과분은 오히려 증빙이 복잡하니 딱 20만 원씩 챙기시는 게 가장 깔끔한 절세 테크닉입니다.

대표: 명절에 상품권 사서 돌리는 건 어때요? 이건 현금이나 다름없어서 좋아들 하던데.

컨설턴트: 상품권, 아주 좋습니다! 다만 국세청이 가장 눈여겨보는 항목이기도 합니다. '상품권 지급 대장'을 만들어 누구에게, 어떤 목적으로 줬는지만 기록해 두세요. 이 장부 하나가 나중에 세무조사 때 대표님을 지켜주는 든든한 방패가 됩니다.

대표: 영업하기도 바쁜데 장부까지 쓰라니...세무사가 대충 알아서 해주면 안 되나?

컨설턴트: 대표님, 세무사님이 대충 해주다가 나중에 조사 나와서 수천만 원 추징당하면 그 책임은 결국 대표님이 지셔야 합니다. 증빙 없는 지출은 결국 '대표님의 소득세 증가'와 '법인세 가산세'로 돌아옵니다. 제가 오늘 [상품권 지급 대장 양식]과 [경조사비 관리 폴더] 세팅부터 도와드릴게요. 이제부터는 1원 한 푼도 놓치지 말고 합법적인 비용으로 인정받으십시오

대표: 제가 너무 보수적으로 생각했군요. 앞으로는 법인카드 활용을 좀 적극적으로 해야겠습니다.

컨설턴트의 핵심 요약

대표님, 업무추진비는 '낭비'가 아니라 매출을 위한 '투자'이자, 법이 허용한 '정당한 혜택'입니다. 오늘부터는 거래처 만나실 때 당당하게 법인 카드를 꺼내세요. 그것이 대표님의 개인 자산을 지키고 회사의 신뢰도를 높이는 가장 스마트한 방법입니다.

26. 기업 업무 추진비와 AP핵심 포인트②

업무추진비 활용 방안(2)

1. 업무추진비, 왜 한도 초과를 무서워하지 말아야 하는가?

많은 대표님이 법인카드의 '업무추진비(접대비) 한도'를 넘기면 큰일 나는 줄 알고 개인 카드를 꺼내시곤 합니다. 하지만 실상은 한도를 초과해 세금을 조금 더 내더라도 법인카드를 쓰는 것이 압도적으로 유리합니다. 그 상세한 이유는 다음과 같습니다.

2. 이미 세금을 다 낸 '귀한 돈'을 쓰지 마세요

대표님이 개인 지갑에서 꺼내는 현금은 이미 최고 49.5%의 소득세와 건강보험료를 모두 납부하고 남은 '세후 소득'입니다. 즉, 100만 원을 쓰려면 사실상 200만 원 정도의 급여를 올려야 손에 쥐는 귀한 자산입니다. 반면 법인카드는 아직 세금을 떼기 전인 '세전 상태의 법인 자금'을 사용하는 것이므로 지출의 출발점부터 차이가 큽니다.

3. 한도 초과 시 내는 세금이 훨씬 저렴합니다

업무추진비 한도를 초과하면 해당 금액은 비용으로 인정받지 못해 법인세를 더 내야 합니다. 하지만 이때 적용되는 법인세율은 보통 10~20% 수준입니다.

- **개인 돈 사용:** 이미 49.5% 세금 낸 돈을 씀 (손해 극대화)
- **법인카드 사용:** 한도 초과 시 약 10~20%의 법인세만 추가 부담 (상대적 이익) 결국 10~20%의 세금이 무서워 50% 가까운 기회비용이 들어간 개인 자산을 쓰는 것은 100원을 아끼려다 1,000원을 버리는 격입니다.

4. 정당한 지출이라면 '증빙'이 곧 '안전'입니다

개인 현금을 쓰면 그 지출이 업무와 연관되었다는 사실을 증명할 길이 없어 자산이 허무하게 유실됩니다. 하지만 법인카드로 결제하면 법적인 증빙이 자동으로 완비됩니다. 정당한 업무 관련 지출이라는 근거만 있다면, 설령 비용 처리가 안 되는 한도 초과분이라 하더라도 대표님의 개인 자산을 안전하게 보호하는 방어막이 됩니다.

4. 결론: 모든 결제는 법인카드로 단일화하십시오

한도를 넘기면 세무조사 나오는 것 아니냐는 막연한 공포 때문에 개인 지갑을 열 필요가 없습니다. 기업 운영 과정에서 발생하는 정당한 비용이라면, 법인세를 조금 더 내더라도 법인카드로 결제하는 것이 대표님의 개인 재산권을 지키는 가장 현명한 방법입니다.

컨설턴트의 핵심 요약

법인카드 한도 초과는 '비용 인정'의 문제일 뿐, '불법'의 문제가 아닙니다. 소득세보다 훨씬 저렴한 법인세를 택하고 대표님의 개인 자산은 끝까지 아끼시기 바랍니다.

화법으로 마스터하기
(한도 초과가 무서워 개인 돈 쓰시는 대표님)

컨설턴트: 대표님, 요즘 거래처 미팅이나 영업 활동이 부쩍 많아지셨는데, 업무추진비를 보니 한도에 딱 맞춰 쓰시려고 굉장히 애쓰시는 것 같습니다.

대표: 당연하죠. 업무추진비(접대비)는 한도 넘기면 안된다는 얘기가 있어서요. 그래서 한도 넘을 것 같으면 그냥 개인 카드로 긁고 있습니다. 회사에 피해 주면 안 되니까요.

컨설턴트: 대표님, 그게 바로 '이중 손해'를 보시는 것입니다. 업무추진비 한도는 국가가 정해준 '절세 가이드라인'일 뿐이지, 그걸 넘는다고 죄가 되는 게 아닙니다. 한도를 넘겨서 법인카드를 쓰면 그 초과분에 대해 법인세만 내면 끝이지만, 대표님 개인 카드를 쓰시면 법인세는 법인세대로 내고, 대표님 개인 자금까지 이중으로 지출하시는 꼴입니다.

대표: 아니, 그래도 한도 초과라고 장부에 찍히면 국세청에서 '이 회사 돈 너무 펑펑 쓰네?' 하고 찍히는 거 아닙니까? 굳이 긁어 부스럼 만들 필요 없잖아요

컨설턴트: 오히려 반대입니다. 한도가 넘었다고 개인 카드를 섞어 쓰면 나중에 세무조사 시 '자금 출처가 불분명하다'는 오해를 받기 딱 좋습니다. 반면, 한도를 초과하더라도 모든 영업 비용을 법인카드로 일원화하면 '이 지출은 명확히 업무를 위한 것'이라는 객관적 증빙이 남습니다. 세무서에서도 '영업을 공격적으로 해서 한도를 넘었구나' 하고 비용 인정만 안 해줄 뿐이지, 투명한 회계 처리 자체를 문제 삼지는 않습니다.

대표: 아유, 말도 마요. 세무사가 한도 넘으면 비용 인정 안 된다고 자꾸 눈치 주니까, 그냥 내 주머니 돈 나가는 게 속 편하더라고요.

컨설턴트: 대표님, 그게 바로 가장 안타까운 지점입니다. 결론부터 말씀드리면, 한도를 넘기더라도 무조건 법인 카드를 쓰시는 게 대표님 개인 자산을 지키는 길입니다.

대표: 무조건 법인카드 쓰라고요?

1. 개인 돈 100만 원 vs 법인 돈 100만 원의 차이

컨설턴트: 대표님, 개인 돈 100만 원을 쓰시려면, 사실 회사에서 급여로 약 160만 원 이상을 받아오셔야 합니다. 소득세와 건강보험료를 떼고 남은 돈이니까요. 즉, 내 생돈 100만 원은 이미 세금을 듬뿍 맞은 귀한 돈입니다.

대표: 그렇긴 하네요. 세금이 워낙 세니까.

컨설턴트: 법인 카드로 100만 원을 긁고, 설령 한도가 초과해서 비용 인정을 못 받는다고 칠까요? 그럼 그 100만 원에 대해 법인세(약 10~20%)만 더 내면 끝입니다. 내 개인 생돈 100%를 날리는 것보다, 법인세 좀 더 내고 법인 돈 쓰는 게 대표님 개인 주머니 사정에는 훨씬 이득이죠.

대표: 아니, 한도 넘으면 세무조사 타겟 되고 큰일 나는 거 아닌가요?

컨설턴트: 대표님, 업무추진비 한도 초과는 '부정행위'가 아니라 단순한 '비용 부인'입니다. 이만큼은 비용으로 인정 안 해줄 테니 세금 더 내세요라는 뜻이지, 그것 때문에 조사가 나오지는 않습니다. 오히려 증빙 없는 지출이나 개인 돈을 쓰고 나중에 회사에서 보전받는 '가지급금'이 훨씬 더 위험한 타겟입니다.

대표: 무조건 법인카드 쓰는게 낫다는 거죠?

컨설턴트: 그래서 저는 대표님께 기업업무 추진비 활용의 세 가지 꿀 팁을 제안합니다.

- **한도 걱정 말고 일단 법인카드:** 개인 돈은 절대 쓰지 마세요. 한도가 넘어도 법인이 세금 조금 더 내는 게 대표님 소득세 내는 것보다 쌉니다.
- **경조사비 20만 원 풀 활용:** 거래처 부고 문자 하나만 있으면 20만 원이

그냥 비용입니다. 이걸 개인 돈으로 내시는 건 현금을 길에 버리는 것과 같습니다.

- **법인카드로 상품권 사서 명절에 돌리세요:** 지급 대장만 잘 써두면 이보다 좋은 영업 수단이 없습니다.

대표: 듣고 보니 그렇네요. 남들이 맨날 안 된다고만 하니까 내가 위축됐었네요.

컨설턴트: 대표님, 세무사님은 '장부의 결백증'을 따지지만, 저는 대표님의 실질 자산'을 따집니다. 오늘부터는 개인 지갑 딱 닫으시고, 모든 영업 비용은 당당하게 법인카드로 결제하세요.

컨설턴트의 핵심 요약

한도 초과로 내는 법인세는 '영업 통행료'라고 생각하십시오. 그게 대표님 개인 소득세 내는 것보다 수십 배 저렴합니다.

27. 광고 선전비와 AP핵심 포인트

광고 선전비

1. 광고선전비의 정의와 세무상 이점

광고선전비란 불특정 다수에게 상품이나 서비스를 알리고 판매를 촉진하기 위해 지출하는 비용을 말합니다.

- **가장 큰 장점:** 업무추진비와 달리 지출액 전액에 대해 한도 제한 없이 비용 인정(손금산입)이 가능하며, 부가세 매입세액공제까지 받을 수 있어 세무상 매우 유리합니다.

2. 광고선전비로 인정받는 '금액의 법칙'

특정인에게 물품을 제공하더라도 아래 기준을 맞추면 '업무추진비'가 아닌 '광고선전비'로 전액 인정받을 수 있습니다.

- **개당 3만 원 이하:** 연간 합계액과 상관없이 전액 광고선전비 처리가 가능합니다. (가장 유리)
- **연간 1인당 5만 원 이하:** 개당 단가가 3만 원을 초과하더라도, 한 사람에게 연간 주는 총액이 5만 원 이하라면 광고선전비로 인정됩니다.
- **주의:** 5만 원을 초과하는 순간 지출액 전체가 업무추진비로 분류되어 한도 제한을 받게 됩니다.

3. 접대비를 광고비로 전환하는 3가지 고수의 방법

전략	상세 내용
3만원의 법칙	비싼 식사 대접 대신, 3만 원 이하의 실용 기념품(보조배터리, 우산 등)을 제작·배포하여 무제한 비용 처리를 유도합니다.
설명회 및 세미나 활용	단순한 식사 자리를 '제품 설명회'나 '기술 세미나'로 전환하세요. 행사 공고문과 진행 사진 등 증빙만 있으면 식사·다과비도 행사비(광고선전비)로 인정받습니다.

전략	상세 내용
설명회 및 세미나 활용	단순한 식사 자리를 '제품 설명회'나 '기술 세미나'로 전환하세요. 행사 공고문과 진행 사진 등 증빙만 있으면 식사·다과비도 행사비(광고선전비)로 인정받습니다.
온라인 판촉강화	오프라인 접대 비중을 줄이고 SNS 마케팅, 블로그 리뷰 등 온라인 마케팅에 집중하세요. 이는 100% 광고선전비로 인정되며 매출 증대와 리스크 감소를 동시에 잡을 수 있습니다.

컨설턴트의 핵심 요약

진정한 고수는 접대비를 억지로 줄이려 애쓰지 않습니다. 업무추진비는 당당하게 한도를 초과해서 쓰고(법인세로 해결), 동시에 광고선전비 항목을 적극 발굴하여 법인 자산을 무제한으로 비용 처리하는 전략을 구사합니다.

화법으로 마스터하기 (광고선전비 제대로 활용하기)

컨설턴트: 대표님, 아까 접대비 한도 때문에 고민하셨죠? 사실 장부를 조금만 스마트하게 관리하면, 접대비 한도 걱정 없이 전액 비용 처리할 수 있는 구멍이 있습니다. 바로 '광고선전비'입니다.

대표: 우리 같은 작은 회사가 무슨 TV 광고를 한다고... 광고선전비 쓸 일이 별로 없어요. 그냥 거래처 사람들 만나서 밥 사고 선물 주는 게 다예요.

컨설턴트: 대표님, 광고는 연예인이 나와야만 광고가 아닙니다. 불특정 다수에게 우리 회사를 알리기 위해 뿌리는 판촉물, 기념품, SNS 홍보비

가 다 광고선전비예요. 예를 들어, 특정 거래처 사장님께만 비싼 선물을 주면 '접대비'지만, 3만 원 이하의 기념품을 전시회나 홈페이지 방문자들에게 나눠주면 그건 '광고선전비'가 됩니다. 이건 한도가 없어서 1억 원을 써도 전액 비용 인정이 됩니다.

대표: 에이, 그건 너무 자잘하잖아. 큰 건은 결국 접대비로 잡히던데요?

[업무추진비와 광고선전비의 세무상 차이]

컨설턴트: 그렇지 않습니다. [업무추진비]는 한도가 정해져 있지만, [광고선전비]는 한도 제한 없이 전액 비용 인정이 가능하고 부가세 공제까지 되니 훨씬 강력한 무기가 됩니다.

대표: 에이, 거래처 사람들에게 쓴 돈을 어떻게 [광고선전비]라고 합니까? 세무서에서 보면 다 접대비 아니냐고 따질 것 같은데요?

[3만 원의 법칙을 통한 광고비 전환]

컨설턴트: 그 구분을 결정짓는 게 바로 [3만 원의 법칙]입니다. 특정 거래처에 물건을 주더라도 개당 단가가 [3만 원 이하]라면 세법은 이를 홍보 목적으로 봐줍니다. 즉, 비싼 식사 대접 대신 회사 로고를 박은 실용적인 기념품을 주면 그건 당당하게 [광고선전비] 가 되는 거죠.

대표: 기념품만 줄 수는 없잖아요. 식사 자리도 분명히 필요한데, 그런 건 무조건 [업무추진비] 아닙니까?

[설명회 및 세미나 형식을 통한 행사비 인정]

컨설턴트: 그럴 땐 [설명회 및 세미나] 형식을 활용하세요. 단순 식사 자리를 '설명회'로 명칭을 바꾸고 행사 사진만 남겨두세요. 그럼 그 식사비는 접대가 아닌 [행사비(광고선전비)] 계열로 인정받을 수 있습니다. 증빙 하나로 비용의 성격이 완전히 바뀌는 거죠.

대표: 사진 찍고 공고문 만드는 게 좀 번거롭긴 하겠네요. 나중에 세무조사라도 나오면 어떡합니까?

[온라인 판촉 강화와 세무 리스크 관리]

컨설턴트: 대표님, 그 번거로움의 대가가 바로 [세금 절감]입니다. 또한 [온라인 판촉 강화]를 통해 SNS 마케팅에 집중하면 100% [광고선전비]로 인정되어 세무 리스크가 사라집니다. [업무추진비]는 당당하게 한도를 넘겨 법인세로 해결하고, 나머지는 [광고선전비] 로 발굴해내는 것이 고수의 전략입니다.

28. 기부금과 AP핵심 포인트

기부금 활용

1. 법인 기부금의 정의 및 계정 처리

법인 기부금은 업무와 직접 관련 없이 공익을 위해 무상으로 지출하는 자산입니다.

- **회계처리 계정:** 주된 영업활동 외의 지출이므로[영업외 비용]으로 처리합니다.
- **재무적 영향:** [영업이익]에는 영향을 주지 않으면서 [당기순이익]을 감소시켜 결과적으로 [법인세 절감] 효과를 가져옵니다.

▸▸ 기부금의 종류 및 비용 인정 한도

지출처의 공익성 성격에 따라 세무상 비용(손금)으로 인정받는 한도가 달라집니다.

구분	주요 지출처	비용 인정 한도
법정기부금	국가, 지방자치단체, 국공립학교 등	소득 금액의 50%
지정기부금	종교단체, 사회복지법인, 문화예술단체 등	소득 금액의 10%
비지정기부금	동창회, 종친회, 사적 모임 등	(비용 인정 불가)

▸▸ 기부금 활용 및 한도 초과 대응 전략

1. 개인 자산 대신 법인 자산 활용

대표님 개인이 세후 소득으로 기부하는 것보다 법인 명의로 기부하는 것이 유리합니다. 법인의 [비용(손비)]으로 공식 인정받아 법인세를 직접적으로 낮추는 '남는 장사'가 되기 때문입니다. 국가에 세금으로 낼 돈을 대표님의 이름으로 좋은 곳에 쓰고, 회사는 절세 혜택을 받는 것입니다.

2. 기부금 한도 초과 시 관리법

당해 연도에 한도를 초과하더라도 당황할 필요 없습니다.

- **[10년 이월 공제]:** 한도 초과로 올해 비용 인정을 못 받은 금액은 버려지지 않고, 향후 10년 이내에 이익이 많이 발생하는 해로 넘겨서 비용 처리가 가능합니다.

3. 세무 리스크 방어 (포트폴리오 구성)

종교단체 등에 수입 대비 과도한 기부를 지속하면 세무서의 의심을 살 수 있습니다. 따라서 법정·지정 기부금 한도 내에서 적절히 배분하는 지혜가 필요합니다.

화법으로 마스터하기 (기부금도 법인의 정당한 활동입니다)

컨설턴트: 대표님, 평소에 종교단체나 복지재단에 기부도 꾸준히 하신다고 들었습니다. 혹시 그 기부금, 아직도 대표님 개인 주머니에서 내고 계신 건 아니죠?

대표: 아니, 기부라는 게 내 마음 편하자고 하는 개인적인 일인데, 그걸 굳이 회사 돈으로 합니까? 괜히 장부만 복잡해질 것 같아서요.

[개인 자산 대신 법인 자산 활용의 경제적 이득]

컨설턴트: 대표님, 마음은 개인의 마음이지만 돈은 [법인의 비용]으로 처리해야 절세가 됩니다. 이미 세금을 다 낸 대표님의 귀한 '세후 소득'을 쓰지 마세요. 법인 명의로 기부하면 [영업외 비용]으로 인정받아 법인세를

직접적으로 낮출 수 있습니다. 국가에 세금으로 뺏길 돈을 대표님 이름으로 좋은 곳에 쓰고 절세 혜택까지 받는 '남는 장사'인데 왜 안 하십니까?

대표: 법인으로 하면 좋긴 하겠는데, 괜찮은가요?

[기부금의 계정 처리와 한도 초과 시 10년 이월 공제]

컨설턴트: 기부금은 [영업외 비용]이라 영업이익 수치에는 전혀 타격이 없습니다! 그리고 한도를 넘겨도 걱정 마세요. [10년 이월 공제]라는 제도가 있어서, 올해 한도를 초과한 금액은 버려지는 게 아니라 향후 10년 동안 이익이 날 때 언제든 비용으로 써먹을 수 있습니다.

대표: 그럼 종교단체든 어디든 내가 내고 싶은 만큼 내도 세무상 문제가 없다는 건가요?

[핵심 주제: 기부금 종류별 한도와 세무 리스크 방어 전략]

컨설턴트: 그건 아닙니다. 국가에 내는 [법정기부금]은 소득의 50%까지 넉넉하지만, 종교단체 같은 [지정기부금]은 10%까지만 인정됩니다. 특히 종교단체 기부가 너무 과도하면 세무서에서 의심할 수 있으니, 한도 내에서 적절히 배분하는 [기부 포트폴리오] 가 반드시 필요합니다.

대표: 하긴, 무턱대고 내는 것보다 전문가랑 상의해서 법인 명의로 당당하게 하는 게 훨씬 투명하겠네요.

컨설턴트: 정확합니다! 대표님의 소중한 선행이 법인의 [법인세 절감]으로 이어지도록 효과적으로 활용하십시요

컨설턴트의 핵심 요약

- **[영업외 비용] 처리:** 영업이익에 영향 없이 당기순이익만 줄여 법인세 절감.
- **[한도 및 이월]:** 법정(50%), 지정(10%) 한도를 지키되, 초과분은 **10년간 이월** 가능.
- **[전략적 활용]:** 개인 세후 소득 대신 법인 자금을 활용하여 대표님 자산 보호 및 투명한 자금 운용.

〈참고〉 재무상태표 주요 계정과목 설명

분류			계정과목	내용	예시
자산	유동자산 (1년이내)	당좌	현금	기업이 보유하고 있는 현금	지폐, 자기앞수표 등
			단기예금	입출금 가능한 자유예금, 3개월 이내	당좌예금, 보통예금
			단기금융상품	1년 이내 현금화가능 금융상품, 및 유가증권	정기예금, 채권, 증권 등
			단기대여금	1년 이내에 돌려받기로 하고 빌려준 돈	주임종 단기 대여금/가지급금
			매출채권	상품이나 제품을 외상 판매한 경우의 채권	외상매출금, 받을 어음
			미수수익	당기에 발생한 수익으로 아직 수취하지 않음	가지급금 이자 등
			미수금	재고자산(주된 영업활동) 이외의 자산을 외상 판매	고정자산 처분이익(비품기계)
			선급금	상품을 매입하기로 하고 미리 지급한 금액	계약금 등
			선급비용	현금으로 지급한 비용 중 차기에 속하는 부분	선급보험료 등
		재고	상품	판매 목적으로 구입한 물건	
			제품	판매 목적으로 만들어낸 물건	
			저장품	소모품, 수선용 부품 등	
	비유동 자산 (1년이내)	투자	장기금융상품	만기 1년 이후에 도래하는 금융상품	종신보험, 정기예금 등
			매도가능증권	단기로 분류되지 않은 유가증권	주식, 채권 등
			투자부동산	임대수익이나 시세차익을 목적으로 보유	비사업용 토지 등
		유형	토지	영업활동에 사용하는 토지	
			건물 및 구축물	영업활동에 사용하는 건물 및 구축물	
			기계장치	영업활동에 사용하는 기계장치, 생산설비 등	
			차량운반구	영업활동에 사용하는 차량	승용차, 트럭, 오토바이 등
			공구, 기구, 비품	영업활동에 사용하는 집기, 비품 등	
		무형	산업재산권 등	영업활동에 사용할 물리적 실체가 없는 자산	특허권, 상표권 등
			소프트웨어		소프트 웨어
		기타	보증금 등	임차보증금	전세보증금 등
부채	유동부채		매입채무	상품이나 제품을 외상 매입한 경우의 채무	외상매입, 지급할 어음
			예수금	원천징수하여 일시적으로 보관하는 금액	소득세, 4대보험, 부가세 등
			미지급금	재고자산 이외의 자산을 외상 매입	고정자산 취득 채무 등
			선수금	상품을 판매하기로 하고 먼저 수취한 금액	계약금 등
			단기차입금	상환기간이 1년 이내에 도래하는 차입금	은행, 가수금 등
			유동성장기 부채	장기차입금 중 1년 이내에 도래하는 차입금	
	비유동 부채		장기차입금	상환기간이 1년 이후 도래하는 차입금	
			임대보증금	임차인에게 받은 보증금	
			퇴직급여충당부채	임직원 퇴직금 지급을 위한 충당금	
자본	자본금			회사가 발행한 주식의 총 액면가액	발행주식 x 액면가
	기타포괄수익			손익거래중 당기 순손익에 포함되지 않는 손익	부동산 재평가 등
	자본 잉여금		주식발행초과금	액면금액을 초과하여 주식을 발행한 금액	
			감자차익	자본감소시 소각된 주식의 액면금액을 초과한 금액	
			자기주식처분이익	취득원가를 초과하여 처분한 금액	
	자본조정		주식할인발행차금	액면금액을 미달하여 주식을 발행한 금액	
			자기주식	기발행주식 중에서 재취득한 주식	
	이익 잉여금		미처분이익잉여금	이익 중에서 처분되지 않고 남아있는 이익	
			이익준비금	법률에 의하여 강제로 적립되는 법정준비금	배당금 10%, 자본금 50%까지 적립
			임의적립금	회사의 재정을 강화하기 위해 자발적 적립	

〈참고〉 손익 계산서 주요 계정 과목 설명

계정과목		내용	예시
수익	제품매출	상품을 판매하여 발생한 상품 매출액	도소매
	임대료수익	제품을 판매하여 발생한 제품 순매출액	제조
	이자수익	토지나 건물 등을 대여하고 받은 대가	
	유형자산처분이익	대여금이나 은행예금 등에 대하여 받은 이자	이자수익 등
	자산수증이익	건물이나 토지 등을 처분하고 발생한 이익	
	채무면제이익	타인으로부터 자산을 무상으로 증여받은 경우	
	잡이익	타인으로부터 채무를 면제받는 경우	
비용	상품매출원가	영업활동 이외에서 발생하는 기타의 이익 금액	
	제품매출원가	상품 매출액에 대응하는 상품원가의 금액	
	급여	상품 매출액에 대응하는 제품원가의 금액	제조원가 등
	퇴직급여	임원/직원에게 근로의 대가로 지급하는 금액	
	복리후생비	직원이 퇴직할 경우 발생하는 퇴직금 및 퇴직급여충당부채 설정	
	여비교통비	직원의 복리를 위해 지급하는 금액	
	업무추진비(접대비)	교통비와 출장여비 등	
	통신비	접대를 위하여 지출하는 금액(3600만원+) 경조사비	영업활동 경비
	수도광열비	전화, 인터넷, 우편 등의 이용 금액	
	세금과공과	수도, 전기, 가스 등의 이용 금액	
	임차료	재산세 등 세금, 협회비 등	
	수선비	토지나 건물 등을 빌리고 지급하는 금액	
	보험료	건물, 기계장치 등의 현상유지를 위한 수리비	
	차량유지비	보험료 지급 금액 (화재보험, 자동차 보험, 단체보험)	정기보험
	운반비	차량운반구의 유지와 수선을 위한 비용	1500만원
	도서인쇄비	판매와 관련하여 지출한 운송료	
	소모품비	도서구입비, 신문잡지구독료, 인쇄비 등 소모성 물품 구입비	
	수수료 비용	용역을 제공받고 대가를 지급한 비용	
	광고선전비	판매를 위한 홍보, 선전 등을 위한 지출액	
	대손상각비	회수불능채권 비용 처리 및 대손충당금 설정	
	이자비용	차입금에 대한 이자로 지급하는 금액	
	기부금	영업과 무관하게 기부하는 금품 및 물품의 금액	
	유형자산 처분손실	토지, 건물 또는 기계장치 등을 처분하고 발생하는 손실	
	잡손실	영업활동 이외에서 발생하는 기타의 손실 금액	영업외손실

화법으로 마스터하는 법인컨설팅 ABC

제3부

CEO 보상 플랜과 Bridge 컨셉

무한 책임에 대한 보상과 보험 체결을 완성하는 필승의 가교(Bridge)

법인 영업의 성패는 결국 '명분 있는 제안'이 '실질적인 체결'로 이어지느냐에 달려 있습니다. 그 정점에 있는 것이 바로 'CEO 보상 플랜'이며, 이는 우리가 제안하는 보험 솔루션을 대표의 필요와 완벽하게 결합시키는 가장 강력한 브릿지(Bridge) 컨셉입니다. 우리 재무설계사들이 현장에서 만나는 대표님들은 법인을 위해 무한 책임을 지고 계시지만, 정작 본인의 보상 체계는 사각지대에 방치한 채 '나중'이라는 막연한 약속으로 위험한 경영을 이어가고 계십니다.

이번 챕터에서 다루는 'CEO 보상 플랜'은 단순히 급여나 퇴직금 규정을 정비하는 차원을 넘어선 전략적 도구입니다. 이것은 법인의 이익을 대표 개인의 안정적인 자산으로 치환하는 과정에서, 그 재원을 가장 효율적이고 안전하게 준비할 수 있는 보험 계약으로 안내하는 '클로징의 가교'입니다. 대표님이 스스로를 위해 낮은 보상을 유지하는 것은 미덕이 아니라, 법인세 부담을 높이고 주식 가치를 폭등시켜 결국 감당할 수 없는 상속·증여세라는 재앙을 불러오는 일입니다. 우리는 이 지점에서 대표님의 '희생'을 '정당한 보상'으로 전환해야 하는 당위성을 제시하고, 그 실행 수단으로서 보험의 필요성을 연결해야 합니다.

'브릿지'로서의 보상 플랜은 세 가지 단계로 완성됩니다. 매년 안정적인 자산을 형성하는 단기 전략(급여·배당), 자본 이득을 통해 세율을 최적화하는 중기 전략(자기주식·주식양도), 그리고 가장 낮은 세율로 목돈을 마련하고 유고 시 가족을 지켜주는 장기 전략(퇴직금•유족보상)이 그것입니다. 이 정교한 로드맵은 대표에게는 '자산의 극대화'라는 실익을 제공하고, 재무설계사에게는 '고액 계약의 체결'이라는 확실한 결과물을 가져다 줍니다. 즉, 잘 설계된 보상 플랜은 대표의 거절 명분을 잠재우고 계약서에 도장을 찍게 만드는 가장 확신에 찬 가교가 되는 것입니다.

재무설계사 여러분, CEO 보상 플랜 컨설팅은 단순한 정보 전달이 아닙니다. 대표님의 무한 공헌에 대한 권리를 찾아드리는 동시에, 법인 자산을 개인화하는 과정에서 발생하는 세무 리스크를 보험이라는 안전장치로 해결하게 만드는 고도의 영업 기술입니다. 이 컨셉을 명확히 이해하고 전달할 때, 여러분은 대표님의 이익을 극대화하는 해결사인 동시에, 매끄럽게 클로징을 이끌어내는 최고의 협상가로 거듭날 것입니다.

이 챕터를 통해 대표님의 경영 리스크를 수익으로 전환하고, 전문적인 보상 설계를 통해 보험 체결이라는 최종 목적지까지 대표를 안내하는 필승의 브릿지 전략을 마스터하시길 바랍니다.

1. 중소 법인 CEO의 현실과 BR 핵심 포인트

■ 중소 법인 CEO의 현재

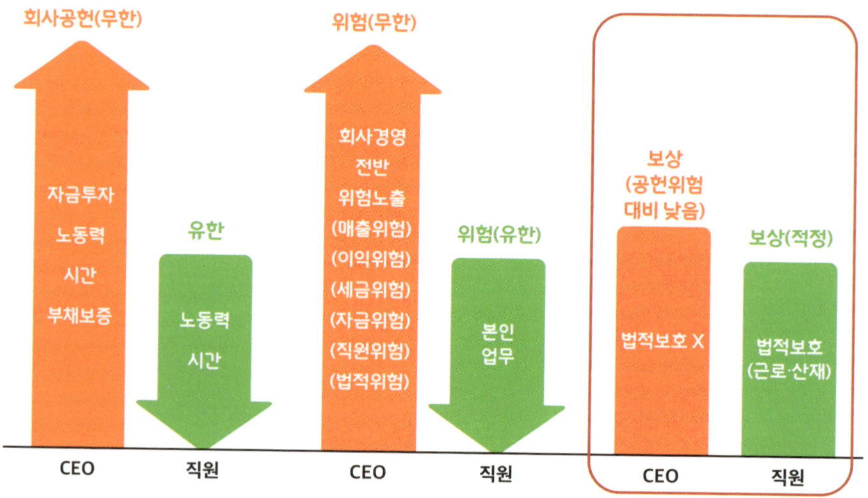

CEO의 현실 공유하기

1. 공헌과 위험의 비대칭성 (CEO vs 직원)

경영자와 근로자가 기업에 투입하는 자원과 노출되는 리스크의 크기는 현격한 차이가 있습니다.

- **경영자(CEO)의 무한 공헌:** 단순히 노동력과 시간만을 투입하는 것이 아니라, 개인의 자본 투자는 물론 기업 채무에 대한 부채 보증까지 짊어지고 있습니다.
- **경영자(CEO)의 무한 위험:** 매출 하락, 이익 감소, 각종 세무 리스크, 자금 조달 문제, 노무 관리 및 각종 법적 책임 등 경영 전반의 위험에 직접 노출되어 있습니다.

- **직원의 유한성:** 근로 계약에 따라 약정된 시간 동안 본인의 업무 범위 내에서만 노동력을 제공하며, 경영상의 위험에서는 상대적으로 자유롭습니다.

2. 보상 체계의 불합리성

투입되는 공헌과 위험의 크기에 비해, CEO가 받는 실질적인 보상과 보호 장치는 매우 미미한 수준입니다.

- **보상의 불균형:** CEO는 기업 성장을 위해 모든 역량을 쏟아붓지만, 그에 따른 보상은 공헌도나 위험 노출 크기에 비해 현저히 낮게 책정되는 경우가 많습니다.
- **법적 보호의 사각지대:** 일반 직원은 근로기준법 및 산업재해보상보험법 등에 의해 퇴직금과 산재 보상이 법적으로 보장되지만, 경영자는 이러한 제도적 혜택이 없습니다.

3. 대응 전략

법인 운영의 주체로서 CEO는 본인의 기여도에 걸맞은 합당한 권리를 스스로 법인에서 확보해야 합니다.

- **정당한 보상 방안 마련:** 무한 리스크를 감내하는 만큼, 지금부터라도 본인의 공헌과 위험에 상응하는 적정 수준의 보상 체계를 공식화해야 합니다.
- **전략의 필요성:** 법인의 성장이 곧 개인의 안전으로 이어지도록 적정보수 퇴직금 마련, 유동성 확보 등 법적 테두리 안에서의 구체적인 전략이 필요합니다.

컨설턴트의 핵심 요약

중소기업 CEO는 기업의 모든 리스크를 떠안고 무한히 공헌하고 있음에도 불구하고, 정작 본인의 보상과 법적 보호는 직원보다 취약한 실정입니다. 따라서 경영권 방어와 은퇴 준비를 위한 합리적인 보상 플랜 구축이 반드시 선행되어야 합니다.

화법으로 마스터하기 (CEO의 현실인식)

컨설턴트: 대표님, 요즘 경영 환경이 정말 만만치 않죠? 제가 현장에서 많은 대표님을 뵙지만, 다들 회사를 위해 모든 것을 쏟아붓고 계십니다. 특히 대표님처럼 자본 투자는 물론이고 개인의 부채 보증까지 직접 짊어지고 계시며 사실상 회사 발전에 혼신의 힘을 다하고 계시고 있지 않으세요?

대표: 그게 우리 같은 사람들 숙명 아니겠습니까? 회사가 살아야 나도 사는 거니까요. 직원들이야 계약된 시간만큼 일하면 되지만, 저는 매출부터 세금, 법적 문제까지 24시간 내내 머릿속이 복잡합니다.

1. 공헌과 위험의 비대칭성 (CEO vs 직원)

컨설턴트: 맞습니다. 바로 그 지점이 가장 안타까운 부분인 것 같습니다. 대표님은 무한 공헌뿐만 아니라 경영 전반의 무한 위험에 노출되어 있습니다. 매출 하락이나 자금 조달 그리고 각종 법적 책임까지 혼자 감당하시잖아요. 반면 직원은 본인의 업무 범위 내에서만 책임을 지는 유한성을 가집니다. 책임의 무게가 완전히 다른 것이죠.

대표: 한번도 생각 못해봤는데 말씀 들으니 그렇네요.

컨설턴트: 회사 공헌과 책임에 대한 보상에 있어서 직원들은 근로기준법과 산재보상법, 그리고 퇴직급여 보장법에 의해 법적 보호도 받습니다. 일한 만큼의 합당한 보상을 받고 있습니다. 그런데 대표님은 어떠세요? 합당한 보상을 받고 있다고 생각하시나요?

대표: 나도 뭐 회사에서 월급받고 있고, 법적으로도 보상받지 않나요?

2. 보상 체계의 불합리성

컨설턴트: 제가 보기엔 현재 대표님의 보상 체계는 투입하는 공헌과 위험에 비해 매우 취약한 보상의 사각지대에 놓여 있습니다. 또한 직원은 근로기준법으로 퇴직금과 산재 보상을 보장받지만, 정작 무한 책임을 지는 대표님은 그런 최소한의 법적 보호가 불가능합니다. 근로자가 아니고 경영자이기 때문입니다.

대표: 법적으로 보호를 못받는다고요? 그건 너무 불공평한데요. 사실 지금은 회사가 커나가는 단계라 제 배 불릴 생각은 안 해봤습니다. 세금 무서워서 급여도 낮게 책정해 뒀고, 나중에 여유 생기면 그때 챙겨도 되지 않을까 싶어서요.

3. 대응 전략 (법인자산의 개인자산화 플랜의 필요성)

컨설턴트: 대표님, 바로 그 '나중'이 가장 위험한 경영 리스크입니다. 지금 정당한 보상 방안을 공식화해두지 않으면, 나중에 목돈을 인출하려 할 때 세무상 큰 낭패를 보실 수 있습니다. 이건 단순히 월급을 올리는 차원이 아니라, 법인의 성장을 대표님 개인의 성장과 안정적 미래로 치환하는 전략적인 자산 플랜입니다.

대표: 듣고 보니 그렇군요. 회사가 커지는 만큼 저 자신을 위한 안전장치도 미리 설계해 둬야 한다는 말씀이시네요. 그럼 당장 뭐부터 점검해야 합니까?

컨설턴트: 우선 대표님의 공헌도와 위험을 반영하여 보수와 퇴직금 관련 규정을 정관에 명확히 명문화해야 합니다. 그래야 법적 테두리 안에서

합당한 권리를 찾고, 비상시 유동성까지 확보할 수 있습니다.

컨설턴트의 핵심 요약

- **리스크 비대칭 해소:** CEO는 **자본 투자와 부채 보증**이라는 무한 책임을 지고 있으므로, 직원의 유한 책임과는 차별화된 보상 체계가 반드시 필요합니다.
- **법적 근거 마련: 보상의 불합리성**을 극복하기 위해 정관 변경을 통한 임원 보수 및 퇴직금 규정을 정비하여 세무적 정당성과 법적 보호망을 구축해야 합니다.
- **전략적 자산화:** 법인의 이익을 안정적으로 개인화하는 **자산 플랜**은 경영권 방어는 물론, 대표님 개인의 은퇴와 노후를 지키는 가장 확실한 경영 전략입니다.

대표님, 이제 대화에서 언급된 임원 퇴직금 지급 규정이나 세무상 안전한 보수 한도를 구체적으로 점검해 볼까요? 혹은 현재 정관에서 가장 먼저 수정이 필요한 부분을 짚어드릴 수 있습니다. 무엇부터 도와드릴까요?

2. 임원의 낮은 보상 리스크와 BR 핵심 포인트

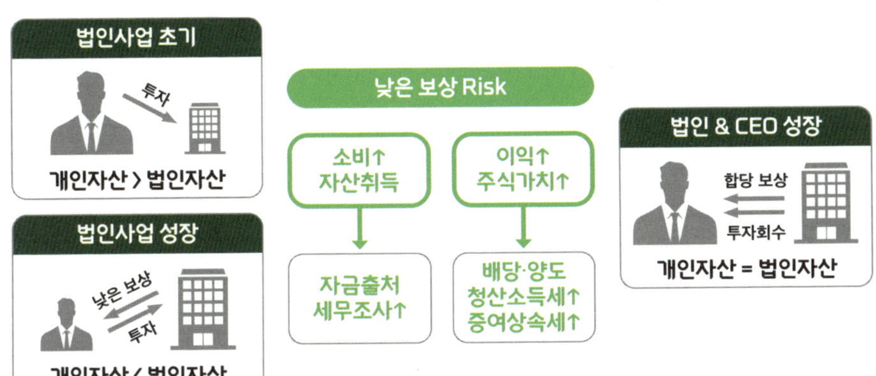

낮은 보상이 불러오는 재무 리스크

법인 사업 초기에는 대표의 희생이 미덕일 수 있으나, 사업 성장 후에도 이어지는 '낮은 보상'은 법인과 대표 모두에게 심각한 세무적·재무적 위험을 초래합니다.

1. 법인 사업의 단계별 자산 구조 변화

- **사업 초기 (개인자산 〉 법인자산):** 대표 개인의 자산을 법인에 투자하여 사업을 시작하는 단계입니다. 개인자산이 법인자산보다 많은 단계입니다
- **사업 성장기 (개인자산 〈 법인자산):** 법인은 성장하여 자산이 늘어나지만, 대표는 여전히 낮은 보상을 유지하면서 개인 자산보다 법인 자산의 비중이 월등히 높아지는 불균형이 발생합니다.

2. '낮은 보상'이 만드는 2대 핵심 리스크

대표가 급여나 상여를 적게 가져갈 경우(낮은 보상), 다음과 같은 리스크가 발생합니다.

① 자금출처 및 세무조사 리스크 (개인 측면)

- 대표의 공식적인 소득은 낮은데, 개인적인 소비가 크거나 부동산 등 자산을 취득할 경우 자금출처 조사의 대상이 됩니다.
- 소득 대비 지출이 과다할 경우 세무당국의 의심을 사게 되며, 이는 개인과 법인 전체의 세무조사로 확대될 위험이 있습니다.

② 세금 부담의 급격한 상승 (법인/승계 측면)

- 보상이 적으면 법인세가 증가하고 법인에 이익이 과도하게 쌓이게 됩니다.
- 이익 증가 → 주식 가치 상승으로 이어져, 추후 배당이나 지분 양도, 특히 증여 및 상속 시 감당하기 어려운 수준의 세금(증여상속세, 청산소득세)이 발생합니다.

3. 최종 목표: 법인과 CEO의 동반 성장

- **전략:** 낮은 보상을 탈피하여 '합당한 보상'과 '투자 회수'를 병행해야 합니다.
- **결과 (개인자산 = 법인자산):** 법인의 성장만큼 대표 개인의 자산도 균형 있게 증가되어야 합니다. 이를 통해 개인의 자산 취득 능력을 갖추고, 법인의 주식 가치를 적정하게 관리하여 미래의 승계 리스크를 방어할 수 있습니다.

컨설턴트의 핵심 요약

대표님, 사업 초기의 희생은 성장의 발판이었지만, 지금의 낮은 보상은 오히려 독이 되고 있습니다. 법인에만 돈을 쌓아두는 것은 나중에 국가에 큰 세금을 내겠다고 약속하는 것과 같습니다. 이제는 적정 보상 설계를 통해 대표님의 자산을 안전하게 확보하고 법인의 몸집을 가볍게 관리해야 할 때입니다

화법으로 마스터하기 (낮은 보상 리스크)

컨설턴트: 대표님, 회사는 매년 성장해서 법인 자산은 증가하고 좋은데, 대표님 개인 자산은 사업 초기와 어떠세요? 대표님 개인 자산도 많이 증가 하였지요?

대표: 아, 그 부분은 제가 의도한 면도 있습니다. 원래 사업 초기엔 다 그런 거 아니겠습니까? 제가 좀 덜 가져가야 회사가 빨리 자리를 잡고 직원들 처우도 개선해 줄 수 있으니까요. 저는 지금 받는 급여로도 생활하는데 아무 지장 없습니다. 회사가 잘되는 게 저한테는 가장 큰 보상이죠.

컨설턴트: 그 마음은 충분히 이해합니다. 사업 초기 대표님의 헌신은 성장의 소중한 발판이었죠. 하지만 대표님, 지금처럼 '낮은 보상'을 계속 유지하시는 것은 대표님 개인뿐만 아니라 회사 전체에 아주 큰 세무적 리스크를 키우는 일이 될 수 있습니다.

대표: 아니, 제가 제 돈을 안 가져가겠다는데 국가에서 왜 문제를 삼나요? 오히려 비용 처리를 안 해서 이익이 많이 나고, 그만큼 법인세를 꼬박꼬박 더 내고 있으니 나라에서는 좋아해야 하는 거 아닌가요?

컨설턴트: 세무당국은 두 가지 측면에서 대표님을 주목하게 됩니다. 첫째는 '자금출처'입니다. 대표님의 공식 소득은 낮은데, 나중에 부동산을 취득하시거나 자녀분들에게 지원을 해주실 때 그 자금의 출처를 소명하라고 하면 어려움이 생길 수 있습니다. 소득 대비 지출이 크면 혹시 법인 자금을 사적으로 유용한 게 아닌지 의심받게 되고, 이게 법인 전체 세무조사로 번지는 경우가 많습니다.

대표: 자금 소명 문제는 미처 생각지 못했군요. 하지만 당장 큰돈 쓸 일이

없다면 큰 문제는 없지 않을까요?

컨설턴트: 진짜 무서운 건 두번째 입니다. 바로 '세금 폭탄' 리스크죠. 대표님이 보상을 적게 가져가시면 그만큼 법인세가 증가합니다. 또한 내부에 미처분 이익잉여금이 과도하게 쌓입니다. 그러면 우리 회사 주식 가치가 걷잡을 수 없이 올라가게 되겠죠? 나중에 자녀분에게 승계를 하시거나 지분을 정리할 때, 증여세나 상속세가 감당하기 어려운 수준으로 나올 겁니다. 결국 공들여 키운 회사를 세금 때문에 포기해야 하는 상황이 올 수도 있어요.

대표: 회사가 커질수록 제가 가져가는 게 적으면, 나중에 승계할 때 세금 부담이 더 커진다는 말씀이시군요.

컨설턴트: 맞습니다! 이제는 '낮은 보상'에서 탈피해 '합당한 보상'을 받으셔야 합니다. 법인의 성장 속도에 맞춰 대표님의 개인 자산도 균형 있게 늘려야 합니다. 그래야 개인 자산의 소명 능력이 생기고, 법인 주식 가치를 적정 수준으로 관리하여 미래의 승계 리스크를 방어할 수 있습니다.

대표: 제 희생이 나중엔 오히려 회사에 짐이 될 수도 있겠다는 생각이 드네요. 그럼 제 개인 소득세를 합리적으로 관리하면서 법인 자산을 안전하게 이전할 수 있는 방법이 구체적으로 무엇이 있을까요?

컨설턴트: 우선 대표님의 급여와 상여 체계를 현실화하고, 법인 비용으로 인정받을 수 있는 임원 퇴직금 플랜을 설계해야 합니다. 법인의 몸집을 가볍게 유지하면서 대표님의 자산을 확보하는 '골든타임'을 놓치지 않는 것이 중요합니다.

컨설턴트의 핵심 요약

- **주요 리스크:** 낮은 보상은 자금출처 조사(개인)와 주식 가치 폭등에 따른 상속·증여세(법인) 리스크를 유발합니다.
- **해결 전략:** 법인 자산과 개인 자산의 균형을 맞추는 **'적정 보상 체계'**를 마련하셔야합니다. 대표님의 희생, 미덕이 아닌 '국가에 회사를 바치는 길'이 될 수 있습니다.

3. CEO부자 플랜과 BR 핵심 포인트

■ CEO 부자 플랜

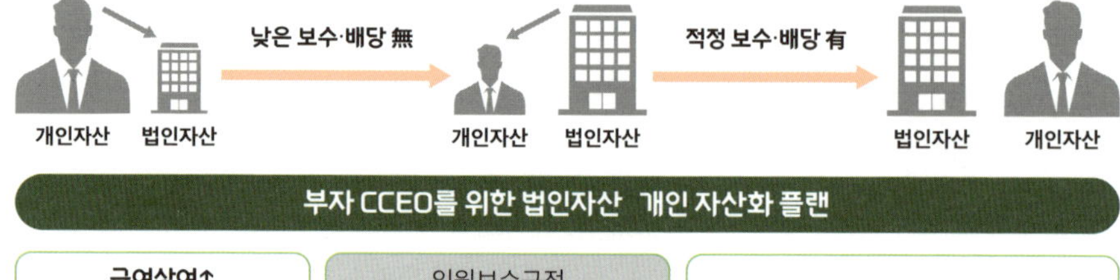

급여상여↑	임원보수규정
배당	정기·중간배당 규정
퇴직금	지급배율과 규정
유족보상	지급 규정
주식양도	자사주취득 규정

소득 다변화로 소득세 절세

급여 인상으로
법인세 절세 & 자금출처 확보

퇴직금 증대로 노후안정성 확보

기업가치 조정으로 상속세 절세

CEO부자플랜의 이해

1. CEO 부자 플랜의 방법 (단계별 전략)

법인 자산을 안전하게 개인 자산으로 전환하기 위해 단기, 중기, 장기적 관점의 소득 다변화 전략을 실행해야 합니다.

- **단기 전략 (보수 및 배당):** 경영의 대가인 급여와 상여를 현실화하고, 주주의 권리로서 정기·중간배당을 실행하여 매년 안정적인 개인 자산을 형성합니다.
- **중기 전략 (주식 활용):** 주식 양도를 통한 주식 대가 개인화 및 자사주 취득 규정을 활용하여 법인의 이익을 회수합니다.
- **장기 전략 (유족보상과 퇴직금):** 퇴직금 지급 배율을 높여 노후 자금을 확보하고, 만일의 사태에 대비한 유족보상제도를 마련합니다.

2. 실행 시 유의점 (규정 정비의 필요성)

세무 리스크 없이 자산을 개인화하기 위해서는 반드시 법적 근거가 선행되어야 합니다.

- **정관 및 규정 명문화:** 임원보수규정, 배당 규정, 퇴직금 지급배율 규정, 자사주 취득 규정 등을 사전에 정비하여 국세청의 부당행위계산 부인에 대비해야 합니다.
- **적정 보수 설정:** 공헌과 위험의 크기에 비해 지나치게 낮은 보수는 자금출처 확보를 어렵게 하므로, 법인세법상 비용으로 인정받을 수 있는 '적정 보수'를 설정하는 것이 중요합니다.
- **자산 균형 유지:** 낮은 보수를 고집하여 법인 자산만 비대해지는 불균형을 방지하고, 개인과 법인의 자산이 동반 성장하도록 관리해야 합니다.

3. CEO 부자 플랜의 효과

전략적인 개인 자산화 플랜을 통해 다각적인 이익을 얻을 수 있습니다.

- **세무 리스크 관리 및 자금출처 확보:** 개인 자산을 형성함으로써 향후 부동산 등 자산 취득 시 자금출처 소명이 명확해지며, 투명한 자금 흐름을 통해 세무조사 위험을 낮춥니다.
- **전방위적 절세 전략:**
  - 소득세 절세: 소득 출처를 다변화하여 개인 소득세율을 최적화합니다.
  - 법인세 절세: 보수 인상을 통해 법인의 비용 처리를 극대화합니다.
  - 상속·증여세 절세: 법인의 이익을 적절히 인출하여 기업 가치를 조정함으로써 미래의 승계 비용을 낮춥니다.
- **노후 및 리스크 대비:** 퇴직금 증대를 통한 노후 안정성을 확보하고, 유족보상제도를 통해 CEO 유고 시 가족의 경제적 안전장치를 마련할 수 있습니다.

컨설턴트의 핵심 요약

CEO는 무한 책임을 지는 주체인 만큼, 법인 자산이 대표님 개인의 안전과 직결되도록 단기·중기·장기적 자산화 플랜을 설계해야 합니다. 이는 단순히 소득을 올리는 것이 아니라, 세무 방어력을 높이고 기업의 영속성을 확보하는 핵심 경영 전략입니다

화법으로 마스터하기
(CEO 부자 플랜: 무한 책임에 따른 전략적 보상 설계)

컨설턴트: 대표님, 회사를 위해 자본 투자와 부채 보증까지 감내하시는 모습은 정말 존경스럽습니다. 하지만 대표님은 모든 리스크에 노출된 무한 책임 상태인 반면, 정작 본인을 위한 보상 체계는 직원들보다 취약한 사각지대에 놓여 있습니다.

대표: 그게 경영자의 숙명 아니겠습니까? 지금은 회사가 커가는 단계라 제 실속 챙길 여유가 없습니다. 괜히 급여 올렸다가 세금만 더 나오고, 법인 자금 흐름만 나빠지는 것 같아서요. 나중에 여유 생기면 그때 생각해도 되지 않을까요?

1. CEO 부자 플랜의 방법 (단계별 전략)

컨설턴트: 대표님, 바로 그 '나중'이 가장 위험합니다. 지금부터 소득 다변화 전략을 실행해야 합니다. 단기적으로는 급여와 상여를 현실화하고 배당을 통해 매년 안정적인 자산을 형성해야 하며, 중기적으로는 주식 양

도나 자사주 취득, 장기적으로는 퇴직금 지급 배율을 높이는 단계별 전략이 필수적입니다.

대표: 말은 좋습니다만, 당장 급여를 올리면 법인 입장에서는 비용 부담이 커지는 것 아닌가요? 개인 소득세도 많이 나올 텐데 굳이 지금 그래야 하는지 의문입니다.

컨설턴트: 대표님, 단순히 급여를 올리자는 것이 아닙니다. 법인의 이익을 각 항목별로 쪼개어 가장 세금이 적은 통로를 만드는 작업입니다. 각 단계별로 왜 필요한지 상세히 말씀드리겠습니다.

2. 급여 및 상여 현실화 (단기 전략)

대표: 지금도 제 연봉이 적은 편은 아닙니다. 여기서 급여나 상여를 더 올리면 개인 소득세율이 30%가 넘어가는데, 결국 세금만 더 내는 꼴 아닌가요?

컨설턴트: 당장 내는 소득세만 보면 손해 같지만, 법인 입장에서는 그만큼이 '비용'으로 빠져나가 법인세를 줄여줍니다. 무엇보다 대표님이 추후 자산을 취득할 때 자금출처 확보를 위한 소명 자료가 됩니다. 상여 또한 정관에 명확한 지급 규정만 있다면 합법적으로 법인 자금을 인출하는 훌륭한 도구가 됩니다.

3. 정기·중간배당의 활용

대표: 배당은 법인세 낼 거 다 내고 남은 돈에서 가져오는 건데, 이중과세 아닙니까? 차라리 그냥 회사에 두는 게 낫죠.

컨설턴트: 법인에만 돈이 쌓이면 주식 가치만 올라가 나중에 상속세 폭탄이 됩니다. 배당은 소득 다변화의 핵심입니다. 금융소득종합과세를 고려하더라도 적정 수준의 배당을 매년 실행하면, 대표님은 법인 리스크와 분리된 '진짜 개인 자산'을 형성하여 재투자의 기회를 얻게 됩니다.

4. 주식 양도 및 자사주 취득 (중기 전략)

대표: 회사가 내 건데 내 주식을 회사에 판다는 게 좀 이상합니다. 그것도 복잡한 절차가 필요한 거 아닌가요?

컨설턴트: 주식 양도나 자사주 취득은 자본 이득으로 과세되기 때문에 근로소득보다 세율 측면에서 유리할 수 있습니다. 법인 잉여금을 회수하면서도 대표님의 지분율을 조절할 수 있는 아주 전략적인 방법이죠. 물론 이를 위해서는 자사주 취득 규정이 정관에 완벽하게 세팅되어 있어야 세무 리스크가 없습니다.

5. 퇴직금 및 지급배율 정비 (장기 전략)

대표: 퇴직금은 나중에 회사를 그만둘 때나 받는 건데 벌써부터 신경 써야 합니까? 그리고 세무서에서 임원 퇴직금을 까다롭게 본다고 들었습니다.

컨설턴트: 퇴직소득은 소득세 중 세율이 가장 낮습니다. 법인 자금을 가장 저렴하게 개인화할 수 있는 최고의 통로죠. 하지만 지급배율 규정이 없으면 전액 상여로 간주되어 세금 폭탄을 맞습니다. 지금 지급 배율을 높여 두는 것은 대표님의 노후 안정성 확보를 위한 가장 확실한 저축입니다.

6. 유족보상 및 리스크 관리

대표: 유족보상이라... 제가 없을 때를 대비하라는 말씀이군요. 하지만 꼭 그런 규정까지 법인에 만들어야 하나요?

컨설턴트: 대표님은 개인 자산보다 법인 자산 비중이 훨씬 높으십니다. 갑작스러운 유고 시 가족들이 겪을 가장 큰 문제는 상속세 재원 마련입니다. 정관에 유족보상 지급 규정을 마련해두면, 대표님의 공헌에 대한 대가를 가족들이 합법적으로 수령하여 상속세 재원으로 활용하거나 생활 자금으로 쓸 수 있는 최소한의 안전장치가 됩니다.

대표: 듣고 보니 항목 하나하나가 결국 제 개인의 자산 방어와 직결되는군요. 단순히 월급 문제가 아니라 전방위 절세 전략이었다는 게 이제 실감이 납니다.

컨설턴트의 핵심 요약

- **자금출처와 명분:** 급여와 상여는 개인 자산의 뿌리가 되며, 향후 모든 자산 취득의 **세무적 방패**가 됩니다.
- **소득의 분산:** 배당과 주식 양도를 통해 소득 종류를 분산함으로써 전체적인 **실효 세율을 낮추는 것**이 포인트입니다.
- **장기적 안전장치:** 퇴직금과 유족보상은 CEO 개인과 가족의 미래를 지키는 동시에 **상속세 재원을 마련**하는 고도의 경영 전략입니다.

대표님, 이제 각 항목별로 '대표님 맞춤형 최적 인출 로드맵'을 짜보아야 할 때입니다.

4. 임원의 적정보수 플랜과 BR 핵심 포인트

■ 적정 보수 Plan(급여+상여)

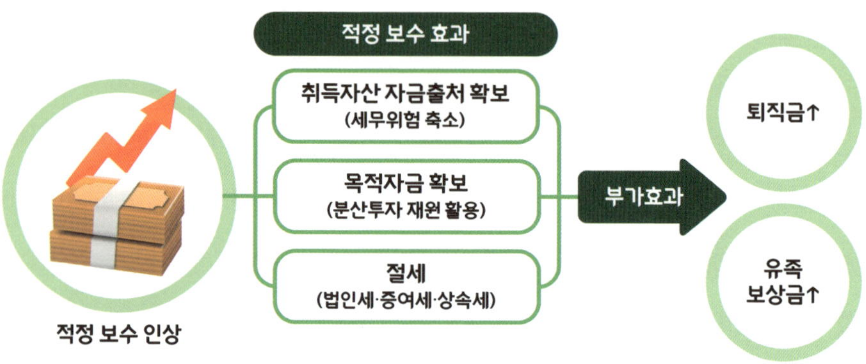

CEO 적정 보수 플랜 : 법인 리스크 해소와 개인 자산 가치 극대화

단순한 급여 인상이 아닌, 법인의 세무적 안전성과 경영자의 재무적 미래를 설계하는 통합 자산 관리 전략입니다.

1. 적정 보수 인상의 전략적 배경

단순히 급여를 올리는 것이 아니라, 법인의 이익 수준과 세무 환경을 고려하여 급여와 상여금 비중을 최적화하는 과정입니다. 이는 법인의 비용 처리를 극대화하면서도 경영자의 가시적인 소득원을 확보하는 출발점입니다.

2. 3대 핵심 기대 효과

① 취득자산 자금출처 확보 (세무 리스크 관리)

- 자금출처 소명: 부동산이나 주식 등 고액 자산을 취득할 때 국세청의 자금출처 조사가 나올 수 있습니다. 이때 '적정 보수'를 통해 신고된 소득은 가장 강력한 소명 자료가 됩니다.

- 위험 축소: 불투명한 자금 흐름을 막고, 합법적인 소득 증빙을 통해 향후 발생할 수 있는 세무 조사의 빌미를 사전에 차단합니다.

② **목적자금 확보 및 분산 투자**

- 유동성 확보: 법인 내에 쌓여있는 이익잉여금은 개인화하기 전까지는 그림의 떡입니다. 이를 급여/상여 형태로 수령하여 개인의 실질적인 투자 재원으로 전환합니다.
- 재원 활용: 확보된 자금을 통해 개인 명의의 포트폴리오(부동산, 금융상품 등)를 구성하여 자산을 분산하고 리스크를 관리할 수 있습니다.

③ **절세 전략 (법인세·증여세·상속세)**

- 법인세 절감: 임원 보수는 법인의 비용(손금)으로 인정받기 때문에 법인세 과세 표준을 낮추는 효과가 있습니다.
- 증여/상속세 대비: 미리미리 개인 소득으로 이전해두지 않으면, 추후 법인 가치가 과도하게 높아져 상속·증여 시 감당하기 힘든 세금 폭탄으로 돌아옵니다. 이를 사전에 '비용화'하여 법인 가치를 적절히 조절하는 효과가 있습니다.

3. 강력한 부가 효과 (미래 가치 상승)

- **퇴직금 상승:** 퇴직금은 보통 '퇴직 전 3개월간의 평균 급여'를 기준으로 산정됩니다. 즉, 평소 보수를 높게 책정해두면 나중에 수령할 퇴직금의 규모가 기하급수적으로 커지는 선순환 구조가 만들어집니다.
- **유족 보상금 상승:** 갑작스러운 유고 시 지급되는 유족 보상금 역시 평소 급여 수준에 비례하여 설정되는 경우가 많습니다. 이는 남겨진 가족을 위한 강력한 재무적 안전장치가 됩니다.

컨설턴트의 핵심 요약

이 플랜을 실행할 때 가장 중요한 것은 '정관'의 정비입니다.
임원의 보수 규정이 정관에 명확히 명시되어 있지 않으면, 국세청에서 이를 '부당행위계산부인'으로 간주하여 비용 처리를 부인당 할 수 있기 때문입니다.

현재 회사의 정관에 임원 보수 규정이 최신 법규에 맞게 정비되어 있는지 확인해 보아야 합니다.

화법으로 마스터하기 (보수인상의 효과)

컨설턴트: 대표님, 사업이 안정 궤도에 오르셨으니 이제는 '법인 자금을 어떻게 하면 세금 걱정 없이 효율적으로 대표님의 개인 자산으로 옮길 것인가'를 고민하셔야 합니다. 그 핵심이 바로 '적정 보수 플랜'입니다.

대표: 아니, 지금도 월급 꼬박꼬박 가져가고 있는데 굳이 복잡하게 플랜까지 짜야 합니까? 급여 올리면 소득세만 더 나오고 법인 돈만 주는 거 아닌가요?

컨설턴트: 단순히 월급을 올리자는 게 아닙니다. 법인의 이익 수준과 세무 환경을 고려해 급여와 상여의 비중을 최적화하는 과정입니다. 이걸 제대로 안 하시면 나중에 큰 손해를 보실 수 있습니다. 크게 세 가지 이유 때문인데요.

대표: 큰 손실을 본다고요?

1. 자금출처 확보 (세무 리스크 관리)

컨설턴트: 네 대표님이 나중에 건물이나 주식을 사신다고 할 때 국세청이 묻겠죠. '이 돈 어디서 났습니까?'하고요. 이때 평소 책정해둔 '적정 보수'는 가장 확실한 소명 자료가 됩니다. 불투명한 자금 흐름을 막고 세무조사의 빌미를 사전에 차단하는 강력한 방패가 되는 셈이죠.

2. 목적자금 확보 및 분산 투자

대표: 그건 그렇네요. 사실 법인에 돈이 쌓여 있어도 내 맘대로 쓰기가 참 애매하긴 합니다.

컨설턴트: 그게 바로 '그림의 떡'이라고 하지요. 법인의 잉여금을 급여나 상여 형태로 미리 인출해두셔야 합니다. 그래야 그 돈으로 개인 명의의 포트폴리오를 구성하고 자산을 분산해서 진정한 재테크를 시작하실 수 있습니다.

3. 전방위 절세 전략 (법인·증여·상속세)

대표: 그래도 당장 내는 소득세가 아깝단 말이죠.

컨설턴트: 대표님, 임원 보수는 법인의 비용으로 인정되어 법인세를 낮춰 줍니다. 무엇보다 중요한 건, 지금 개인 소득으로 미리 이전하지 않으면 법인 가치가 비정상적으로 높아집니다. 그럼 나중에 자녀에게 승계할 때 '상속·증여세 폭탄'을 맞게 되죠. 지금 적정 보수를 가져가는 건 법인 가치를 조절해 미래의 거액 세금을 방어하는 전략적 비용입니다.

대표: 법인세 상속 증여세도 줄일 수 있다니 솔깃하긴 하네요.

[강력한 보너스 효과: 퇴직금과 보장 자산]

컨설턴트: 여기에 덤으로 따라오는 효과가 엄청납니다. 퇴직금은 퇴직 직전 급여를 기준으로 계산되는 거 아시죠? 보수를 높여두면 나중에 수령할 퇴직금 규모가 기하급수적으로 커집니다. 유사시 지급되는 유족 보상금도 늘어나 가족을 위한 안전장치까지 탄탄해지죠.

대표: 듣고 보니 일리가 있네요. 그럼 당장 다음 달부터 월급을 두 배로 올릴까요?

컨설턴트: 잠깐만요, 대표님! 마음대로 올리시면 큰일 납니다. 국세청에서 '왜 기준 없이 돈을 많이 가져가느냐'며 비용 처리를 부인하는 부당행위계산부인에 걸릴 수 있습니다. 이 플랜의 성패는 바로 '정관'에 달려 있습니다.

대표: 우리 정관요? 그거 설립할 때 만든 거 그대로 있을 텐데...

컨설턴트: 그게 위험합니다. 임원 보수, 상여금, 퇴직금 규정이 정관에 명확하고 구체적으로 명시되어 있지 않으면 세무상 혜택을 전혀 못 받을 수 있습니다. 현재 대표님 회사의 정관이 최신 세법에 맞게 정비되어 있는지 제가 먼저 체크리스트로 진단해 드려도 될까요?

컨설턴트의 핵심 요약

- **세무 방패와 자산 이전:** 적정 보수 인상은 향후 개인 자산 취득 시 가장 확실한 자금출처 소명 자료가 되며, 법인 자금을 낮은 세부담으로 개인화하여 자산 포트폴리오를 다변화하는 기초가 됩니다.
- **전방위 절세 효과:** 인상된 보수는 법인의 비용으로 인정되어 법인세를 줄여줄 뿐만 아니라, 법인 가치를 적절히 조절하여 추후 자녀 승계 시 발생할 상속·증여세 폭탄을 사전에 방어하는 전략적 수단입니다.
- **퇴직금 및 보장자산 극대화:** 퇴직금은 은퇴 직전 급여를 기준으로 산정되므로, 보수를 높여두면 퇴직금 수령액이 기하급수적으로 증가하고 유사시 가족을 위한 유족 보상금 재원까지 탄탄하게 확보됩니다.

〈참고용 자료〉 보수 인상과 실질 세부담비교

보수 인상과 실질 세부담 비교

(당기이익 4억원, 법인세 6600만원 부담 법인의 급여효과) 단위;만원

구분	월 급여 (연봉)	월 500만원 (연 6,000 만원)	월 700만원 (연 8,400 만원)	월 800만원 (연 9,600 만원)	월 1000만원 (연 12,000 만원)	월 1300만원 (연 15,600 만원)	월 1500만원 (연 18,000 만원)	월 2000만원 (연 24,000 만원)
CEO 급여 & 세부담	근로소득공제	1,275	1,395	1,455	1,515	1,587	1,635	1,750
	기타소득공제 (인적, 카드, 공적보험료 등)	960	1,129	1,177	1,273	1,417	1,513	1,753
	세액 공제	121	105	105	105	105	105	105
	소득세 계	349 (5.8%)	801 (9.5%)	1,090 (11.3%)	1,732 (14.4%)	3,068 (19.7%)	3,936 (21.9%)	6,289 (26.2%)
	① 건강보험료 포함 급여 대비 실부담액(율)	589 (9.8%)	1,137 (13.5%)	1,474 (15.3%)	2,212 (18.4%)	3,692 (23.6%)	4,565 (25.3%)	7,249 (30.2%)
CEO 급여 지급 & 법인세 감소	회사부담 공적 보험료	510	679	727	823	967	1,063	1,303
	법인세 과표	33,490	30,921	29,673	27,177	23,433	20,937	14,697
	법인세	5,167	4,602	4,328	3,778	2,955	2,406	1,616
	법인세 절감액	1,433	1,998	2,272	2,822	3,645	4,194	4,984
	② 건강보험료 반영시 절감액	1,193	1,662	1,888	2,342	3,021	3,474	4,024
CEO 부담액과 법인세 절감액 효과 분석 (①−②)		− 604	− 525	− 414	− 130	671	1,091	3,225
급여대비 실 부담율						4.30%	6.06%	13.44%

기타소득공제 : 인적·카드사용공제 등 450만원. ((국민연금 (9%), 건강보험 (7.09%) 및 장기 요양보험료 (건보료의 0.9182%)에 대하여 CEO와 회사 각 50%부담))
세액공제 : 개인연금 360만원납입(12%), 보장성보험료 100만원 (12%) 와 근로세액공제만 반영
법인세율 : ~2억 10%, 2억 초과 20%, 비과세 소득 및 소득공제와 세액 공제 등 CEO개인 상황과 세법에 따라 절세 효과 차이 발생

〈가정 및 전제 조건에 따라 약간의 차이가 발생할 수 있습니다〉

5. CEO 퇴직급여 제도의 필요성과 BR 핵심 포인트

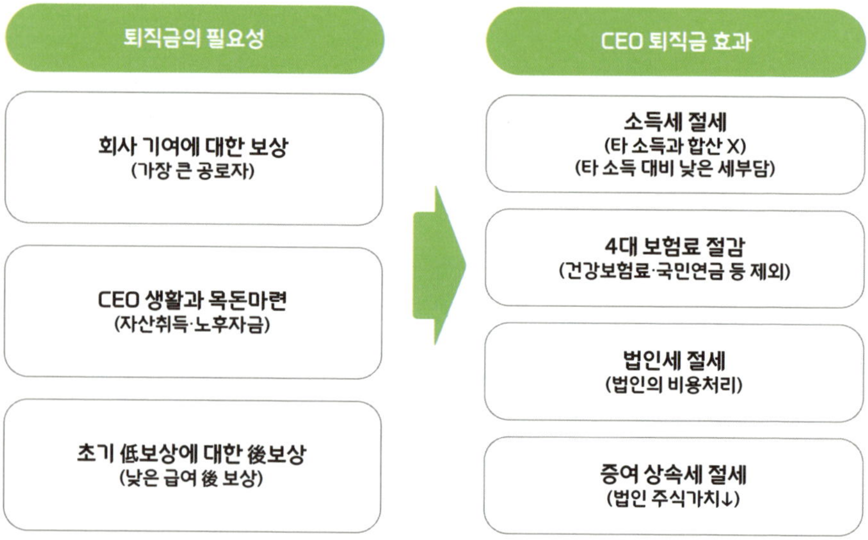

퇴직금의 필요성		CEO 퇴직금 효과
회사 기여에 대한 보상 (가장 큰 공로자)	→	소득세 절세 (타 소득과 합산 X) (타 소득 대비 낮은 세부담)
CEO 생활과 목돈마련 (자산취득·노후자금)		4대 보험료 절감 (건강보험료·국민연금 등 제외)
초기 低보상에 대한 後보상 (낮은 급여 後 보상)		법인세 절세 (법인의 비용처리)
		증여 상속세 절세 (법인 주식가치↓)

[CEO 퇴직급여 제도 플랜의 필요성 및 기대효과]

CEO의 퇴직금은 단순한 노후 자금을 넘어, 법인 자산의 효율적 개인화와 전략적 절세를 위한 가장 강력한 재무 도구입니다.

1. CEO 퇴직급여 제도의 필요성

- **공로에 대한 정당한 보상:** 기업 성장에 가장 크게 기여한 '최대 공로자'인 대표이사에 대한 보상 체계입니다.
- **초기 낮은보상에 대한 사후 보전:** 사업 초기 낮은 급여를 감내하며 희생했던 부분에 대해 은퇴 시점에 '후불성 보수' 개념으로 보상받는 것입니다.
- **CEO 노후 및 자산취득 재원:** 은퇴 후 생활 자금은 물론, 부동산 등 고액 자산 취득을 위한 대규모 목돈 마련의 핵심 수단이 됩니다.

2. CEO 퇴직급여 플랜의 4대 핵심 효과

① 소득세 절세 (분류과세 혜택)

- 일반 급여나 상여는 다른 소득과 합산되어 높은 세율(최고 45%)이 적용되지만, 퇴직소득은 분류과세가 적용됩니다.
- 타 소득과 합산되지 않고 별도로 과세되기에 일반 소득 대비 현저히 낮은 세부담으로 자금을 인출할 수 있습니다.

② 4대 보험료 절감

- 퇴직금은 근로의 대가인 보수(급여)에 해당하지 않으므로 건강보험료 및 국민연금 산정 기준에서 제외됩니다. 대규모 자금을 개인화하면서도 준조세 부담이 전혀 없습니다.

③ 법인세 절감 (비용처리)

- 임원 퇴직금 규정에 따라 지급되는 금액은 전액 법인의 비용(손금)으로 인정됩니다. 이는 법인세 과세 표준을 직접적으로 낮추는 효과를 가져옵니다.

④ 증여·상속세 절세 (기업가치 조절)

- 고액의 퇴직금 지급은 법인의 순자산을 감소시켜 법인 주식 가치를 하락시킵니다. 결과적으로 자녀에게 지분을 승계하거나 증여할 때 세금 부담을 대폭 낮추는 전략적 도구가 됩니다.

3. 적정 보수 플랜과의 연계 효과 (시너지)

- **퇴직금 규모의 극대화:** 퇴직금은 '퇴직 전 평균 급여'에 비례합니다. 따라서 '적정 보수 인상 플랜을 통해 평소 급여 수준을 관리하면, 퇴직 시 수령할 합법적 퇴직금 규모가 기하급수적으로 커지는 선순환이 발생합니다.
- **유족 보상금 확보:** 유사시 지급되는 유족 보상금 역시 급여 수준에 연동되므로 가족을 위한 재무적 안전망이 강화됩니다.

컨설턴트의 핵심 요약

이 모든 혜택은 '정관에 근거한 임원 퇴직금 지급 규정'이 있을 때만 가능합니다.

정관 규정 없이 지급하거나 세법 한도를 초과하는 경우, 국세청은 이를 '업무 무관 비용'으로 보아 비용 처리를 부인(부당행위계산부인)하고 막대한 세금을 추징할 수 있습니다.
현재 대표님의 정관에 임원 퇴직금 지급 배수(예: 2배수, 3배수 등)가 구체적으로 명시되어 있는지 확인해 보셔야합니다. 규정의 유무와 적정성을 검토해 보는 것이 가장 시급한 첫걸음입니다. 필요하시다면 검토를 도와드리겠습니다.

화법으로 마스터하기 (퇴직급여제도의 필요성)

컨설턴트: 대표님, 사업 초기에 고생하시면서 급여도 제대로 못 챙겨 가셨던 시절 기억하시죠? 그 희생에 대한 '합법적인 보상'을 은퇴하실 때 큰 덩어리로 가져오실 수 있는 방법이 있습니다. 바로 CEO 퇴직급여 플랜입니다.

대표: 퇴직금이야 뭐, 나중에 회사가 돈 있으면 주는 거 아닙니까?

컨설턴트: 대표님, 임원의 퇴직금은 일반 직원과 다릅니다. 규정 없이 지급하면 국세청에서 '법인 돈을 마음대로 인출했다'고 보고 비용 처리를 안 해줍니다. 하지만 제대로 플랜을 짜면 네 가지 강력한 효과가 있습니다.

대표: 퇴직금이 네가지 효과나 있다구요?

1. 세금과 보험료, 두 마리 토끼를 잡는 효과

컨설턴트: 첫째로, 소득세가 파격적으로 줄어듭니다. 월급이나 상여는 다른 소득과 합산되어 최고 45%까지 세금을 떼지만, 퇴직소득은 '분류과

세'라고 해서 따로 떼어 계산하거든요. 훨씬 낮은 세율이 적용되죠. 둘째로, 퇴직금에는 건보료나 국민연금이 붙지 않습니다. 수억 원을 가져가셔도 준조세 부담이 전혀 없습니다.

대표: 오, 건보료가 안 붙는다는 건 솔깃하네요. 그럼 법인 입장에서는 손해 아닙니까?

2. 법인세와 상속·증여세까지 해결

컨설턴트: 오히려 법인에게도 이득입니다. 셋째 효과가 바로 법인세 절감입니다. 퇴직금을 비용으로 처리하니까 법인세가 줄어들죠. 그리고 넷째로는 대표님이 고액의 퇴직금을 수령하시면 법인의 자산이 줄어들면서 회사 주식 가치가 뚝 떨어집니다.

대표: 주식 가치가 떨어지는 게 왜 좋은 거죠?

컨설턴트: 자녀분에게 회사를 물려주거나 주식을 증여할 때 세금이 훨씬 줄어들기 때문입니다. '합법적인 비용화'를 통해 승계 비용을 낮추는 전략인 셈이죠.

3. 급여와 퇴직금의 관계 설정

대표: 그럼 나중에 퇴직하기 직전에만 퇴직금을 왕창 책정하면 되겠네요?

컨설턴트: 그게 마음대로 안 됩니다. 임원의 퇴직금은 '퇴직 전 3년간 평균 연봉'을 기준으로 계산되거든요. 그래서 제가 아까 말씀드린 '적정 보수 인상 플랜'이 병행되어야 합니다. 지금부터 급여를 단계적으로 높여놓아야, 나중에 수령할 퇴직금의 법적 한도(배수)가 커지면서 많은 금액을

안전하게 가져오실 수 있습니다. 퇴직전 갑자기 급여를 확 높이 올리면 과세당국에서 좋지 않게 보거든요.

대표: 음, 당장 규정을 만들어서 퇴직금을 3배, 5배 이렇게 설정해두면 되겠네요?

컨설턴트: 마음은 이해하지만, 세법에서 인정하는 한도가 있습니다. 무엇보다 이 모든것은 '정관'에 근거 규정이 있을 때만 유효합니다. 규정 없이 마음대로 지급하거나 세법 한도를 넘기면, 국세청은 이를 '부당행위'로 간주해 세금을 추징합니다.

대표: 우리 정관에 퇴직금 배수가 몇 배로 되어 있더라...잘 모르겠네요.

컨설턴트: 대부분의 표준 정관은 대표님께 불리하게 되어 있는 경우가 많습니다. 지금 바로 정관의 임원 퇴직금 지급 배수(2배수, 3배수 등)를 확인해 보셔야 합니다. 제가 대표님 회사의 정관을 분석해서, 최대 몇 배수까지 세무 리스크 없이 설정 가능한지 진단해 드리겠습니다.

6. CEO 퇴직소득 한도관련 BR 핵심 포인트

■ 임원 퇴직소득 한도

소득세법 22조3항(대통령령으로 정하는 임원의 퇴직소득 금액(2011년 12월31일에 퇴직하였다고 가정할 때 지급받을 퇴직 소득금액있는 경우에는 그 금액을 뺀 금액을 말한다) **이 다음 산식에 따라 계산한 금액을 초과하는 경우에는 제 1항에도 불구하고 그 초과금액은 근로소득으로 본다)**

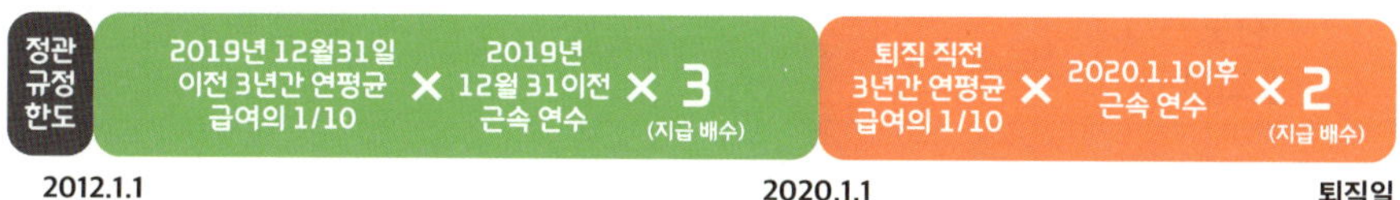

■ 임원 퇴직금과 세금

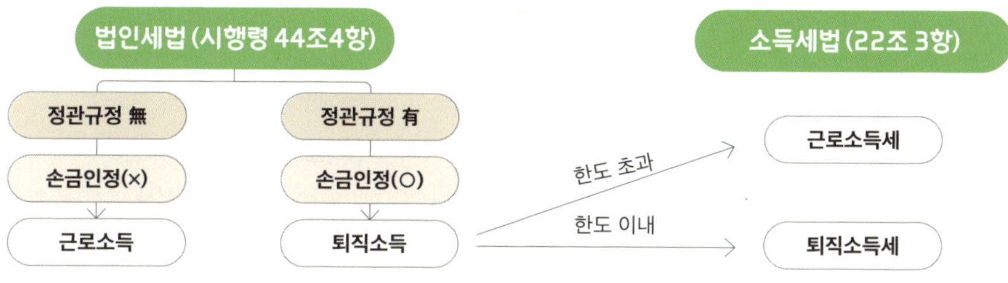

[임원 퇴직금 지급 규정 및 세무상 한도 요약]

임원의 퇴직금은 일반 직원과 달리 법에서 정한 '한도'가 있으며, 이 한도를 어떻게 설정하느냐에 따라 비용 인정 여부가 결정됩니다

1. 퇴직금 지급액의 결정 (정관의 중요성)

- **원칙:** 정관 또는 정관에서 위임한 '임원 퇴직급여 지급 규정'에 기재된 금액을 지급합니다.
- **규정이 없는 경우:** 정관에 관련 규정이 없다면 법정 한도(최근 1년 연봉의 1/10 × 근속연수)만 지급할 수 있으며, 이를 초과하여 지급하면 세무상 문제가 발생합니다.

2. 세무상 인정 한도와 과세 체계

지급 규정이 있더라도 세법에서는 '퇴직소득'으로 인정하는 범위에 제한을 둡니다.

구분	세무상 처분	적용 세율	비고
한도 내 지급액	퇴직소득 인정	퇴직소득세 (낮음)	분류과세, 건보료 제외
한도 초과분	근로소득 간주	종합소득세 (높음)	타 소득 합산, 건보료 부과

- **2019년 12월 31일 이전 근속분:** 정관 규정에 따른 배수(보통 3배수 등) 인정
- **2020년 1월 1일 이후 근속분:** 지급 배수가 아무리 높더라도 세법상 2배

3. 한도를 위반하거나 규정이 없을 때의 리스크

- **법인세 추징:** 정관에 근거가 없거나 과도하게 책정된 퇴직금은 법인의 '비용'으로 인정되지 않습니다(손금불산입). 따라서 줄어들었던 법인세가 다시 부과됩니다.
- **소득세 재계산:** 퇴직소득으로 신고했더라도 한도를 초과하거나 규정이 미비하면 전액 '근로소득'으로 재분류되어, 대표님께 수천만 원에서 수억 원의 추가 소득세가 청구될 수 있습니다.
- **가지급금 발생:** 최악의 경우, 적법하지 않게 가져간 돈으로 간주되어 법인에 갚아야 할 '가지급금'으로 처리될 위험이 있습니다.

컨설턴트의 핵심 요약

대표님 회사의 정관에 임원 퇴직금 지급 규정 별도 위임 조항이 있는지, 그리고 그 별도 규정에서 배수를 어떻게 정의하고 있는지 확인이 필요합니다. 규정 문구 중 세무조사 시 문제가 될 만한 부분이 있는지 검토해 보셔야 합니다.

화법으로 마스터하기 (퇴직소득세 한도)

컨설턴트: 대표님, 퇴직금을 '얼마나 받느냐'보다 더 중요한 게 있습니다. 바로 '어떤 명목으로 받느냐'입니다. 이게 잘못되면 퇴직금이 아니라 '세금 폭탄'이 될 수 있거든요.

대표: 아니, 내 회사에서 내가 고생해서 나갈 때 돈 좀 챙겨가겠다는데, 국가가 왜 감놔라 배놔라 하는 겁니까?

컨설턴트: 그 마음 충분히 이해합니다. 하지만 세법은 냉정합니다. 임원 퇴직금은 크게 '세법상 퇴직소득 한도'와 '법인 정관상 지급 한도' 두 가지를 동시에 보셔야 합니다.

1. 규정 없으면 '법정 한도'뿐... 나머지는 다 세금입니다

대표: 우리 회사는 정관에 그냥 '퇴직금 지급할 수 있다'로 되어 있을 텐데, 그럼 문제없죠?

컨설턴트: 그게 제일 위험합니다! 구체적인 '임원 퇴직급여 지급 규정'이 없으면, 세법은 대표님을 그냥 일반 사원처럼 봅니다. 그러면 '최근 1년 연봉의 10% × 근속연수'만 퇴직금으로 인정해 줍니다. 이걸 넘겨서 가져가시면 국세청은 '이건 퇴직금이 아니라 보너스(근로소득)네!'라며 엄청난 세금을 때리게 됩니다.

2. 2배수? 3배수? 왜 복잡하게 나누나요?

대표: 아까 2배수니 3배수니 하시던데, 그건 또 무슨 소립니까? 높을수록 좋은 거 아닌가요?

컨설턴트: 여기서 전략이 필요합니다.

- **세법상 한도(2배수):** 2020년 이후 근무분에 대해서는 아무리 정관에 높게 써놔도 2배수까지만 '퇴직소득세'를 매깁니다.
- **정관상 한도(3배수 이상):** 만약 정관에 3배수로 정해두셨다면, 3배수까지 지급은 가능합니다. 법인 입장에서는 3배수 전액을 비용으로 처리해 법인세를 줄일 수 있죠. 다만, 2배수를 초과하는 나머지 '1배수'에 대해서는 대표님이 퇴직소득세가 아닌 높은 '근로소득세'를 내셔야 한다는 차이가 있습니다.

3. 잘못하면 '가지급금' 독화살이 되어 돌아옵니다

대표: 에이, 설마 세무서에서 그렇게 꼼꼼하게 다 보겠어요?

컨설턴트: 대표님, 이게 단순히 세금 좀 더 내고 끝나는 문제가 아닙니다. 만약 규정도 없이 과도하게 가져가시면 '부당행위계산부인'에 걸립니다.

1. 법인은 비용 처리가 안 돼서 법인세를 다시 내야 하고,
2. 대표님은 퇴직금이 근로소득으로 잡혀 수억 원의 세금을 더 낼 수 있습니다.
3. 심지어 적법하지 않게 가져간 돈이라며 '가지급금'으로 판정 받으면, 회사에 그 돈을 다 뱉어 내고 이자까지 물어야 하는 최악의 상황이 옵니다.

대표: 생각보다 무섭네요. 그럼 당장 뭘 확인해야 합니까?

컨설턴트: 가장 먼저 대표님 회사의 정관에 '임원 퇴직금 지급 규정은 별도로 정한다'는 위임 조항이 있는지 보셔야 합니다. 그리고 그 '별도 규

정'이 2020년 세법 개정안을 반영해서 업데이트되어 있는지가 핵심입니다. 정관 좀 볼 수 있을까요?

컨설턴트의 핵심 요약

정관 규정 유무가 세금의 성격을 결정합니다. 별도의 '임원 퇴직급여 지급 규정'이 없으면 일반 사원 수준(1배수)만 퇴직소득으로 인정되며, 초과액은 세부담이 훨씬 큰 근로소득(상여)으로 간주되어 세금 폭탄을 맞을 수 있습니다. 당장 정관을 확인해 보세요.

7. 퇴직연금 제도와 퇴직금제도의 BR 핵심 포인트

■ 퇴직연금제도와 퇴직금 제도의 비교

구분	퇴직연금 제도	퇴직금 제도
적립 위치	외부 금융기관 **(실제 예치)** (DB,DC,기업형IRP)	기업 내부 **(장부상)**
수급 안정성	기업 도산과 무관하게 안전	기업 도산 시 위험
수령 형태	**IRP 계좌** 이체 후 연금 또는 일시금 선택 가능	**IRP 계좌** 이체 후 연금 또는 일시금 선택
개인 세제 혜택	운용 수익 비과세 및 연금 수령 시 감세	퇴직금 IRP로 이체 후 연금 수령시 감세(퇴직연금과 동일)
법인의 장단점	당해연도 **비용** 처리 **회사긴급자금** 활용불가	당해연도 **비용** 불가 → **퇴직금** 지급시 일시 비용처리 **회사긴급자금** 활용가능

회사 상황에 맞는 제도 선택과 금융상품 선택이 필요

[퇴직연금과 퇴직금 제도 비교]

퇴직급여제도의 장단점을 파악한 후 이원화 전략을 구사하는것도 필요합니다
근로자는 '안정', 사장님은 '유연'

1. 근로자: 퇴직연금제도 (DB/DC) 도입 권장

- **목적:** 수급권 보호를 통한 노사 신뢰 구축 및 법인의 매년 비용 처리.
- **근로자 혜택:** 퇴직금이 외부 기관에 안전하게 예치
- **법인 혜택:** 매년 납입 시 즉시 법인세 절감 효과.

2. 대표님(임원): 퇴직금 제도 (내부 유보) 유지 권장

- **자금 운용의 극대화:** 고액의 퇴직 재원을 외부에 묶어두지 않고, 회사의 긴급 운영자금이나 시설 투자 등 경영에 유연하게 활용 가능.

- **리스크 방지:** 불황 시에도 퇴직연금을 강제로 납입해야 하는 고정비 부담과 유동성 리스크를 차단.
- **동일한 절세:** 퇴직금 제도로 운영하더라도 IRP 계좌로 지급받으면 퇴직연금과 동일한 연금 수령 절세 혜택을 누릴 수 있음.
- 법인의 경우도 대표님 퇴직 시점에 퇴직금은 법인의 비용으로 처리됨

3. 대표님을 위한 '임원 맞춤형 퇴직금 플랜'의 핵심

- **반드시 별도 적립:** 퇴직금 제도가 자금 활용엔 유리하지만, 준비 없이 은퇴 시점에 거액을 일시 지급하면 회사 자금 흐름에 치명타를 줄 수 있습니다.
- **전략적 준비:** 사내 퇴직금 제도를 유지하면서도, 대표님의 퇴직 명목으로 별도의 자산(법인 보험 등)을 사내에 적립하여 은퇴와 경영권 승계 재원을 체계적으로 마련해야 합니다.

컨설턴트의 핵심 요약

직원에게는 안정적인 복지(연금)를 제공하고, 대표님은 경영의 유연성(사내 퇴직금)을 확보하는 것이 법인 재무 최적화의 핵심입니다.

화법으로 마스터하기 (퇴직연금과 퇴직금제도)

컨설턴트: 대표님, 요즘 직원들 퇴직금 관리는 어떻게 하고 계십니까? 이제 회사 규모도 커졌으니, 근로자와 임원의 퇴직급여 체계를 분리하는 '이원화 전략'을 반드시 고민하셔야 합니다.

대표: 이원화요? 따로 관리하면 복잡하기만 할 것 같은데, 굳이 왜 나눠야 합니까?

컨설턴트: 그게 바로 많은 대표님이 놓치시는 포인트입니다. 근로자에게는 '퇴직연금'이 약이지만, 대표님께는 오히려 '독'이 될 수 있기 때문입니다.

1. 근로자에게 퇴직연금은 '신뢰'와 '절세'의 도구

대표: 매달 외부 금융기관에 돈을 넣는 게 법인 입장에서는 자금 압박 아닌가요? 나중에 나갈 때 한꺼번에 주는 게 편하죠.

컨설턴트: 당장 현금 흐름은 그렇게 느끼실 수 있습니다. 하지만 세무적으로는 퇴직연금이 훨씬 유리합니다. 퇴직금 제도는 직원이 실제 나갈 때만 비용 처리가 되지만, 퇴직연금은 매달 불입할 때마다 전액 비용(손금)으로 인정받아 매년 법인세를 즉각 낮춰줍니다. 게다가 직원들에게 '회사가 망해도 내 퇴직금은 안전하다'는 확신을 주니 인재 확보에 필수적입니다.

2. 퇴직연금의 무서운 '강제성' vs 사내 퇴직금의 '유연성'

대표: 그럼 나도 똑같이 퇴직연금에 가입해서 보호받으면 좋은 거 아닌가요? 안전하고 좋잖아요.

컨설턴트: 대표님, 퇴직연금의 가장 무서운 점은 바로 '강제성'입니다. 퇴직연금은 회사가 적자가 나고 현금이 마른 상황이라도 빚을 내서라도 무조건 기일 내에 불입해야 할 법적 의무가 있습니다. 만약 불입이 늦어지면 지연 이자까지 물어야 하죠. 경영 상황이 늘 좋을 수만은 없는데, 대표님 몫의 고액 퇴직연금까지 매달 빚을 내서 넣으실 건가요?

대표: 아니, 회사가 어려운데 내 연금까지 빚내서 넣어야 한다니... 그건

좀 부담스럽네요.

컨설턴트: 맞습니다. 그래서 대표님은 '사내 퇴직금 제도'를 활용하셔야 합니다. 사내 제도는 자금을 퇴직연금에 묶어두지 않고 회사의 시설 투자나 비상 자금으로 유연하게 활용할 수 있습니다. 회사가 어려울 땐 유동성을 확보하고, 좋을 때 적립하는 경영의 묘미를 살릴 수 있는 것이죠.

대표: 비상자금으로 쓸 수 있다는 것이 매력적이긴 하네요.

3. 지급 배수와 승계 전략의 극대화

컨설턴트: 또한, 퇴직연금은 보통 1배수 기준이지만, 사내 제도는 정관 정비를 통해 2배수, 3배수 설정이 가능합니다. 은퇴하실 때 가장 낮은 세율(퇴직소득세)로 수억 원의 법인 자금을 가져오실 수 있는 유일한 통로입니다.

대표: 배수를 높여서 가져가는 건 좋은데, 그러면 회사 현금이 일시에 너무 많이 빠져나가는 것 아닌가요?

컨설턴트: 그게 바로 장점이 될 수 있습니다. 대표님이 은퇴하실 때 거액의 퇴직금을 일시에 수령하시면 법인의 순자산 가치가 뚝 떨어집니다. 회사 주식 가치가 낮아지는 순간이죠. 이때 자녀에게 주식을 증여하거나 승계하면 상속·증여세를 획기적으로 줄일 수 있습니다.

컨설턴트의 핵심 요약

1. **근로자:** 퇴직연금 (외부 적립) → '비용 처리와 신뢰'
   - 매달 납입 시 즉시 법인세 비용(손금)으로 인정받아 절세 효과가 큽니다.
   - 외부 금융기관에 예치되므로 회사가 어려워도 직원의 수급권이 보장되어 노사 신뢰를 높입니다.
2. **임원:** 사내 퇴직금 (내부 보유) → '유동성과 유연성'
   - 퇴직연금처럼 매달 강제 불입할 의무가 없어, 회사의 비상 자금이나 시설 투자 등에 자금을 유연하게 운용할 수 있습니다.
   - 경영 상황에 따라 적립 시기를 조절할 수 있어 법인의 자금 압박을 최소화합니다.
   - 퇴직시 일시에 비용으로 인정받아 법인세 절세도 가능합니다

8. 퇴직금 계산과 BR 핵심 포인트

■ 임원 퇴직금 예시

정관에 퇴직금 (2배수) 지급 규정 존재

2012. 1.
창업(50세)

2032. 1.
퇴직(70세)

평균 급여	근속연수	지급배수	퇴직금	준비기간	준비금액
1.2억 원	20년	2배	4.8억 원	10년	월 400만원
2.4억 원			9.6억 원		월 800만원
3.6억 원			14.4억 원		월 1200만원

(예상퇴직금 : 퇴직직전 3년간 연평균급여X10%X근속연수 X 정관에 정한 퇴직금 배수)

[대표님의 퇴직금은 얼마인가요?]

대표님의 퇴직금이 얼마나 되는지, '얼마'를 준비해야하는지에 대한 점검은 필수입니다

1. 정관 규정 유무에 따른 퇴직금 차이 (연봉 1.2억, 20년 근속 기준)

- **규정 없을 때:** 일반 사원과 동일한 1배수 적용 → 약 2억 4,000만 원 (은행원 퇴직금 7~10억 대비 현저히 낮음)
- **규정 있을 때(2배수):** 정관에 임원퇴직금 규정 마련 시 → 약 4억 8,000만 원
- **미래 가치:** 연봉 인상(예: 3.6억)과 근속 연수가 더해지면 최대 14.4억 원 이상까지 수령 가능 (은퇴 자금 및 승계 재원으로 활용)

2. 퇴직금 액수를 결정하는 핵심 변수

- **퇴직 직전 3년 평균 연봉:** 퇴직금은 은퇴 직전의 급여에 크게 좌우되므로, 전략적인 급여 인상 계획이 병행되어야 합니다.

- **지급 배수:** 세법상 인정되는 범위 내에서 정관에 명확한 배수(2배수 등)가 명시되어야 합법적으로 고액 수령이 가능합니다.

3. '부채 상환'보다 우선되어야 할 '별도 적립'

- **심리적 함정:** 많은 대표님이 부채 상환이나 사업 투자를 이유로 퇴직금 적립을 미룹니다. 하지만 사업자에게 부채는 늘 존재하는 것이므로, 이와 무관하게 미래를 위한 독립된 자산을 반드시 확보해야 합니다.
- **실행 방안:** 예컨대 10년 뒤 4.8억 원 퇴직금은 매월 400만 원 수준을 전용 상품으로 별도 관리해야 은퇴 시 자금난을 피할 수 있습니다.

화법으로 마스터하기 (퇴직금 계산과 적립액)

컨설턴트: 대표님, 평생 일구신 이 회사에서 은퇴하실 때 퇴직금은 얼마나 생각하고 계십니까?

대표: 글쎄요, 내 회사인데 내가 가져가고 싶은 만큼 많이 가져가면 안 됩니까?

컨설턴트: 마음은 충분히 이해합니다만, 세법은 냉정합니다. 만약 현재 대표님 급여가 1억 2천만 원인데 별도의 퇴직금 규정이 없다면, 20년을 근무하셔도 퇴직금은 약 2억 4천만 원에 불과합니다.

1. 정관 규정과 지급 배수의 마법

대표: 20년을 고생했는데 겨우 2억 대라고요? 요즘 은행원들도 수억씩 받는다는데 너무 적은 거 아닙니까?

컨설턴트: 맞습니다. 그래서 '정관'이 중요합니다. 정관에 임원 퇴직금 2

배수 규정만 마련해두셔도 퇴직금은 즉시 4억 8천만 원으로 뜁니다. 만약 퇴직 전 연봉을 3.6억까지 점진적으로 올린다면 14.4억까지도 가능하죠. 이 정도는 되어야 은퇴자금으로 사용 하지 않겠습니까?

2. 부채 상환이 먼저라는 대표님

대표: 말은 좋은데, 지금 은행 이자가 얼만데 퇴직금을 쌓아둡니까? 일단 회사 빚부터 갚는 게 순서지.

컨설턴트: 대표님, 사업하시면서 부채가 '0'이었던 적이 있으셨나요? 사업자에게 부채는 평생 함께 가는 동반자입니다. 빚 갚는 데만 집중하다 보면 회사는 남을지 몰라도 대표님 노후는 사라집니다. 부채 상환과 별개로 대표님만을 위한 '독립된 자산'은 반드시 지금부터 떼어 놓으셔야 합니다.

[투자 재원이 아깝다는 대표님]

대표: 매달 몇백만 원씩 묶어두는 게 아까워요. 그 돈으로 기계 하나 더 들이는 게 회사 성장에 더 이득 아닙니까?

컨설턴트: 물론 투자가 성장을 만듭니다. 하지만 준비 없이 은퇴 시점에 갑자기 10억 원이 넘는 현금을 회사에서 한꺼번에 빼내려 하면, 그때야말로 회사가 휘청거립니다. 지금 매달 일정액을 적립하는 것은 비용이 아니라, 미래의 유동성 위기를 막는 가장 확실한 '경영 전략'입니다.

컨설턴트의 핵심 요약

- **정관이 전부다:** 규정이 없으면 대표님은 '사장님'이 아닌 '일반 사원' 대우를 받습니다.
- **연봉 설계가 핵심:** 퇴직금은 은퇴 직전 3년 연봉이 결정하므로 전략적 인상이 필요합니다.
- **별도 적립은 필수:** 10년 뒤 고액의 퇴직금을 만들려면 지금부터 월 일정액을 사장님 전용 플랜으로 준비해야 합니다.

대표님, 지금 바로 확인해 보시겠습니까? 대표님 연봉은 얼마나 되세요? 정관에 임원 퇴직금 규정은 있으시나요? 별도의 적립도 시작하십시오. 제가 바로 점검해 드리겠습니다.

9. 퇴직금 재원 마련과 BR 핵심 포인트

■ 퇴직금 재원 마련 방법

법인의 현실

- 대표의 퇴직금 지급을 위한 금융 상품을 별도로 준비하는 회사는 극히 소수
- 회사의 자산 중 금융자산 보유 비율 저조(부채 ↑)

금융상품 가입

은행 금융 상품

• (단기회사운영)사용 가능성 ↑
• 매년 (적립액 자산화) 법인세 증가 ↑
• (대표 리스크시)퇴직재원 사용한계

종신보험 OR 정기보험

• (장기 퇴직금)사용 가능성 ↑
• 상품에 따라 일부 OR전부(비용可)
• 회사 긴급시 (자금활용가능)
• 대표 (위험) 대비 가능

[퇴직금 재원 마련 방법 비교]

1. 퇴직금 재원 마련의 현실

정관에 법인 임원 퇴직금제도가 아무리 잘 준비되어 있어도 준비 없는 퇴직금은 기업 경영의 시한폭탄이라는 점입니다.

- **잠재적 부채의 현실화:** 평소에는 장부에 나타나지 않지만, 대표님 퇴직 시점에 수억 원의 현금이 한꺼번에 빠져나가는 것은 기업에 큰 재무적 충격(유동성 위기)을 줍니다.
- **비용 처리의 불균형:** 퇴직 시점에 한꺼번에 비용 처리를 하려 하면, 해당 연도의 이익을 초과하여 세무상 손실이 발생하거나, 한도 초과로 인해 전액 비용 인정을 받지 못할 위험도 있습니다.

2. 예적금 vs 보험(경영인정기보험) 비교 요약

구분	예적금 (단순 적립)	보험 (종신보험 or 정기보험)
핵심 성격	자산의 축적 (단순 저축)	비용의 활용 (절세형 적립)

구분	예적금 (단순 적립)	보험 (종신보험 or 정기보험)
법인세 절감	효과 없음 (자산으로 적립)	매년 절감 가능 (보험료 비용 처리)
CEO 유고 리스크	적립한 원금만큼만 회수 가능	거액의 사망보상금으로 법인/유족 보호
자금 집행의 목적성	중도 인출이 쉬워 타 용도로 전용되기 쉬움	퇴직 시점에 맞춰 환급금으로 목적 자금 확보
세무 안전성	퇴직 시점에 일시적 비용 부담 큼	매년 비용을 분산하여 세무 리스크 최소화

3. 결론 및 제안

효율적인 자금 운용과 리스크 관리를 위해서는 보험 형태가 법인에 훨씬 유리함이 있습니다

- **법인세 혜택:** 예적금은 세금을 다 내고 남은 돈을 모으는 것이지만, 보험은 보험료만큼 이익을 줄여 세금을 덜 내면서 모으는 방식입니다. (국가 재원을 일부 활용하는 효과)
- **리스크 대비:** 대표님의 갑작스러운 부재 시, 보험은 즉시 현금(보험금)을 제공하여 가업 승계나 상속세 재원, 회사운영자금으로 활용될 수 있습니다.
- **지급 규정의 중요성:** 어떤 방법을 선택하든 혜택을 온전히 누리려면 법인 정관에 임원 퇴직금 지급 규정이 완벽히 정비되어 있어야 합니다.

컨설턴트의 핵심 요약

현금을 단순히 쌓아두기보다는 비용 처리가 가능한 보험 상품을 통해 절세와 보장, 퇴직금 마련이라는 세 마리 토끼를 잡는 전략을 권장드립니다.

화법으로 마스터하기 (퇴직금 재원 마련 금융상품)

컨설턴트: 대표님, 요즘 회사 성장이 가파른데 혹시 대표님 은퇴 시점에 가져가실 '퇴직금'은 어디에 어떻게 쌓아두고 계십니까?

대표: 퇴직금요? 뭐 따로 준비합니까? 우리 회사 통장에 현금도 좀 돌고 있고, 나중에 나갈 때 법인 돈에서 꺼내 쓰거나 정 안 되면 적금 하나 들어서 가져가면 되는 거 아니에요? 굳이 지금부터 돈을 묶어둘 필요가 있나 싶네요.

컨설턴트: 대표님, 그게 바로 많은 경영자분이 간과하시는 '장부 밖의 시한폭탄'입니다. 퇴직금은 평소엔 안 보이다가 퇴직하는 순간 수억 원의 현금이 일시에 빠져나가는 '잠재적 부채'거든요. 아무 준비 없이 그날을 맞으면 멀쩡하던 회사도 유동성 위기에 빠질 수도 있어서 퇴직금을 못 가져 갈 수도 있지 않을까요?

대표: 그래서 내가 매달 적금이라도 좀 부을까 생각 중이에요. 내 눈에 딱 보이고 언제든 찾을 수 있는 현금이 제일 안전하잖아요. 보험은 사업하는 입장에서 돈이 묶이는 것 같아 별로입니다.

컨설턴트: 대표님, 법인세를 다 내고 남은 돈으로 적금을 들면, 시작부터 약 10~20% 손해를 보고 들어가는 셈이죠. 하지만 경영인정기보험은 다릅니다. 납입하는 보험료 전액을 법인의 '비용'으로 인정받습니다. 종신보험도 역시 일부 비용인정이 가능하구요. 나라에 낼 법인세를 아껴서 그 돈으로 대표님 퇴직금을 쌓는 것이죠. 국가 재원을 활용해 내 노후를 준비하는 전략인데, 굳이 내 생돈을 다 내고 적금을 드실 이유가 있을까요?

대표: 절세는 좋은데, 사업하다 보면 급전이 필요할 때도 있잖아요. 적금은

당장 깨서 직원 월급이라도 줄 수 있는데 보험은 그게 안 되니 답답하죠

컨설턴트: 대표님, 오히려 그 '언제든 뺄 수 있다'는 장점이 퇴직금 마련에는 치명적인 독이 됩니다. 사업하시다 보면 급한 불 끌 일이 어디 한두 번입니까? 적금은 그때마다 전용되다가 결국 은퇴 시점엔 빈 통장만 남는 경우가 태반입니다. 무엇보다 대표님, 적금은 유고 시 '넣은 원금'뿐이지만, 보험은 단 한 번만 냈어도 거액의 사망보험금이 나옵니다. 이 돈은 가족의 상속세 재원이 되거나, 대표님 부재 시 회사가 겪을 혼란을 수습할 경영권 방어 자금이 됩니다. 적금에 이런 '사망 보상 방패' 기능이 있습니까?

대표: 듣고 보니 절세도 되고 보장도 된다는 게 설득력이 있네요.

핵심 비교 요약표 (대표님 브리핑용)

구분	예적금 (단순 적립 방식)	보험 (비용 활용 방식)
핵심성격	**자산의 축적** (내 생돈 모으기)	**비용의 활용** (세금 아껴 모으기)
법인세 절감	효과 **없음** (세후 순이익으로 적립)	**매년 즉시 절감** (보험료 손금 산입)
CEO 유고 리스크	적립한 원금만큼만 회수 가능	**거액의 보상금** 발생 (법인/유족 보호)
자금의 목적성	타 용도로 전용되어 소진 위험	퇴직 시점에 맞춰 **재원 강제 확보**
세무 안전성	퇴직 시 일시 비용 발생으로 조사 타겟	매년 비용 분산으로 **세무 리스크 최소화**

컨설턴트의 핵심 요약

대표님, 단순히 현금을 쌓아두는 것은 가장 비효율적인 경영 방식입니다. **비용 처리가 가능한 보험 상품을 통해 절세, 보장, 퇴직금 마련이라는 세 마리 토끼를 잡으십시오.** 이것이 현명한 CEO의 자산 관리법입니다.

10. 배당 플랜과 BR핵심 포인트

■ 주주 배당 플랜

배당 장점(필요성)	배당 종류와 방법	활용 방안
법인자산 개인화 미처분잉여금 축소 (증여 상속세 절세) 소득 분산 절세 (급여중심 배당분산)	현금 배당/현물배당 결산 배당/중간배당 균등 배당/차등배당	① 매년 일정액을 지속적으로 배당하여 절세 및 자금확보 ② 주식 분산(증여)후 배당으로 자녀 or 배우자 자금출처확보 ③ 결산 배당 외에 중간 배당을 활용하여 긴급자금 확보 ④ 관계 법인 또는 자녀 법인에 차등 배당을 활용하여 효율적 자산관리 → 관계 법인 배당시 배당소득세가 아닌 법인세 납부 → 母법인의 자산 감소와 子법인 자산 증가 효과(승계활용) → 단, 子법인 배당으로 인한 주주 1인당 이익이 연간 1억↓ 배당 (주주 1인당 1억 초과시 증여세 부담)

효율적 배당 설계를 위한 정관 규정 점검과 보완이 필요하며,
2000만원 초과시 금융소득 종합과세됨을 감안하여 주식분산과 적정 배당 정책 실행

[주주 배당의 활용성]

1. 배당의 필요성 (장점)

배당은 법인의 이익을 주주에게 환원하는 과정으로, 다음과 같은 중요한 장점이 있습니다.

- **법인 자산의 개인화:** 법인에 쌓인 자산을 합법적으로 개인 자산으로 전환할 수 있습니다.
- **미처분이익잉여금 축소:** 과도하게 쌓인 이익잉여금은 기업 가치를 높여 증여나 상속 시 세금 부담을 키웁니다. 배당을 통해 이를 적절히 축소하면 증여·상속세를 절세할 수 있습니다.
- **소득 분산 및 절세:** 급여에만 의존하던 소득원을 배당으로 분산하여 전체적인 소득세 부담을 낮출 수 있습니다.

2. 배당의 종류와 방법

상황에 따라 다양한 배당 방식을 선택할 수 있습니다.

- **지급 수단에 따라:** 현금으로 지급하는 현금 배당과 주식이나 물건 등으로 지급하는 현물 배당이 있습니다.
- **시기에 따라:** 정기 주주총회에서 결정하는 결산 배당과 회계연도 중에 이사회의 결의로 실시하는 중간 배당이 있습니다.
- **비율에 따라:** 지분율에 따라 똑같이 배당하는 균등 배당과 주주별로 배당률을 달리하는 차등 배당이 있습니다.

3. 배당 활용 방안 (절세 및 자금 확보)

① **지속적 배당:** 매년 일정액을 정기적으로 배당하여 효율적으로 자금을 확보하고 세금을 관리합니다.

② **자금출처 확보:** 자녀나 배우자에게 주식을 증여(분산)한 후 배당을 실시하면, 가족의 합법적인 자산 형성 근거(자금출처)를 마련해 줄 수 있습니다.

③ **긴급자금 활용:** 결산기 외에도 중간배당을 활용하여 필요한 시기에 긴급자금을 확보할 수 있습니다.

④ **관계 법인 활용:** 관계 법인이나 자녀 법인에 차등 배당을 활용하면 효율적인 자산 이전이 가능합니다

- 법인에 배당을 하게 되면 배당소득세가 아닌 법인세를 납부하게 되어 유리할 수 있습니다.
- 모법인의 자산을 줄이고 자법인의 자산을 늘리는 효과가 있어 가업 승계 등에 활용됩니다. (단, 주주 1인당 이익이 연간 1억 원 초과 시 증여세 부담이 발생할 수 있으니 주의가 필요합니다.)

4. 배당방법

- 세무사와 상의 후 이사회와 주총의 형식적 요건을 갖춰주세요.

컨설턴트의 핵심 요약

- **정관 점검 필수:** 효율적인 배당 설계를 위해서는 반드시 회사의 정관 규정을 먼저 확인하고 보완해야 합니다.
- **종합과세 유의:** 금융소득(이자·배당)이 2,000만 원을 초과할 경우 금융소득 종합과세 대상이 되므로, 주식 분산과 적정 배당 정책을 통해 세무 리스크를 관리해야 합니다.

정기적인 배당은 대표님의 개인 자산화와 법인의 세무 건강을 위한 필수적인 전략입니다. 구체적인 실행을 위해 전문가의 검토를 받아보시길 권장합니다.

화법으로 마스터하기 (배당 전략)

컨설턴트: 대표님, 요즘 회사에 이익이 많이 쌓였는데 혹시 그동안 '배당'은 좀 해보셨나요?

대표: 배당요? 그거 상장회사나 하는 거 아닙니까? 우리 같은 회사는 그냥 월급 받고, 급하면 가수금 넣었다 뺐다 하는 거지 배당이 정확히 뭔지도 잘 모릅니다. 괜히 세금만 더 내는 거 아니에요?

1. 배당의 기초와 중간 배당 – 결산 때까지 기다릴 필요 없습니다

컨설턴트: 맞습니다. 세금 걱정부터 드는 게 당연하죠. 하지만 배당은 법인의 수익을 주인인 대표님이 가져오는 가장 정당한 방법입니다. 보통 1년에 한 번 결산 때만 한다고 생각하시는데, '중간 배당'을 활용하면 회계연도 중간에 필요할 때에 자금을 회수할 수 있습니다.

대표: 중간에요? 돈 필요할 때마다 월급 올리는 것보다 낫나요?

컨설턴트: 그럼요. 급여는 건강보험료와 높은 근로소득세율이 적용되지만, 배당은 전략적으로 시기를 나누면 전체적인 세부담을 훨씬 낮출 수 있습니다.

2. 현물 배당의 활용 – 현금이 없어도 배당할 수 있습니다

대표: 그런데 지금 회사에 현금이 넉넉지 않아요. 설비 투자도 해야 하고 원자재 값도 올랐는데, 배당할 현금이 어디 있습니까.

컨설턴트: 대표님, 배당은 꼭 현금으로만 해야 하는 게 아닙니다. '현물 배당'이라는 방법이 있어요. 회사가 보유한 주식이나 부동산, 심지어 지식재산권, 또는 보험 같은 자산으로도 배당할 수 있습니다.

대표: 현금 대신 물건으로 준다? 그건 신선하네요.

컨설턴트: 네, 현금 유동성을 확보하면서도 법인의 자산을 대표님이나 가족에게 이전할 수 있는 아주 유용한 카드입니다.

3. 법인 주주를 통한 차등 배당 – 세금을 법인세로 돌려 막는 고도의 전략

대표: 근데 아까 지분 분산해서 가족들 주면 좋다고 하셨잖아요. 그래도 결국 개인 소득세가 높으면 차이가 없는 것 아닙니까?

컨설턴트: 그래서 요즘 똑똑한 대표님들은 자녀가 주주인 '가족 법인(개인 유사 법인)'을 세워서 그 법인에 차등 배당을 합니다.

대표: 개인한테 안 주고 법인한테 준다고요? 그게 뭐가 좋아요?

컨설턴트: 핵심은 세목의 변경입니다. 개인 주주가 배당을 받으면 최고

49.5%의 소득세를 걱정해야 하지만, 법인 주주가 배당을 받으면 훨씬 낮은 법인세만 내면 됩니다.

대표: 아, 소득세 대신 법인세를 낸다? 훨씬 싸겠네요!

컨설턴트: 그렇죠. 그렇게 자녀 법인으로 넘어간 돈은 자녀 법인 자금이 되고 결국 주주인 자녀 몫이 됩니다. 자녀법인의 사업자금이 되기도 하고, 급여나 배당의 재원이 되기도하여 자연스럽게 자녀 법인 성장 자금으로 활용이 됩니다. 결국 증여세 절세 효과가 극대화됩니다. 소위 '부의 이전'을 위한 고속도로를 까는 셈입니다.

4. 정관 정비와 실행 전략 – 이 모든 건 정관에서 시작됩니다

대표: 듣고 보니 현금 없어도 되고, 자녀 법인 활용하면 세금도 줄고... 안 할 이유가 없네요. 근데 왜 주변에선 아무도 안 하죠?

컨설턴트: 현금 배당이야 쉽게 할 수 있지만 다른 배당 방법은 절차가 까다롭고, 무엇보다 '정관'에 이런 내용이 없으면 다 불법으로 간주되기 때문입니다. 현물 배당이나 중간 배당, 차등 배당 모두 정관에 근거 규정이 반드시 있어야 합니다.

대표: 우리 정관은 설립 때 받은 그대로인데, 아마 없을 겁니다. 그럼 뭐부터 하면 됩니까?

컨설턴트: 우선 제가 대표님 회사의 정관과 주주 명부를 검토하겠습니다. 현물 배당이 가능한지, 자녀 법인을 활용한 차등 배당 시나리오가 얼마나 세금을 아껴줄 수 있는지 시뮬레이션 결과를 가져오겠습니다. 정관 사본 하나만 챙겨주시죠.

컨설턴트의 핵심 요약

- **중간 배당:** 자금 회수의 시기적 유연성 확보.
- **현물 배당:** 현금 유출 없이 법인 자산(주식, 부동산 등)을 개인화.
- **차등 배당(법인 주주 활용):** 고율의 소득세를 저율의 법인세로 전환하여 자녀 자산 형성 극대화.
- **필수 조건:** 정관 정비 및 전문가를 통한 세무 리스크 검토.

11. 유족보상플랜과 BR핵심 포인트

■ CEO 유족보상 플랜

CEO부채 & 법인 Risk

- 차입금 등 부채 상환위험
- 외상 매입금 상환위험
- 핵심 근로인력 이탈위험
- 단기유동성(운영자금)위험
- 회사 부도 위험

→ 최소 긴급 운영자금 확보 (3개월~6개월 운영자금)

CEO부채 & 유가족 Risk

- 대표이사 연대 보증 위험
- 유가족 생활 자금 위험
- 상속 및 가업 승계 위험 (상속세 및 납부재원)

→ 유가족 생활자금과 상속세 준비

종업원 보상 = 회사자금

- 산업재해보상보험 가입
- 단체보장성보험 추가
- 회사에서 위자료 지급

VS

CEO 보상 = 개인자금

- 산재 미가입 보상 불가
- 개인자금으로 보장 준비(?)

법인이 책임지는 CEO보장	위험의 크기 = 보장의 크기 파악	보상규정 마련	보상 자금 확보 방안	보험가입효과
	법인부채 + 단기운영자금 + @ 유족보상자금 (약 4년 연봉)	정관에 유족보상 규정마련	예적금 가입시 일정 기간 필요 법인 보험 가입즉시 보험금 활용	· 법인의 보험료 납부와 비용처리 · 합법적 절세(소득세·법인세) · 다양한 용도로 사용 가능

CEO 유족 보상 플랜

1. CEO 부재 시 발생하는 2대 핵심 리스크

CEO는 회사의 핵심 자산이기에, 부재 시 회사(법인)와 남겨진 유가족 모두에게 막대한 경제적 위협이 발생합니다.

- **법인(Business) 리스크:** 대출금 및 외상 매입금 상환 압박, 핵심 인력 이탈, 단기 유동성(운영자금) 악화로 인한 회사 부도 위험이 발생합니다
- **유가족(Family) 리스크:** CEO의 연대보증 책임 승계, 유가족 생활 자금 부족, 상속세 재원 마련 및 가업 승계의 어려움에 처하게 됩니다.

2. 근로자 vs CEO: 보상의 불균형

일반 종업원과 CEO의 보상 체계 차이와 CEO 보상의 취약성

구분	종업원 보상 (회사 자금)	CEO 보상 (개인 자금)
준비 주체	법인(회사)이 비용 부담	CEO 개인이 직접 준비
보장 항목	산재보험, 단체보험, 위자료 지급 등	법적보호 미흡, 개인 자산 의존
결론	체계적인 시스템 지원	보장 공백 발생 가능성 높음

3. 법인이 책임지는 CEO 보상 설계마련 (해결책)

리스크의 크기에 맞는 보상 규모를 산정하고, 이를 법적 테두리 안에서 준비해야 합니다.

- **규모 산정:** (법인 부채+단기 운영자금)등을 고려하여 유족 보상자금 산출.
- **준거 틀 마련:** 정관에 '유족보상 규정'을 명문화하여 법적 근거 확보.

4. 효율적인 자금 확보 방법: 예적금 vs 보험

자금을 준비하는 방법론에서 '시간'과 '효율'의 차이를 고려하셔야 합니다

- **예적금:** 목표 금액을 모으기까지 상당한 기간이 소요됨. (중간에 사고 발생 시 대처 불가)
- **법인 보험:** 가입 즉시 고액의 보상금(보장 자산)이 확보되어 즉각적인 리스크 대응 가능.

5. 법인 유가족 보장 플랜 도입 시 기대 효과

개인 자금이 아닌 법인 자금으로 준비했을 때의 경영적 이점입니다.

- **세무 이점:** 법인 보험료 납입을 통한 비용 처리(법인세 절감) 및 합법적인 소득세 절세.
- **안정성:** CEO 부재 시 즉각적인 유동성을 공급하여 회사 경영권 유지.
- **유연성:** 보상금 외에도 목적에 따라 다양한 경영 자금으로 활용 가능.

컨설턴트의 핵심 요약

CEO는 회사의 핵심 자원이므로, 사고 시 발생하는 리스크는 개인의 문제가 아닌 회사의 경영 리스크입니다. 따라서 정관 규정을 정비하고 법인 자금(보험 등)을 활용해 합법적인 절세와 유동성을 동시에 확보하는 것이 이 플랜의 핵심입니다.

화법으로 마스터하기 (유족 보상금)

1. CEO 부재 리스크 환기

컨설턴트: 대표님, 평소 회사의 자금 흐름은 꼼꼼히 챙기시지만, 만약 '대표님이라는 가장 큰 자산'에 갑작스러운 공백이 생길 경우를 대비한 리스크 안전장치는 검토해 보셨습니까?

대표: 글쎄요, 내가 없어도 회사가 돌아가지 않겠어요? 개인적으로 들어 둔 보험도 좀 있어서 별문제 없지 않을까요?

컨설턴트: 많은 대표님이 그렇게 생각하시지만 실상은 다릅니다. 대표님이 부재하시면 은행은 즉시 대출금 상환을 독촉하고, 거래처는 결제를 압박할 겁니다. 무엇보다 대표님의 연대보증 책임이 가족에게 전가되어, 상속세 및 유동성 위기로 인해 회사 문을 닫아야 하는 상황이 올 수 있습니다.

2. 종업원 vs CEO 보상의 불균형

대표: 직원들은 가입해준 산재보험이나 단체보험 같은 걸로 해결이 어느

정도 되는 것 같은데요. 매달 나가는 비용도 만만치 않아요.

컨설턴트: 바로 그 지점이 가장 큰 모순입니다. 현재 회사는 종업원을 위해서는 법인 자금으로 산재보험, 단체보험 등을 체계적으로 준비하고 있죠. 종업원 보상은 아주 잘 갖춰져 있습니다. 이는 모두 법인의 비용으로 처리되죠.

대표: 네 당연히 비용으로 처리하고 종업원들 산업재해 등에 대비해서 가입해 뒀죠?

컨설턴트: 그런데 정작 회사를 이끄는 대표님을 위한 보상은 어떻습니까? 대부분 산재 보상 대상도 아닐뿐더러, 사고 시 모든 책임을 대표님 자산으로 해결해야 합니다. 직원은 회사가 지켜주는데, 주인인 대표님은 아무런 보호막 없이 맨몸으로 리스크를 맞고 계신 셈입니다. 이제는 대표님 보상도 '개인 돈'이 아닌 '법인 돈'으로 준비하셔야 합니다.

3. 저비용 고효율 보장 자산

대표: 취지는 알겠는데, 지금 경기도 안 좋은데 굳이 지금 법인 비용을 써가며 보험까지 가입해야 할까요? 나중에 회사 여유 생기면 그때 하죠.

컨설턴트: 대표님, 리스크는 예고 없이 찾아옵니다. 자금을 준비하는 방법에는 두 가지가 있습니다. 적금은 사고 시 그동안 모은 돈뿐이지만, 보험은 가입 즉시 목표 금액이 확보됩니다. 즉, 저비용 고효율의 보장자산을 즉시 확보하는 것이 경영적으로 훨씬 유리한 선택입니다. 지금 시작하는 것이 비용을 가장 아끼는 길입니다.

4. 구체적인 준비 방법 및 실행 전략

대표: 그럼 구체적으로 어떻게 준비해야 법적으로 문제가 없습니까? 나중에 세무조사라도 나오면 골치 아픈데.

컨설턴트: 그래서 절차가 중요합니다. 단순히 보험만 드는 게 아닙니다.

1. **[정관 정비]:** 먼저 법인 정관에 '임원 유족보상 규정'을 명확히 신설해야 합니다. 그래야 지급되는 보상금이 법인 비용으로 정당하게 인정받습니다.
2. **[보상 규모 산정]:** 법인 부채와 단기 운영자금, 그리고 가족의 상속세 재원을 합산하여 적정 보상액을 산출합니다.
3. **[법인 플랜 실행]:** 법인을 계약자 및 수익자로 하여, 대표님 유고 시 즉각적인 재원이 법인으로 유입되도록 설계합니다.

5. 보험 활용 시 기대 효과

대표: 그렇게 하면 회사 입장에서 얻는 실질적인 이득은 뭡니까?

컨설턴트: 세 가지 확실한 효과가 있습니다.

- **첫째, [합법적 절세 효과]:** 납입하는 보험료를 법인 비용으로 처리(상품에 따라 다름)하여 법인세를 절감하고, 향후 지급 시에도 정당한 규정에 근거하므로 세무 리스크를 최소화합니다.
- **둘째, [경영권 방어 및 유동성]:** 사고 발생 시 거액의 현금이 법인에 유입되어 부채 상환과 경영권 방어를 동시에 할 수 있습니다.
- **셋째, [자산의 유연한 활용]:** 대표님이 건강하게 은퇴하신다면, 그동안 쌓인 적립금을 퇴직금 재원이나 경영 목적 자금으로 전환하여 유연하게

사용할 수 있습니다.

대표: 다양한 장점이 많긴 하네요.

컨설턴트: 대표님, 이것은 단순한 지출이 아니라 '법인 자산의 형태를 바꾸어 리스크를 방어하는 경영 전략'입니다. 법인의 자산을 예금과 적금만이 아닌 보험으로 바꾸어 만에 하나 있을 위험에 준비하는 것이 바람직할 것입니다. 지금 바로 위험의 크기와 상품가입과 더불어 정관 규정부터 검토해 보세요.

컨설턴트의 핵심 요약

- **보상의 불균형 해소:** 종업원은 산재·단체보험으로 보호받지만 정작 무한 책임을 지는 대표님은 무방비 상태인 경우가 많으므로, '개인 돈'이 아닌 '법인 비용'으로 대표님 전용 보호막을 구축해야 합니다.
- **경영권 방어와 유동성 확보:** 대표님 유고 시 발생하는 상속세 재원 마련과 은행의 대출 상환 압박을 가입 즉시 발생하는 고액의 보험금으로 해결하여 가족과 회사의 경영권을 안전하게 지킬 수 있습니다.
- **정관 기반의 합법적 절세:** 단순 보험 가입이 아니라 정관 내 '임원 유족보상 규정'을 신설함으로써 납입 보험료는 법인세 비용으로 인정받고, 유사시 지급되는 보상금은 세무 리스크 없이 정당하게 집행됩니다

12. 자기 주식 취득 플랜과 BR 핵심 포인트

■ **자기주식 취득 플랜**

취득목적과 세금

매매거래(손익거래)

- 소각이외 목적 취득 보유 후 매각, 임직원 상여 경영권 강화 등
- 양도세 20% (25%)

소각거래(자본거래)

- 소각 목적 취득 자본금 잉여금 감소 목적 배당과 동일한 효과
- 배당소득세 (최고 45%)

활용방안

법인 자금 주주 이전	가지급금 상환자금
배우자증여 후 매각 양도세 절세	승계비용 상속세납부 재원 활용

체크 사항

- 주식가치 및 보유 자산 확인
- 상법 및 관련 절차 준수
- 정관 확인, 이사회 주총 必
- 주주 평등의 원칙 준수
- 세무사 등 전문가 협업

[자기 주식 취득 제도]

1. 자기주식 취득의 개념

비상장 주식은 상장 주식과 달리 시장에서 매매가 어렵습니다. 이 점을 활용하여 주주가 보유한 주식을 법인에 매각하고, 법인은 그 대가로 주주에게 법인 자금을 지급하여 기업 성장의 결실을 개인화(현금화)하는 합법적인 전략입니다.

2. 취득 목적에 따른 세금 비교

주식을 취득한 후 어떻게 처리하느냐에 따라 적용되는 세율이 달라집니다.

구분	매매거래 (손익거래)	소각거래 (자본거래)
목적	보유 후 매각, 임직원 상여, 경영권 강화 등	주식 소각을 통한 자본금/ 잉여금 감소

구분	매매거래 (손익거래)	소각거래 (자본거래)
적용 세목	양도소득세	배당소득세
세율	20% (과표 3억 초과 시 25%)	최고 45% (종합과세)
특징	배당보다 낮은 세율로 자금 회수 가능	배당과 동일한 효과 발생

3. 주요 활용 방안

자기주식 취득은 단순히 현금을 확보하는 것 이상의 다양한 경영적 목적을 달성할 수 있습니다.

- **법인 자산의 주주 이전:** 기업 이익을 주주에게 효율적으로 환급.
- **가지급금 상환:** 대표이사의 개인적 부채(가지급금)를 주식 매각대금으로 정리.
- **세제 혜택 극대화:** 배우자 증여 후 매각(이월과세 방어 등)을 통한 양도세 절세 전략.
- **승계 및 상속 대비:** 가업 승계 비용 마련이나 상속세 납부 재원으로 활용.

4. 실행 전 필수 체크 사항

법적 효력을 확보하고 세무 리스크를 방지하기 위해 다음 사항을 반드시 준수해야 합니다.

- **객관적 주식 가치 평가:** 현재 주식 가치 및 보유 자산 상태를 정확히 확인.
- **상법 절차 준수:** 정관 확인, 이사회 및 주주총회 결의 등 절차상 하자 방지.
- **주주 평등의 원칙:** 특정 주주에게만 혜택이 가지 않도록 균등한 기회 부여.
- **전문가 협업:** 세무조사 등에 대비하여 세무사 등 전문가와의 정밀한 검토 필수.

컨설턴트의 핵심 요약

주식 가치가 높아졌으나 현금화가 어려운 비상장 기업에게 자기주식 취득은 매우 강력한 도구입니다. 단기적으로는 가지급금 정리, 장기적으로는 승계 재원 마련을 위해 현재 주식 가치를 평가해 보시고 적절한 실행 시점을 검토하시기 바랍니다.

화법으로 마스터하기 (자기주식 취득 플랜 활용하기)

1. 법인 자금을 합법적으로 개인화하기

컨설턴트: 대표님, 그동안 회사를 이만큼 키우느라 고생 많으셨습니다. 그런데 대표님 자산 비중을 보면 개인 통장보다 법인 장부에 쌓인 이익잉여금이 훨씬 많지 않으십니까?

대표: 맞아요. 밖에서는 부자라고 하는데 정작 내 손에 쥐는 현금은 월급뿐이죠. 법인 돈 함부로 꺼내 쓰면 가지급금 문제 생긴다고 해서 놔두고 있는데, 이거 합법적으로 개인화할 방법이 없습니까?

컨설턴트: 당연히 있습니다. 바로 대표님이 보유하신 주식을 회사에 되파는 자기주식 매각 전략입니다. 상장사처럼 대표님 주식을 법인이 사게 하고, 그 대가로 법인 자금을 대표님께 합법적으로 지급하는 방식입니다.

2. 주요 활용 방안 – 단순한 현금화 그 이상

대표: 주식을 회사에 판다니 생소하네요. 보통 어떤 경우에 이런 방법을 씁니까?

컨설턴트: 크게 세 가지 상황에서 강력한 힘을 발휘합니다.

- 첫째, 가지급금 상환으로 대표님이 회사를 운영하며 발생한 개인적 부채(가지급금)를 주식 매각 대금으로 깔끔하게 정리할 수 있습니다.
- 둘째, 승계 및 상속 재원마련입니다. 나중에 자녀에게 가업을 물려줄 때 필요한 증여세나 상속세 재원을 미리 현금으로 마련해두는 것이죠.
- 셋째, 법인 주주의 목적 자금 확보입니다. 고액의 목돈 필요시 합법적으로 확보가 가능합니다

3. 세금 비교 – 배당보다 유리한 이유

대표: 아니, 주식을 팔면 어차피 세금 내야 하잖아요. 배당받는 거랑 뭐가 다릅니까? 세금 무서워서 못 하겠어요.

컨설턴트: 대표님, 바로 그 세금 때문에 이 플랜을 쓰는 겁니다. [취득 목적에 따라 세금]이 달라 집니다 이익 소각 목적은 최고 45%의 종합소득세를 내야 하지만, 자기주식 매매거래(양도)로 진행하면 소득세가 아닌 양도소득세(20~25%)만 내면 됩니다.

대표: 자기 주식 취득 목적에 따라 세금이 달라진다는 거네요?

컨설턴트: 맞습니다. 그런데 여기서 한 발 더 나아가면 세금을 거의 안 내는 방법도 있습니다. 배우자 증여 공제(6억 원)를 활용하는 건데요. 배우자에게 주식을 증여한 뒤 1년이 지나서 회사가 그 주식을 매입(양도)하게 하면, 취득가액이 높아져서 양도소득세가 사실상 '0원'이 될 수도 있습니다.

대표: 아니, 세금이 아예 없을 수도 있다고요? 그거 불법 아닙니까?

컨설턴트: 상법상 절차를 철저히 지키면 합법적인 절세 전략입니다! 이

자금으로 대표님의 골칫덩이인 가지급금을 상환하거나, 목돈 마련, 자녀들의 상속세 재원을 미리 마련할 수도 있죠. 차명 주식을 회수할 때도 아주 유용하고요.

4. 실행 전 필수 체크 사항 – 세무조사 방어막

대표: 듣고 보니 솔깃하긴 한데, 이거 나중에 국세청에서 문제 삼지 않을까요? 법인이 자기 주식 사는 게 까다롭다고 들었습니다.

컨설턴트: 정확한 지적이십니다. 그래서 실행 전 [상법 및 세법 절차 준수]가 필수입니다.

1. **[주식 가치 평가]:** 시가보다 너무 높거나 낮게 거래하면 증여세 문제가 생기므로, 객관적인 비상장 주식 평가가 선행되어야 합니다.
2. **[정관 및 이사회 결의]:** 정관에 근거 규정이 있는지 확인하고, 주주총회나 이사회 절차를 완벽히 밟아야 합니다.
3. **[주주 평등의 원칙]:** 특정 주주에게만 기회를 주면 배당으로 간주될 위험이 있으므로, 모든 주주에게 균등한 기회를 부여하는 형식을 갖춰야 합니다.

5. 결론 및 제안

대표: 절차만 잘 지키면 세금도 아끼고 현금도 확보할 수 있다는 거군요.

컨설턴트: 네, 대표님. 지금 바로 주식 가치를 평가해 보고, [법인 자산의 개인화 규모]를 산출해 보는 것이 순서입니다. 절차상 하자가 없도록 저희 전문가 팀이 정관 검토부터 도와드릴까요?

컨설턴트의 핵심 요약

- **전략적 활용:** 목돈인출, 가지급금 상환, 상속세 재원 확보, 차명주식 회수 등 활용
- **최강의 카드:** 배우자 증여 후 1년 뒤 매각 시, 취득가액 조정을 통해 양도세 절감
- **정관의 중요성:** 정관에 근거 규정이 없으면 이 모든 혜택은 '세무 리스크'로 돌변

자사주 취득은 합법적으로 법인 자금을 인출하는 통로이며, 정관 명시는 필수입니다

13. 가업승계 플랜과 BR핵심 포인트

■ 가업승계 플랜

법인의 일반적 상황

- **회사성장 → 주식가치↑**
- **자산이전(상속) 비용↑**
- **비용에 대한 준비와 해결안은?**
- **중견기업 83% 가업승계포기?** 상속세 부담,쏟아지는 中企매물 자식들 경영권분쟁 … (최근 언론 보도 내용)

가업 승계 고려 사항

- **가업상속 공제** (10년↑ 300억~600억)
- **가업승계주식 증여세 특례** 10억 공제 120억 10% 120억 초과(600억 한도) 20%
- **가업승계 연부연납 특례** 증여 15년 상속 20년
- **창업자금 증여세 특례** 5억 공제 후 10% 세율로 과세(최대100억)
- **사업무관자산 비율 배제** (비사업용자산, 임대부동산, 예금 주식 채권 등)
- **증여의 경우 기간에 상관없이 상속시 합산과세**
- **다양한 제반 요건에 대한 상세 검토 필요** (상속 및 증여 관계자 요건) (사후 관리 요건 충족)

가업 승계 고려 사항

- **사업 무관자산 구분 후 상속세 추가 준비**
- **상속 후 금융기관의 부채 상환 요구 및 매입 채무 상환 요구에 대한 대응책 마련**
- **상속 후 회사의 안정적 운영을 위한 유동성 자산 보유의 필요성 및 방안 강구**
- **상속 후 법인의 지속적이고 안정적인 운영을 위해서는 회사의 유동자산(금융자산)이 충분히 확보되어야 하기에 이에 대한 철저한 준비가 필요**

1. 성장의 역설: 회사가 클수록 상속은 힘들어진다

비상장 법인은 회사가 성장함에 따라 기업 가치가 상승하지만, 이것이 오히려 승계의 큰 걸림돌이 됩니다.

- **주식 가치의 급격한 상승:** 영업이익이 발생하고 순자산이 쌓일수록 세법상 비상장 주식 가치는 가파르게 올라갑니다.
- **자산 이전(상속) 비용의 동반 상승:** 주식 가치가 오르면 상속·증여세 부담액도 비례해서 커집니다. 우리나라 상속세율은 최고 50%(대주주 할증 시 최대 60%)에 달해, 기업 가치의 절반 이상을 세금으로 내야 할 수도 있습니다.

2. 준비의 공백: 세금 낼 현금도, 대안도 없다

기업의 가치는 높지만, 정작 세금을 낼 준비는 되어 있지 않은 경우가 많습니다.

- **유동성 부족:** 법인 자산은 대부분 부동산, 기계장치, 재고자산 등 '장부상 가치'로 묶여 있습니다. 상속인은 수십, 수백억 원의 상속세를 낼 현금성 자산이 부족한 경우가 허다합니다.
- **해결안의 부재:** 비용에 대한 준비와 해결안이 막연한 상태로 방치되다가, 갑작스러운 상속 발생 시 경영권 방어에 실패하게 됩니다.

3. 심각한 사회적 결과: 승계 포기와 경영권 분쟁

준비되지 않은 상속은 개별 기업을 넘어 사회적 문제로 확산됩니다.

- **가업 승계 포기:** 중견기업의 83%가 승계를 포기할 정도로 세금 부담이 가혹합니다.
- **중소기업 매물 속출:** 세금을 감당하지 못해 평생 일군 회사를 급매물(M&A)로 내놓거나 청산하는 사례가 증가하고 있습니다.
- **가족 간의 분쟁:** 주식 배분과 상속세 분담 과정에서 자녀들 간의 경영권 분쟁이 발생하여 기업의 존립 자체가 위태로워집니다.

대표님의 현재 가장 먼저 점검해야 할 것은 '주식 가치 평가' 입니다.

화법으로 마스터하기 (가업승계의 현실)

1. 성공할수록 커지는 승계의 딜레마

컨설턴트: 대표님, 요즘 매출도 오르고 공장 증설까지 하셨다는 기분 좋은 소식을 들었습니다. 진심으로 축하드립니다! 그런데 대표님, 회사가 커질수록 한편으론 잠 못 이루는 고민도 함께 깊어지실 것 같은데 어떠세요?

대표: 아니, 회사가 이렇게 잘 돌아가는데 고민은요… 매일이 즐겁죠.

컨설턴트: 바로 성장의 역설 때문입니다. 대표님이 땀 흘려 기업 가치를 키워 놓으셨는데, 아이러니하게도 그 가치가 높아질수록 나중에 자녀분

들이 회사를 물려받기는 수십 배 더 힘들어지거든요.

2. 세법은 기다려주지 않습니다

대표: 상속은 한참 나중 일이고 우리 애들도 아직 젊어요. 세금이야 그때 가서 벌어서 내면 되는 거 아닙니까?

컨설턴트: 말씀대로 그때 현금이 넉넉하면 참 좋겠지만, 실제 [상속세 및 증여세법]은 생각보다 냉혹합니다. 우리나라 상속세 최고 세율은 50%이고, 대주주 할증까지 붙으면 최대 60%에 육박합니다. 즉, 대표님이 일군 회사의 절반 이상을 국가에 '주식'이 아닌 '현금'으로 바쳐야 한다는 뜻입니다.

3. 자산과 현금의 치명적인 괴리

대표: 우리 회사 장부에 잡힌 자산이 수백억인데 설마 세금 몇 십억을 못 내겠습니까? 너무 겁주시는 거 아니에요?

컨설턴트: 그게 바로 두 번째 함정인 [준비의 공백]입니다. 대표님 자산의 90% 이상이 지금 공장 부지, 기계 설비, 재고자산에 묶여 있지 않으신가요? 국세청은 법인의 부동산이나 기계를 가져가지 않습니다. 오로지 대표님 가족의 자산만을 원하죠.

대표: 법인 자산도 결국 상속이 되면 우리 가족 자산이 되지 않나요?

컨설턴트: 만약 내일 당장 수십억 원의 현금을 일주일 안에 마련해야 한다면, 피땀 눈물로 세운 공장을 헐값에 파시겠습니까, 아니면 경영권을 통째로 넘기시겠습니까?

4. 전략의 시작은 정확한 진단부터

대표: 그럼 도대체 어쩌라는 겁니까? 세금 무서워서 성장을 멈출 수도 없는 노릇이고.

컨설턴트: 그래서 지금 바로 [주식 가치 평가]부터 시작하셔야 합니다. 병원 가기 전에 건강검진부터 받는 것과 같습니다. 현재 우리 회사 주식이 세법상 얼마로 평가되는지 정확히 알아야, 가업승계와 [세원 확보 전략]을 세울 수 있습니다.

대표: 그거 계산이 꽤나 복잡하고 비용도 많이 들 것 같은데, 꼭 지금 해야 합니까?

컨설턴트: 당장의 컨설팅 비용이 아까워 방치하다가는, 나중에 중견기업의 83%가 겪는 [승계 포기]라는 비극적인 선택을 하셔야 할지도 모릅니다. 평생 일군 회사가 남의 손에 넘어가거나 가족 간의 분쟁으로 공중분해 되는 걸 원치 않으신다면, 바로 지금이 골든타임입니다.

대표: 생각이 많아 지긴 하네요

5. 결론 및 실행 제안

컨설턴트: 대표님, 지금 당장 세금을 줄이자는 게 아닙니다. 적어도 우리 자녀들이 가업을 이어받을 때 세금 때문에 경영권을 포기하는 비극은 막아야 하지 않겠습니까?

컨설턴트: 가장 먼저 대표님 회사의 현재 정확한 주식 가치부터 [시뮬레이션]해 보시는 건 어떨까요? 제가 기초 자료를 토대로 정밀하게 분석해 드리도록 하겠습니다

컨설턴트의 핵심 요약

구분	대표님의 생각 (위험)	컨설턴트의 조언 (대책)
주식 가치	이익이 나니 무조건 좋다	가치가 높을수록 상속세 폭탄이 된다
납부 재원	회사가 크니 어떻게 되겠지	법인 자산은 현금이 아니다, 유동성 확보 필수
대응 시점	나중에 준비하자	주식 가치가 하루라도 낮을 때 이전 시작

14. 가업상속 공제의 이해와 BR 핵심 포인트

1. 가업상속공제 개요

피상속인(부모)이 10년 이상 경영한 중소·중견기업을 상속인이 승계할 때, 가업상속 재산가액의 일정액을 공제하여 기업 영속성을 돕는 제도입니다.

공제 한도 (가업 영위 기간에 따라 차등)

10년이상: 300억, 20년 이상: 400억, 30년 이상 : 600억원

2. 핵심 요건 (피상속인 & 상속인)

공제를 받기 위해서는 상속 개시 시점에 아래 요건을 모두 충족해야 합니다.

- **피상속인 (부모):**
  - 10년 이상 계속하여 가업을 경영할 것.
  - 최대주주로서 지분 40%(상장사 20%) 이상을 10년 이상 보유할 것.
  - 가업 영위 기간 중 50% 이상 또는 최근 10년 중 5년 이상 대표이사로 재직할 것.
- **상속인 (자녀):**
  - 상속 개시일 현재 18세 이상일 것.
  - 상속 개시 전 2년 이상 직접 가업에 종사했을 것.(예외인정)
  - 상속세 신고 기한 내에 임원 취임, 2년 이내에 대표이사 취임할 것.

3. 사업무관자산 비율 배제 (실무적 핵심)

전체 주식 가치가 아닌 '사업용 자산 비율'만큼만 공제됩니다.

- **배제 대상(사업무관자산):** 비사업용 토지, 타인 임대 부동산, 법인 보유 주식·채권, 과다보유 현금(직전 5년 평균의 200% 초과분), 대여금(가지급금) 등.
- 사업 무관자산 비율만큼 가업 상속공제 불가

4. 사후 관리 (5년간 준수 사항)

공제를 받은 후에도 5년 동안 아래 조건을 어기면 공제받은 세금이 추징됩니다

- **가업 유지:** 1년 이상 휴업·폐업 금지, 주된 업종 변경 제한.
- **자산 유지:** 가업용 자산의 40% 이상 처분 금지.
- **지분 유지:** 상속인이 물려받은 지분을 그대로 유지할 것.
- **고용 유지:** 5년 통산 정규직 근로자 수(또는 총급여액)가 상속 당시의 90% 이상을 유지할 것.

5.사전 점검

현재 법인의 사업무관자산 비율이 어느 정도인지, 혹은 주식 가치가 얼마로 평가되는지 먼저 확인해 보시는 것이 좋습니다.

화법으로 마스터하기 (가업상속 공제)

컨설턴트: 대표님, 요즘 상속세 고민 때문에 사업 키우기 겁난다는 말씀을 자주 하시죠? 정부에서도 기업의 맥이 끊기는 걸 막기 위해 파격적인 혜택을 주고 있습니다. 바로 가업상속공제 제도입니다.

대표: 그거 들어봤어요. 600억 원까지 세금 안 내게 해준다는 거 맞죠? 우리 회사는 30년 넘었으니 600억 원 다 받을 수 있겠네요. 그럼 이제 걱정 없는 거 아니에요?

1. 장밋빛 환상에 대한 경고 - 사업무관자산의 함정

컨설턴트: 대표님, 600억 원이라는 숫자는 '한도'일 뿐입니다. 실제로는 사업무관자산 비율 배제 원칙에 따라 공제 대상에서 싹 빠지는 자산들이

아주 많습니다.

대표: 사업무관자산? 우리 회사에 그런 게 어딨습니까. 다 회사 돈으로 산 땅이고 건물인데.

컨설턴트: 법인 명의라고 다 사업용은 아닙니다. 대표님이 임대 주고 계신 상가, 비업무용 토지, 법인 보유 주식은 물론이고, 특히 [과다보유 현금]이나 [대여금(가지급금)]도 공제에서 제외됩니다. 만약 전체 주식 가치 중 이런 비중이 40%라면, 600억 원 공제를 기대했어도 실제로는 360억 원밖에 못 받을 수 있습니다. 즉, 사업무관자산 비율만큼 별도의 상속세를 반드시 따로 준비하셔야 한다는 뜻입니다.

2. 까다로운 요건 확인 – 피상속인과 상속인의 자격

대표: 그래도 요건만 맞으면 나머지는 공제되니까 다행이죠. 나야 30년 넘게 대표이사 했으니 문제없을 거고, 우리 애도 지금 회사에 있으니까요.

컨설턴트: 맞습니다. 하지만 [인적 요건]도 꼼꼼히 보셔야 합니다. 대표님은 10년 이상 최대주주로서 지분 40% 이상을 유지하셨어야 하고, 자녀분은 상속 전 2년 이상 가업에 종사했어야 합니다. 또한 상속 후 2년 이내에 대표이사로 취임해야 하죠. 이 중 하나라도 어긋나면 공제 자체가 불가능합니다.

3. 사후 관리의 공포 – 5년의 족쇄

대표: 일단 받고 나서 운영 잘하면 되는 거 아닙니까? 세금 안 내는 게 우선이죠.

컨설턴트: 상속세는 '나중'이 더 무섭습니다. 공제받고 나서 5년간의 사후 관리를 국세청이 철저히 감시합니다.

- **고용 유지:** 5년 통산 근로자 수나 급여 총액이 상속 당시의 90% 이상을 유지해야 합니다.
- **지분 유지:** 물려받은 지분을 단 한 주라도 팔면 안 됩니다.
- **업종 및 자산 유지:** 주된 업종을 바꾸거나 가업용 자산의 40% 이상을 처분해서도 안 됩니다.

대표: 아니, 5년 동안 세상이 어떻게 변할 줄 알고 사람을 안 줄입니까? 경기가 어려워질 수도 있는데!

컨설턴트: 맞습니다. 그래서 이 제도는 '받는 것보다 지키는 것이 더 어려운 제도'라고 합니다. 조건을 하나라도 어기면 공제받았던 세금에 이자까지 붙어서 [추징세액 리스크]라는 거대한 세금 폭탄으로 돌아오거든요.

4. 준비된 승계를 위한 제언 – 지금 당장 해야 할 일

대표: 주지도 않으면서 생색만 내는 거 같네. 그럼 나더러 어쩌라는 거예요?

컨설턴트: 그래서 [사전 점검 및 시뮬레이션]이 필수입니다. 지금 당장 두 가지만 확인해 보시죠.

- **[사업무관자산 정리]:** 현재 법인의 자산 중 공제에서 빠지는 비율이 얼마인지 확인하고, 이를 미리 줄여야 공제액이 극대화됩니다.
- **[주식 가치 평가]:** 우리 회사 주식이 현재 얼마로 평가되는지 알아야, 공제받지 못하는 부분에 대한 상속세 재원을 보험 등으로 미리 준비할 수 있습니다.

컨설턴트의 핵심 요약

구분	대표님의 생각 (위험)	컨설턴트의 조언 (대책)
공제 실효성	전체자산에 대해 600억까지공제	사업무관자산 비율만큼 공제 배제 및 세금 발생
사후 관리	일단 받고 나중에 대처	고용·지분·자산 유지 실패시 이자 포함 추징
실행 전략	상속 발생시점에 신청만 하면 끝	현재 주식 가치 평가와 자산 구조 조정이 우선

15. 가업승계 자금 확보 방안과 BR 핵심 포인트

■ 가업승계 자금 확보 방안

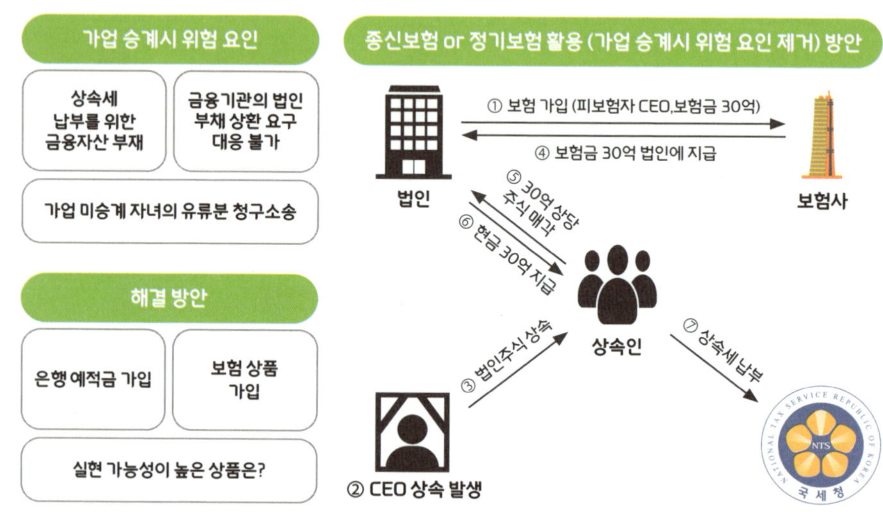

가업 승계 자금 확보 방안

1. 가업 승계 시 발생할 수 있는 3대 위험 요인

가족 기업이 승계 과정에서 흔히 겪는 위기는 크게 세 가지입니다.

- **상속세 납부 재원 부족:** 우리나라 상속세율은 최고 50%에 달합니다. 기업 가치가 높을수록 세금은 많아지는데, 자산이 부동산이나 주식에 묶여 있으면 당장 낼 현금이 없어 회사를 팔거나 대출을 받아야 하는 상황이 생깁니다.
- **금융기관의 부채 상환 요구:** 대표님(CEO) 유고 시, 은행 등 금융기관은 경영진 부재에 따른 리스크를 이유로 대출금 조기 상환을 요구하거나 금리를 인상하여 기업 유동성 위기를 초래할 수 있습니다.

- **유류분 청구 및 경영권 분쟁:** 가업을 물려받지 못한 자녀들이 자신의 상속 지분(유류분)을 주장하며 소송을 제기할 경우, 주식이 쪼개지거나 법적 분쟁으로 인해 경영권이 흔들릴 수 있습니다.

2. 보험 상품을 활용한 상속세 재원 마련 전략

실질적인 해결책은 법인 보험을 활용한 자금 세팅입니다. 이는 예금보다 훨씬 적은 비용으로 큰 현금을 확보하는 효과가 있습니다.

[실행 프로세스]

- **계약 체결:** 법인이 계약자 및 수익자가 되고, 피보험자를 CEO(대표님)로 하여 종신/정기보험에 가입합니다.
- **보험금 발생:** 대표님 유고 시, 보험사로부터 법인에 거액의 사망보험금이 지급됩니다. (법인의 유동성 확보)
- **주식 매각(자기주식 취득):** 상속인(자녀)은 물려받은 주식 중 일부를 법인에 매각합니다.
- **현금 지급:** 법인은 보유한 보험금으로 자녀에게 주식 매각 대금을 현금으로 지급합니다.
- **세금 완납:** 자녀는 이 현금으로 상속세를 납부하고, 남은 주식으로 경영권을 안정적으로 유지합니다.

컨설턴트의 핵심 요약

구분	일반적인 저축(예적금)	보험 활용 방안
자금 확보 시점	오랜기간 저축해야 목표액 달성	가입 즉시 약정된 고액 자금 확보 가능
효율성	원금만큼의 돈이 회사내에 묶임	적은 보험료로 고액의 상속 재원 마련
용도	유동 자산으로 분류되어 관리 어려움	법적 절차에 따라 상속세 재원으로 명확히 활용

준비되지 않은 승계는 재앙이 될 수 있습니다.

화법으로 마스터하기 (가업 상속 준비)

1. 성장의 역설과 CEO 부재 리스크

컨설턴트: 대표님, 요즘 매출도 오르고 사업도 확장하시느라 정말 고생 많으십니다. 그런데 대표님, 회사가 커질수록 아이러니하게도 자녀분들이 가업을 이어받기는 수십 배 더 힘들어지는 성장의 역설에 대해 고민해 보셨습니까?

대표: 아니, 회사가 잘되면 물려주기도 좋은 거 아닙니까? 세금 좀 내면 되겠지 하고 막연하게 생각하고 있습니다.

컨설턴트: 그 '막연함'이 가장 위험합니다. 준비 없이 승계 시점을 맞이하면, 회사는 평생 일군 기반을 통째로 흔드는 가업 승계 3대 위험에 직면하게 됩니다.

2. 가업 승계 3대 위험의 상세 분석

대표: 3대 위험이라니, 구체적으로 어떤 것들입니까?

컨설턴트: 대표님이 안 계시는 즉시, 다음 세 가지 파도가 한꺼번에 몰아칩니다.

1. **[상속세 재원 부족과 자산의 고착화]:** 우리나라 상속세 최고 세율은 50%(할증 시 60%)입니다. 문제는 대표님 자산의 90% 이상이 공장, 설비, 주식에 묶여 있다는 점입니다. 국세청은 오로지 '현금'을 원하는데, 세금 낼 현금이 없으면 피땀 어린 회사를 헐값에 매각하거나 경영권을 포기해야 합니다.
2. **[금융기관의 부채 상환 압박과 유동성 위기]:** 은행은 'CEO 부재'를 가장

큰 신용 리스크로 봅니다. 대표님이 유고하시면 은행은 즉시 대출금 상환을 독촉하거나 금리를 대폭 올립니다. 상속세 내느라 힘든 유가족에게 은행의 자금 회수 압박은 회사를 부도로 몰아넣는 결정타가 됩니다.

3. **[유류분 청구 및 경영권 분쟁]:** 가업을 물려받지 못한 다른 자녀들이 자기 몫의 상속 지분(유류분)을 주장하며 소송을 제기할 수 있습니다. 이때 주식이 쪼개지거나 법적 분쟁이 길어지면 경영권은 마비되고, 가족 간의 갈등은 돌이킬 수 없는 상처가 됩니다.

3. 법인 보험을 활용한 유동성 세팅

대표: 그럼 구체적으로 어떻게 준비하라는 겁니까? 땅을 미리 팔 수도 없고.

컨설턴트: 법인 보험을 활용해 보장 자산의 즉시성을 확보해야 합니다. 프로세스는 명확합니다.

1. **계약 체결:** 법인이 계약자 및 수익자가 되고, 피보험자를 CEO(대표님)로 하여 종신/정기보험에 가입합니다. (납입보험료는 법인 비용처리)
2. **보험금 발생:** 대표님 유구 시, 보험사로부터 법인에 거액의 사망보험금이 지급됩니다. (법인의 유동성 확보)
3. **주식 매각(자기주식 취득):** 상속인(자녀)은 물려받은 주식 중 일부를 법인에 매각합니다.
4. **현금 지급:** 법인은 보유한 보험금으로 자녀에게 주식 매각 대금을 현금으로 지급합니다.

5. **세금 완납:** 자녀는 이 현금으로 상속세를 납부하고, 남은 주식으로 경영권을 안정적으로 유지합니다

4. 결론 – 저축보다 보험이 유리한 이유

대표: 그냥 매달 적금을 부어서 준비하면 안 됩니까?

컨설턴트: 대표님, 리스크는 예고 없이 찾아옵니다. 적금은 목표액을 모으기까지 수십 년이 걸리지만, 보험은 가입 즉시 목표 자금 확보가 가능합니다. 적은 비용으로 가장 확실하게 회사를 지키는 경영 전략인 셈입니다.

구분	일반적인 저축(예적금)	보험 활용 방안
자금 확보	오랜 기간 저축해야 달성 가능	가입 즉시 약정 금액 확보
효율성	큰 원금이 회사 내에 묶임	적은 보험료로 고액 재원 마련
법적 효력	용도가 불분명하여 유용 위험	정관 규정에 따른 명확한 집행

대표: 듣고 보니 보험이 효율적이긴 할 것 같네요.

컨설턴트: 가장 먼저 대표님 법인의 정확한 주식 가치 평가를 통해, 3대 위험이 터졌을 때 필요한 실제 현금 규모가 얼마인지 제가 한 번 산출해 봐 드릴까요?

컨설턴트의 핵심 요약

① **준비 없는 승계의 리스크**

- 재원 부족(법인 자산의 비유동성) → 경영위기(대출상환과 유동성위기)

② **법인 보험을 통한 '즉시성' 확보**

- 일반 저축은 목표액 달성까지 시간이 오래 걸리지만, 보험은 가입 즉시 고액의 상속세 재원을 확정할 수 있습니다. 그리고 법인이 보험료를 부담하여 비용 처리하고, 유사시 지급받은 보험금으로 자녀의 주식을 사주어(자기주식 취득) 자녀에게 상속세 납부용 현금을 합법적으로 마련해 줍니다.

③ **효율적인 승계 전략의 결과**

- 자녀는 법인으로부터 받은 주식 매각 대금으로 상속세를 완납하고, 남은 주식으로 경영권을 안정적으로 방어합니다.
- 결과적으로 적은 비용(보험료)으로 거액의 세금 문제를 해결하고 가업의 연속성을 지키는 가장 확실한 경영 전략입니다.

화법으로 마스터하는 법인컨설팅 ABC

제4부

법인보험과 Closing 컨셉

법인 보험: 리스크를 자산으로 바꾸는 최고의 솔루션이자 클로징의 정점

법인 영업의 긴 여정에서 우리가 제안하는 모든 전략이 실제 우리의 성과로 연결되는 결정적인 순간은 바로 '보험'이라는 강력한 도구가 등장할 때입니다. 많은 재무설계사가 정관을 정비하고 재무구조를 분석하지만, 결국 대표님의 가장 절실한 고민인 '내 돈을 어떻게 안전하게 만들 것인가'와 '내가 없을 때 회사는 어떻게 될 것인가'라는 질문에 가장 명쾌한 해답을 주는 것은 보험뿐입니다. 이번 챕터에서는 보험을 단순한 보장 자산이 아닌, 법인의 세금을 대표님의 부로 전환하고 기업의 운명을 지키는 '전천후 방패'로 포지셔닝하여 완벽한 클로징으로 이끄는 핵심 전략을 다룹니다.

성공적인 법인 보험 클로징은 대표님의 고정관념을 깨는 것에서 시작됩니다. "사업에 투자하는 것이 훨씬 이득"이라는 대표님께는 공격적인 투자가 수익을 만들지만 강제적인 저축은 미래를 만든다는 '안정성'의 논리를, "돈이 묶인다"는 걱정에는 약관대출과 중도인출을 통한 '유동성 비상금'의 컨셉을 제시해야 합니다. 특히 우리가 제안하는 보장성 보험료의 비용 처리는 단순한 지출이 아닙니다. 그것은 어차피 국세청에 세금으로 헌납할 돈의 일부를 '대표님의 몸값'으로 적립하는 고도의 자금 세팅 기술입니다. 매년 법인세를 줄이면서 자산을 축적하고, 향후 해약환급금이 발생하는 시점에 이를 대표님의 퇴직금과 상쇄시켜 법인세 없이 개인화하는 '과세 이연의 마법'은 대표님이 거절할 수 없는 강력한 제안이 됩니다.

더불어 우리는 CEO 부재라는 치명적인 리스크를 '현금 유동성'이라는 키워드로 공략해야 합니다. 대표님의 유고 시 은행은 대출금을 독촉하고 거래처는 동요하며 가족은 상속세 폭탄에 직면하게 됩니다. 이때 보험은 가입 즉시 목표한 거액의 현금을 확정 짓는 유일한 레버리지 수단이 됩니다. 법인 통장에 꽂히는 보험금은 유족에게는 경영권을 지킬 상속세 재원이 되고, 회사에는 위기를 버텨낼 실탄이 됩니다. 이처럼 리스크를 현금으로 치유하는 4단계 전략은 대표님께 '최후의 보루'를 마련해드리는 숭고한 컨설팅이자, 고액의 계약을 자연스럽게 이끌어내는 필승의 시나리오입니다.

재무설계사 여러분, 법인 보험 컨설팅은 단순한 상품 판매가 아닙니다. 국세청 예규와 대법원 판례라는 단단한 법적 근거 위에 대표님의 노후와 가업 승계의 길을 닦아드리는 전문적인 전략입니다. 이 챕터를 통해 보험을 활용해 대표님의 불안을 확신으로 바꾸고, 법인의 세금을 대표님의 자산으로 변환하는 클로징의 정수를 학습하시길 바랍니다.

1. 법인 CEO의 금융자산 관리와 Closing 핵심 포인트

■ 법인·CEO 금융자산관리 포인트

수익은 사업에서, 보장은 법인에서! CEO 금융자산 관리 전략

사업하시는 대표님들은 본능적으로 공격적인 투자를 선호하시죠. 하지만 모든 자산을 사업에만 재투자하면 회사가 휘청일 때 대표님 개인의 미래까지 위험해질 수 있습니다. 그래서 다음 6가지 포인트를 꼭 기억하셔야 합니다.

1. 사업에만 올인하지 마세요 (안정성 & 강제성)

대부분의 대표님은 고수익을 쫓아 사업에 모든 걸 쏟아붓습니다. 하지만 수익보다는 안정성을 담보할 수 있는 금융자산을 따로 떼어놓아야 합니다. 미래를 위해 강제로라도 적립할 수 있는 강제성이 담보된 상품을 통해, 사업의 공격성을 보완하는 균형 잡힌 분산 투자가 반드시 필요합니다.

2. 언제든 꺼내 쓸 무기가 필요합니다 (유동성)

법인 자산이 한곳에 꽉 묶여 있으면 위기 때 아무 소용이 없습니다. 경영상 긴급 자금이 필요할 때 즉시 활용할 수 있는 유동성 확보는 경영자의 기본입니다. 퇴직금 준비를 하면서도 필요할 땐 자금을 회전시킬 수 있는 구조를 짜야 합니다.

3. 세금으로 새는 돈을 막아야 진짜 수익입니다 (절세)

법인 이익이 나면 법인세가 고민이고, 내 돈으로 가져오려니 소득세가 고민이시죠? 절세 효과가 있는 금융상품을 활용해 세금을 아끼면서 효율적으로 자산을 불려야 합니다. 이것이야말로 가장 확실한 수익률을 보장하는 길입니다.

4. 가족을 위한 최후의 보루를 세우세요 (유족보장 & 상속세)

대표님은 법인의 핵심 자산입니다. 만약의 경우, 남겨진 가족들이 막대한 상속세 때문에 경영권을 잃거나 생활이 어려워져선 안 됩니다. 유족 보상금과 상속세 재원을 미리 준비해 두는 것은 선택이 아닌 필수입니다.

5. 한 바구니에 담지 마세요 (다양성)

금융상품은 목적에 따라 다양성 있게 구성해야 합니다. 퇴직금, 비상금, 승계 자금 등 용도에 맞게 분산 투자하여 리스크를 낮추고 효율을 높여야 합니다.

컨설턴트의 핵심 요약

공격적인 사업 수익을 든든하게 받쳐줄 안정적인 법인 금융 자산을 따로 구축하세요. 그것이 회사가 어려울 땐 버팀목이 되고, 대표님이 은퇴할 땐 가장 확실한 보상이 됩니다.

화법으로 마스터하기

1. 안정성 & 강제성: 사업에 재투자하는 게 수익률이 훨씬 높지 않나요?

대표: 지금 우리 회사 성장률이 연 20%가 넘습니다. 보험이나 금융상품에 묶어둘 돈 있으면 설비에 투자해서 매출 올리는 게 훨씬 이득 아닙니까?

컨설턴트: 대표님, 공격적인 투자는 수익을 만들지만, 강제적인 저축은 대표님의 미래를 만듭니다. 사업은 변수가 많죠. 모든 자산을 사업에만 올인하면, 혹시 모를 위기 때 대표님 개인의 노후까지 통째로 흔들립니다. 수익은 사업에서 내시되, 최소한의 안전장치는 '강제성' 있는 상품으로 떼어 놓으셔야 대표님의 가정이 지켜집니다.

2. 유동성: 보험은 돈이 묶여서 급할 때 못 쓰는 거 아닌가요?

대표: 안 그래도 자금 회전이 중요한데, 금융상품에 돈을 넣었다가 나중에 필요할 때 못 쓰면 그게 더 리스크 아닌가요?

컨설턴트: 그 걱정 때문에 '법인 보험'을 활용하는 겁니다. 보험도 '약관대출'이나 '중도 인출'이 가능합니다. 평소엔 대표님 퇴직금 등으로 차곡차곡 쌓이다가, 회사가 정말 급할 땐 꺼내 쓸 수 있는 '비상금 통장' 역할까지 하니 오히려 유동성 확보에 유리합니다.

3. 절세: 세금 좀 아끼려고 복잡하게 설계할 필요가 있을까요?

대표: 세금이야 뭐 벌면 내는 거죠. 괜히 절세 상품 찾다가 나중에 세무조

사 타겟이나 되는 거 아닌지 모르겠네요.

컨설턴트: 대표님, 세금을 무조건 안 내는 게 아니라 '타이밍'을 조절하는 겁니다. 매년 법인세 다 내고 남은 돈을 개인 소득세 또 내면서 가져오시면 손해가 너무 큽니다. 세금 혜택이 있는 금융상품을 활용해 법인 자산을 개인화하는 통로를 미리 뚫어두는 것, 그게 경영자가 챙겨야 할 가장 확실한 확정 수익입니다.

4. 유족보장 & 상속세: 상속세 문제는 나중에 생각해도 되지 않을까요?

대표: 아직 한창 일할 나이인데 벌써 상속세 걱정을 해야 합니까? 나중에 주식 증여하거나 그때 가서 고민해도 될 것 같은데요.

컨설턴트: 상속은 순서가 없습니다. 대표님이 법인의 가장 큰 자산인데, 만약의 상황에 준비된 '현금'이 없으면 남겨진 가족들은 상속세를 내기 위해 공들여 키운 회사 주식을 급매하거나 경영권을 넘겨야 합니다. 법인 계약을 통해 미리 준비해둔 사망보험금은 유족에게는 '상속세 재원'이 되고, 회사에는 '경영권 방어막'이 됩니다. 이건 나중에 준비하면 늦습니다.

5. 다양성: 그냥 현금으로 가지고 있는 게 제일 편한 거 아닌가요?

대표: 이것저것 나누기 복잡하네요. 그냥 통장에 현금 넉넉히 쌓아두면 다 해결되는 문제 아닙니까?

컨설턴트: 현금은 가장 좋은 자산이지만, 세금과 물가상승률 앞에서는 가장 취약한 자산이기도 합니다. 퇴직금용, 비상금용, 승계용 등 목적에 맞

춰 바구니를 나누셔야 리스크는 줄어들고 효율은 극대화됩니다. 한곳에 뭉쳐둔 현금은 언제든 다른 용도로 새나가기 쉽지만, 용도별로 설계된 자산은 끝까지 대표님의 목표를 지켜줍니다.

컨설턴트의 핵심 요약

대표님, 사업이라는 전쟁터에서 승리하는 것만큼 중요한 건 탈취물을 안전하게 보관할 성(城)을 쌓는 일입니다. 오늘 말씀드린 5가지 포인트가 바로 그 성을 쌓는 설계도입니다.

2. 법인 계약의 필요성과 Closing 핵심 포인트

■ **법인 계약은?**

법인 계약은 법인이 계약자와 수익자가 되고, CEO를 피보험자로 하는 보험계약으로 법인이 보험료를 납입하는 보험

■ **법인 계약 필요성**

임원 퇴직금
다양한 목적자금 활용
노후안정성 확보
임원유족보상
유족 보상금
상속세재원
가업승계재원
회사운영자금
부채상환
장기부채
해결을 위한
목적자금 확보
비상자금
경영상 긴급자금
필요시 활용
기타
법인세 절세
주식취득자금
경영권방어
기업가치조정
세무위험↓

대표님, 법인 계약은 대표님과 가족을 지키는 산성입니다

1. 법인 계약, 이건 대표님을 위한 '전천후 방패'

회사가 계약자가 되고 대표님이 피보험자가 되는 이 구조, 복잡해 보이지만 간단합니다. 회사가 돈을 내서 대표님의 노후와 혹시 모를 비상상황을 한꺼번에 책임지는 '안전 장치'를 만드는 겁니다

2. 나중에 퇴직금 줄 때 '악!' 소리 안 나게 미리 준비하자는 겁니다

임원 퇴직금은 덩치가 큽니다. 나중에 회사가 이익이 안 날 때 생돈 나가려면 휘청하거든요. 그래서 법인 계약이라는 바구니에 미리미리 담아두면, 나중에 대표님 은퇴하실 때 회사 부담 없이 깔끔하게 '목돈'을 챙겨가실 수 있습니다.

3. 대표님 신변에 무슨 일이 생겨도, 회사는 돌아가야죠

사람 일은 모르는 거잖아요? 대표님이 자리를 비우시게 될 때, 남겨진 가족들이 상속세 때문에 주식을 팔거나 회사가 흔들리면 안 되니까요. 보험에서 나오는 보상금으로 상속세도 해결하고, 경영권도 단단히 지키는 '최후의 보루'를 세우는 겁니다.

4. 회사가 급할 땐 언제든 '비상금'으로 변신합니다

적금이나 퇴직연금처럼 꽉 막힌 돈이 아닙니다. 사업하다 보면 급전 필요할 때 있으시죠? 그때 해지하지 않고도 그 안의 돈을 운영자금으로 빌려 쓰거나 꺼내 쓸 수 있는 유동성까지 갖추고 있습니다.

5. 세금으로 나갈 돈을 대표님 자산으로 바꾸는 기술입니다

법인세 낼 거 다 내고 남은 돈 가져오려면 세금이 절반입니다. 하지만 이 구조를 잘 활용하면 비용 처리는 기본이고, 경영권방어, 주식가치 조절 및 '법인 자산을 합법적으로 대표님 개인 자산화' 할 수 있는 가장 똑똑한 통로가 됩니다.

화법으로 마스터하기

1. 전천후 방패: 법인 계약, 결국 회사 돈 나가는 거 아닌가요?

대표: 법인이 계약하고 돈을 내면, 결국 회사 지출만 늘어나는 거 아닙니까? 굳이 이렇게 복잡하게 해야 해요?

컨설턴트: 대표님, 이건 단순한 지출이 아니라 '방패'를 만드는 겁니다. 그냥 두면 법인세로 사라질 돈을 '대표님 노후'와 '회사의 비상 상황'을 대비한 자산으로 이름표만 바꿔서 옮겨두는 거죠. 회사 돈을 대표님 지갑으로 가장 안전하게 옮기는 첫 단추입니다.

2. 퇴직금 준비: 나중에 회사가 돈 벌어서 주면 되지, 왜 미리 담아둡니까?

대표: 나중에 내가 퇴직할 때 회사 통장에 있는 돈 꺼내주면 되는 거 아녜요? 지금부터 보험을 가입할 필요가 있나 싶네요.

컨설턴트: 대표님, 임원 퇴직금은 덩치가 커서 준비 안 된 상태에서 한꺼번에 나가면 회사 현금흐름이 깨집니다. 만약 퇴직 시점에 회사가 어려우면요? '생돈' 나가려면 휘청하죠. 지금부터 법인 계약이라는 바구니에 조금씩 담아두셔야, 나중에 대표님 은퇴하실 때 회사도 부담 없고 대표님도 '확실한 목돈'을 만드실 수 있습니다.

3. 유족 보상 & 상속세: 나 죽은 뒤 상속세 고민을 벌써 하라고요?

대표: 상속세니 경영권이니... 아직 나 젊은데 벌써 그런 무서운 소릴 합니까? 나중에 천천히 생각하죠.

컨설턴트: 대표님, 이건 무서운 이야기가 아니라 '최후의 보루'를 세우는 일입니다. 대표님 자리를 비우시게 될 때, 남겨진 가족들이 상속세 낼 현금이 없어서 아까운 회사 주식을 급매하거나 경영권을 잃는 경우가 정말 많습니다. 보험에서 나오는 보상금은 그 즉시 '상속세 재원'이 되어 가족과 회사를 동시에 지켜줍니다. 이건 미리 준비할수록 비용이 저렴해집니다.

4. 비상금 유동성: 보험은 돈 필요할 때 못 꺼내 써서 답답하던데?

대표: 예전에 보험 들었다가 급할 때 돈이 묶여서 고생한 적이 있어요. 이것도 적금처럼 꽉 막힌 거 아닙니까?

컨설턴트: 대표님 제가 추천하는 보험은 과거의 보험과 다릅니다. 이 구조는 대표님이 사업하시다 급전이 필요할 때 해지하지 않고도 적립금 내에서 운영자금을 빌려 쓰거나 꺼내 쓸 수 있는 유동성이 확보되어 있습니다. 묶인 돈이 아니라, 평소엔 퇴직금 등으로 쌓이다가 급할 땐 '비상금 통장'으로 변신하는 셈이죠.

5. 자산화 기술: 합법적으로 내 개인 돈 만드는 게 가능한가요?

대표: 법인 돈 개인화하는 게 말처럼 쉽나요? 나중에 세무서에서 문제 삼으면 어떡합니까?

컨설턴트: 그게 바로 이 기술의 핵심입니다. 무턱대고 가져오면 세금이 절반이지만, 법인 계약 구조를 활용하면 법인세 절감(비용 처리)은 물론이고, 다양한 혜택까지 챙기면서 대표님 개인 자산으로 합법적으로 전환할 수 있습니다. 국세청 가이드라인 안에서 가장 똑똑하게 대표님 자산을 불리는 통로가 되는 거죠.

6. 비용 처리의 본질: 보험료 내서 세금 깎는 게 무슨 이득이죠?

대표: 보험료 100만 원 내서 법인세 20만 원 아끼는 게 무슨 절세입니까? 결국 80만 원은 생돈 나가는 거잖아요. 그냥 세금 내고 80만 원 쥐고 있는 게 낫지!

컨설턴트: 대표님, 단순 지출로만 보시면 손해 맞습니다. 하지만 이 보험료는 '사라지는 돈'이 아니라 '대표님의 몸값'을 적립하는 과정입니다. 어차피 대표님 유고 시나 퇴직 시에 회사가 지급해야 할 보상금을 준비해

야 하는데, 그 돈을 회사에 그냥 쌓으면 세금을 다 내야 하죠. 하지만 정기보험을 활용하면 전액 비용처리도 가능합니다. 보험을 통하면 그 준비 과정을 비용(손비)으로 인정받으며 세금을 줄이고, 나중에 목돈이 필요할 때 '해약환급금'이라는 명목으로 법인에 다시 채워 넣는 전략입니다.

7. 해약환급금의 역설:
나중에 환급금 받을 때 세금 다시 다 내야 하잖아요?

대표: 비용 처리해서 지금 세금 아껴도, 나중에 보험 깨서 환급금 받으면 그게 다 수익으로 잡혀서 법인세 또 내야 하는 거 아닙니까? 결국 세금 내는 시기만 미루는 거 아닌가요?

컨설턴트: 정확한 지적이십니다! 그래서 '타이밍'이 기술입니다. 환급금이 발생하는 시점에 대표님의 '퇴직금'을 일시에 지급하는 겁니다. 그러면 보험에서 들어온 수익(환급금)과 대표님께 나가는 비용(퇴직금)이 서로 상쇄되어 법인세가 '0'이 됩니다. 세금을 미루는 게 아니라, 가장 세금이 많이 나올 시점에 비용으로 확 털어버리는 '세무적 상계 처리'를 하는 거죠.

8. 보장성 보험의 필요성:
우리 회사는 아직 젊어서 사망 보장 같은 거 필요 없어요.

대표: 정기보험 같은 보장성 말고 수익률 좋은 저축성이나 하죠.

컨설턴트: 대표님, 대표님은 우리 회사의 '가장 큰 자산'이자 '리스크' 그 자체입니다. 대표님 부재 시 은행 대출금 상환 압박이나 거래처 결제 문

제는 누가 해결하나요? 정기보험은 가장 적은 돈으로 가장 큰 현금(보상금)을 즉시 확보할 수 있는 유일한 수단입니다. 저축성은 자산으로 잡혀서 비용 처리가 안 되지만, 정기보험은 비용 처리를 하면서 대표님 유고 시 법인을 지키는 '안전 자금'을 1순위로 만들어줍니다.

9. 세무 리스크: 국세청에서 비용 인정 안 해주면 어떡합니까?

대표: 이거 나중에 세무조사 나올 때 '업무 무관 비용'이라고 때리면 독박 쓰는 거 아닙니까?

컨설턴트: 그래서 정관 변경과 이사회 결의라는 법적 절차가 반드시 선행되어야 합니다. 임원의 유족보상 규정과 퇴직금 규정을 적법하게 갖춰놓고 가입하면, 국세청에서도 이를 정당한 경영 활동을 위한 '비용'으로 인정합니다. 저희 같은 전문가들이 그 근거 서류까지 완벽하게 세팅해 드리는 이유가 바로 여기에 있습니다.

컨설턴트의 핵심 요약

보험 절세는 단순히 세금을 깎는 게 아니라, 법인의 이익이 높을 때 보험료로 비용을 미리 털어내고, 나중에 퇴직금이라는 명분으로 그 돈을 세금 없이 대표님 지갑으로 옮기는 고도의 자금 세팅입니다. 그래서 많은 법인 CEO분들이 법인 보험을 가입하십니다

3. 법인의 보험 활용법과 Closing 핵심 포인트

■ **법인 보험 활용법**

법인계약 체결	
계약자	법인
피보험자	임원
수익자	법인

법인계약 증서 지급	
계약자	임원
피보험자	임원
수익자	임원

OR

현금 지급
보험 계약 해지 후 퇴직금 지급

보험료 납입 / 납입완료 & 적립전환 선택 / 개인 자산으로 운영 활용

계약체결 / 부채상환·경영자금·긴급자금·기타 / 퇴직금지급

납입보험료 전액 또는 일부 비용처리로 법인세 절세 가능 여부, 중도인출 활용 및 적립전환 등의 기능은 보험 상품별로 상이하기에 가입 前 확인 필요

법인 계약 활용의 6단계 핵심 요약

대표님, 이 그림은 단순한 보험 가입 안내도가 아닙니다. '회사의 돈을 어떻게 합법적으로 대표님 지갑으로 옮기고, 회사의 위기를 막을 것인가'에 대한 완벽한 설계도입니다. 핵심은 딱 6가지입니다.

1. 운용 중에는 회사의 '전천후 비상금'이 됩니다

법인이 계약자와 수익자가 되어 관리하는 동안, 이 자산은 꽉 묶인 돈이 아닙니다. 적립 전환이나 중도 인출, 약관대출 기능을 통해 회사의 부채를 상환하거나, 급한 운영 자금, 긴급 자금이 필요할 때 언제든 꺼내 쓸 수 있는 유동성 있는 '법인 비상금' 역할을 합니다.

2. 목돈 필요시 해약금을 현금화하여 퇴직금 수령이 가능합니다

대부분의 법인은 큰 금액을 예금등 현금성 자산으로 장기간 보유하기가 현실적으로 어렵습니다. 보험의 특성을 활용하여 장기 적립한 후 현금화하여 적시에 목돈으로 퇴직금 지급이 가능합니다

3. 퇴직 시에는 '보험 증권' 그대로 퇴직금을 드릴 수 있습니다

대표님이 은퇴하실 때, 번거롭게 현금을 마련할 필요가 없습니다. 법인이 가지고 있던 계약의 계약자와 수익자를 대표님 개인으로 변경해드리면 됩니다. 즉, 그동안 쌓인 보험 자산(증권) 자체를 대표님의 퇴직금으로 당당하게 지급할 수 있어 깔끔하고 확실합니다.

4. 받으신 퇴직금은 대표님의 '자산 증대 씨드머니'가 됩니다

중간에 목돈으로 받은 자금은 대표님의 개인 자산 증식을 위한 부동산, 주식 등 다양한 재테크와 다양한 투자 자금으로 자유롭게 활용하실 수 있습니다. 대표님 개인 명의 자산을 증대할 수 있는 씨드머니로 사용할 수있게 됩니다. 또한 국세청의 자금 출처 조사나 의심으로부터도 자유롭게 자금 출처를 확보하실 수 있습니다

5. 당장 퇴직금을 안 받으신다면 '법인 비용'으로 털어낼 수 있습니다

만약 대표님이 당장 퇴직금을 수령하지 않기로 결정하신다면, 그동안 쌓인 해약환급금이 법인에 입금되면 추가 법인세를 납부해야 하니 과거에 비용처리한 것 다 소용없지 않냐고 하시지만 그럴 경우에는 퇴직연금(DC형)에 적립하는 방식으로 전환할 수 있습니다. 이 경우 법인 입장에서는 해약금 전액을 다시 비용 처리할 수 있어, 법인세를 드라마틱하게 절감하는 전략적 카드로 활용이 가능합니다.

6. 세금을 자산으로 바꾸는 '절세 기술'

법인세로 그냥 사라질 돈을 보험료로 내서 비용 처리(절세)하고, 마지막엔 대표님 개인 자산으로 바꾸는 전략입니다. 세금 낼 돈으로 대표님 자산을 만든다는 것이 이 그림의 최종 목적지입니다.

컨설턴트의 핵심 요약

법인 계약은 평소엔 회사의 유동성 비상금으로 쓰다가, 은퇴 시엔 대표님의 개인 자산으로 완벽하게 전환되는 가장 효율적인 자금 관리 방안입니다.

화법으로 마스터하기

1. 전천후 비상금: 보험에 넣으면 급할 때 못 쓰는 거 아닙니까?

대표: 보험은 한 번 넣으면 해지하기 전까지는 남의 돈 아닙니까? 우리 같은 제조 업체는 기계 고장 나거나 원자재 값 오르면 당장 현금이 돌아야 하는데, 거기 묶어두는 게 리스크 같아요.

컨설턴트: 대표님, 그게 바로 퇴직연금과 이 법인 계약의 결정적 차이입니다. 이 자산은 법인이 주인인 상태로 관리되기 때문에, 중도 인출이나 약관대출 기능을 통해 필요할 때 언제든 꺼내 쓸 수 있습니다. 꽉 묶인 '자금'이 아니라, 평소엔 퇴직금으로 쌓이다가 급할 땐 부채 상환이나 운영 자금으로 투입되는 '유동성 비상금'인 셈이죠.

2. 현금화 수령:
그냥 통장에 현금으로 쌓아두는 게 제일 확실하지 않나요?

대표: 퇴직금 줄 때 보험 깨서 주느니, 그냥 회사 통장에 적금 부어서 현금으로 들고 있다가 주는 게 훨씬 속 편할 것 같은데요?

컨설턴트: 대표님, 법인이 수억 원의 현금을 장기간 통장에 그대로 묶혀

두는 게 현실적으로 가능할까요? 그리고 현금으로 쌓이면 법인 이익으로 잡혀 매년 법인세만 축냅니다. 보험은 장기 적립을 통해 법인세 부담을 낮추면서도, 퇴직 시점에 맞춰 확실한 목돈을 만들어내는 시스템입니다. 적시에 '목돈'을 꺼내 쓸 수 있도록 강제로 준비해 주는 가장 스마트한 방법이죠. 물론 보험증권으로 받을 수도 있습니다.

3. 증권 승계: 현금 대신 보험 증권을 받는 게 무슨 이득이죠?

대표: 퇴직할 때 현금으로 딱 받는 게 좋지, 보험 증권으로 명의 변경해서 받는 게 사장 입장에서 뭐가 더 좋습니까?

컨설턴트: 대표님, 현금으로 받으시면 그날로 끝이지만, '보험 증권' 자체를 퇴직금으로 수령하시면 이야기가 달라집니다. 계속 적립금이 증대되면서 채워진 '황금 알을 낳는 거위'를 통째로 가져오시는 거예요. 대표님 개인 자산이 된 증권에서 필요할 때마다 인출해 쓰시거나, 그대로 굴려서 자녀 상속 재원으로 활용할 수도 있습니다. 현금보다 훨씬 큰 가치를 지닌 '자산 보관함'을 통째로 옮겨오는 기술입니다. 보험 계약 자체를 가져오시는 것이 싫으시면 앞서 말씀드린 것처럼 해약해서 수령하셔도 됩니다.

4. 자산 증대 씨드머니: 내 퇴직금이 왜 최고의 투자 자금인가?

대표: 퇴직금 받으면 당연히 내 돈인데, 왜 굳이 '씨드머니'라는 표현을 쓰면서 강조하시나요? 그냥 은행에 넣어두면 되는 것 아닌가요?

컨설턴트: 대표님, 자산가들에게 가장 무서운 게 뭔지 아십니까? 바로

'자금출처 조사'입니다. 대표님 명의로 강남에 빌딩을 사거나 수십억 원어치 주식을 살 때, 국세청은 반드시 묻습니다. '이 돈 어디서 났습니까?'라고요.

대표: 아니, 내가 평생 사업해서 번 돈인데 그게 왜 문제가 됩니까?

컨설턴트: 법인 돈과 대표님 개인 돈은 엄격히 다르니까요. 증빙 없이 가져온 돈은 횡령이나 배당소득세 폭탄이 될 수 있습니다. 하지만 이 플랜을 통해 받은 퇴직금은 법적으로 완벽하게 소득처리가 끝난 '깨끗한 돈'입니다. 국세청이 봐도 토를 달 수 없는 공인된 자금 출처가 확보되는 것이죠.

대표: 그럼 이 돈으로 뭘 하든 당당하다는 말씀이군요?

컨설턴트: 당연합니다! 대표님은 이제 이 '무결점 씨드머니'를 가지고 공격적인 재테크를 하실 수 있습니다.

- **부동산 투자:** 개인 명의의 건물이나 토지를 매입할 때 자금 출처 소명서에 '퇴직금 수령액'이라고 당당히 적으시면 됩니다.
- **주식 및 채권:** 수억, 수십억의 투자 자금을 굴릴 때도 세무적 리스크 없이 자산 증식에만 집중하실 수 있죠.
- **자녀 증여:** 나중에 자녀분들 사업 자금이나 주택 마련 자금을 도와줄 때도, 출처가 확실한 이 돈은 최고의 기반이 됩니다.

대표: 결국 퇴직금이 단순한 노후 자금이 아니라, 내 개인 자산을 한 단계 업그레이드할 '합법적인 투자 자금'이 된다는 소리네요?

컨설턴트: 맞습니다! 법인이라는 울타리 안에서 세금 혜택을 받으며 불린 돈이, 마지막에 대표님 개인의 '자유로운 투자 자산'으로 완벽하게 탈바

꿈하는 것입니다. 이보다 더 안전하고 강력한 부의 이전 수단이 있을까요?

5. 세무 리스크 차단:
해약환급금이 들어오면 세금 폭탄 맞는 거 아니냐?

대표: 잠깐만요! 아까 정기보험의 보험료를 비용 처리해서 법인세 아낀다고 하셨잖아요. 그런데 나중에 퇴직금 주려고 보험 깨서 환급금이 법인 통장에 들어오면, 그게 다 '익금(수익)'으로 잡히잖아요? 그럼 그동안 아낀 법인세 도로 다 내야 하는 거 아닙니까? 이거 조삼모사 아닙니까?

컨설턴트: 대표님, 역시 경영자답게 핵심을 찌르시네요! 아무 대책 없이 보험만 깨면 그 환급금에 대해 법인세를 내야 하는 게 맞습니다. 그래서 제가 '세무적 상쇄 카드'를 준비한 겁니다.

대표: 그 전략이 대체 뭡니까? 환급금 들어오면 어쨌든 세금 내야 하잖아요.

컨설턴트: 만약 대표님이 당장 퇴직금을 현금으로 가져가지 않기로 하셨는데 보험은 정리해야 하는 상황이라면, 그 해약환급금을 그대로 퇴직연금(DC형) 계좌에 납입하는것 겁니다.

대표: 그러면 뭐가 달라지나요? 들어오는 돈은 똑같을 텐데.

컨설턴트: 대표님, 회계의 묘미는 '동시 처리'에 있습니다. 보험에서 나온 환급금이 법인 수익(익금)으로 잡히는 그 순간, 동시에 퇴직연금 불입액이라는 '비용(손금)'으로 즉시 상쇄를 시켜버리는 겁니다. 들어온 만큼 바로 비용으로 털어버리니 법인 장부상 추가로 낼 법인세는 '0'이 됩니다. 법인세 폭탄은 피하면서, 대표님의 소중한 퇴직금 재원은 안전한 퇴직연

금 계좌로 이동시켜 보호하는 거죠. 법인세는 아끼고 대표님 노후 자산은 지키는, 그야말로 드라마틱한 절세 전략입니다.

6. 절세 기술: 세금 낼 돈으로 보험을 든다니, 결국 지출 아닙니까?

대표: 아까부터 '세금을 자산으로 바꾼다'고 하시는데, 솔직히 잘 이해가 안 가요. 보험료도 결국 회사 돈 나가는 건데, 그게 어떻게 자산이 된다는 거죠? 세금 좀 덜 내려고 더 큰 보험료를 내는 건 배보다 배꼽이 더 큰 거 아닙니까?

컨설턴트: 대표님, 역시 숫자에는 밝으시네요! 보통은 그렇게 생각하시죠. 하지만 관점을 조금만 바꿔보세요. 대표님, 올해 법인 이익이 나면 어차피 법인세 내셔야 하죠? 그 세금은 내고 나면 그냥 사라지는 돈입니다. 국세청에서 나중에 돌려주나요?

대표: 그럴리가요. 내면 끝이죠. 아깝긴 하지만 어쩔 수 없는 거 아닙니까?

컨설턴트: 바로 그겁니다! 그 '어차피 사라질 세금'의 일부를 '보험료'라는 이름으로 돌리는 겁니다. 보험료로 내면 법인 입장에서는 전부(일부) '비용'으로 인정받아 법인세 자체가 줄어듭니다. 즉, 세금으로 국가에 헌납할 돈의 상당 부분을 대표님의 미래 자산을 만드는 '재료'로 쓰는 셈입니다.

대표: 사라질 돈을 재료로 쓴다... 그런데 결국 그 돈은 법인 돈이잖아요? 내 개인 돈이 되는 건 아니지 않습니까?

컨설턴트: 거기가 바로 기술이 들어가는 지점입니다! 법인 돈으로 차곡차곡 쌓인 그 가치는 대표님이 퇴직하실 때 '퇴직금'이라는 명목으로 대표님 개인에게 합법적으로 이전됩니다.

1. 법인은 매년 보험료를 내며 법인세를 아꼈고,
2. 대표님은 그 아낀 돈들이 모여 만들어진 목돈을 퇴직할 때 통째로 가져오시는 거죠. 결국 국가에 낼 세금을 징검다리 삼아 대표님의 개인 자산을 불린 결과가 됩니다.

대표: 듣고 보니 세금으로 나갈 구멍을 막아서 내 주머니로 돌리는 꼴이네요. 근데 이거 나중에 세무조사 같은 거 나와서 '가공 비용' 아니냐고 시비 걸면 어떡합니까?

컨설턴트: 그래서 저희 같은 전문가가 필요한 겁니다. 단순히 보험만 드는 게 아니라, 법인 정관에 임원 퇴직금 규정과 보상 규정을 완벽하게 세팅해 두어야 합니다. 적법한 절차를 거친 비용 처리는 국세청도 건드릴 수 없는 대표님의 정당한 권리입니다. 세금 낼 돈으로 대표님 자산을 만든다는 것, 이것이 경영자가 누릴 수 있는 최고의 재테크입니다.

컨설턴트의 핵심 요약

대표님, 법인 계약은 평소엔 회사의 숨통을 틔워주는 '유동성 비상금'으로 쓰시다가, 은퇴 시엔 대표님의 '개인 자산'으로 완벽하게 전환되는 가장 영리한 자금 관리 설계도입니다. 대표님, 완벽하게 정리되셨죠? 이제 대표님의 실제 재무제표를 바탕으로, 올해 당장 법인세를 얼마까지 줄이고 대표님의 미래 자산을 얼마나 확보할 수 있는 방법을 마련 하시길 권해드립니다

4. CEO 부재 위험과 Closing 핵심 포인트①

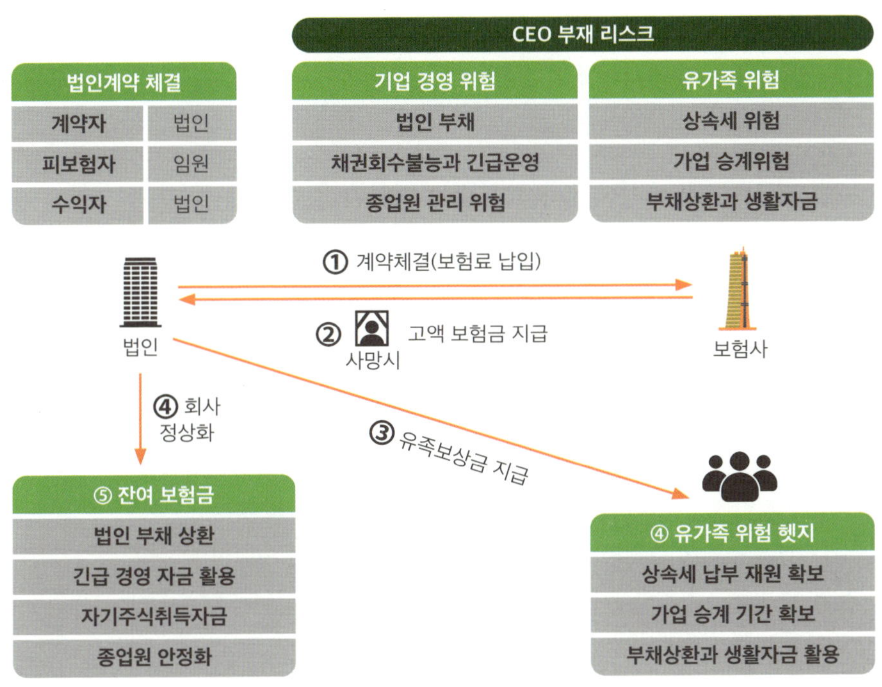

법인의 세금으로 대표님의 부(富)를 사고,
단 한 장의 증권으로 회사의 운명을 지키십시오.

CEO의 갑작스런 부재는 회사와 유가족에게 엄청난 충격을 가져옵니다. 간단히 요약하면 다음과 같습니다

1. 회사 측면: 성장하던 엔진이 갑자기 멈추는 격입니다

- **자금줄이 막힙니다 (신용도 하락):** 대표님은 법인의 신용 그 자체입니다. 대표님이 안 계시면 은행은 즉시 대출금 상환을 압박하거나 금리를 올립니다. 신규 자금 조달은 사실상 불가능해집니다.

- **거래처가 동요합니다 (영업력 손실):** 핵심 네트워크를 쥐고 있던 대표님의 부재는 거래처의 불안으로 이어집니다. 저 회사 계속 믿어도 되나?라는 의구심에 수주가 끊기거나 결제가 지연되는 사태가 벌어집니다.
- **내부 조직이 흔들립니다 (핵심 인력 이탈):** 미래가 불투명해진 유능한 직원들은 동요하기 시작하고, 경쟁사로 이직하거나 퇴사하면서 회사의 기술력과 경쟁력이 급격히 무너집니다

2. 유가족 측면: 상속세라는 거대한 파도가 덮칩니다

- **현금 없는 '세금 폭탄' (상속세 부담):** 대표님의 자산 대부분은 부동산이나 회사 주식일 가능성이 높습니다. 현금은 없는데 수십억 원의 상속세가 청구되면, 유가족은 세금을 내기 위해 집을 팔거나 회사를 헐값에 넘겨야 하는 상황에 처합니다.
- **경영권 방어 불능 (주식 매각):** 상속세를 낼 돈이 없어 회사 주식을 처분하거나 국가에 물납하게 되면, 대주주 지위가 흔들립니다. 결국 평생 일궈온 회사가 남의 손에 넘어가는 것을 지켜볼 수밖에 없습니다.
- **생활 수준의 급격한 하락:** 법인에서 나오던 급여나 배당이 끊기면, 남겨진 가족들의 경제적 안정은 한순간에 무너집니다. 준비되지 않은 부재는 가족들에게 경제적 재앙이 됩니다.

컨설턴트의 핵심 요약

회사에는 '경영 자금'이 필요하고, 가족에게는 '상속세 현금'이 필요합니다.
CEO 부재 리스크의 핵심은 결국 현금입니다.
대표님, 이 모든 리스크를 해결할 유일한 방법은 대표님 유고 시 법인으로 '거액의 현금'이 즉시 꽂히게 설계하는 것입니다.

화법으로 마스터하기

1. 자금줄 압박: 은행이 설마 바로 돈 갚으라고 하겠어요?

컨설턴트: 많은 대표님께서 설마 나한테 그런 일이 생기겠어?라고 하시지만, 실제 위기가 닥쳤을 때 거래처 은행은 우리 회사에 어떤 요구를 할까요?

대표: 우리 회사 은행 거래가 10년이 넘었습니다. 제가 좀 편찮거나 자리를 비운다고 은행이 야박하게 바로 대출금 갚으라고 독촉하겠습니까? 설마요.

컨설턴트: 대표님, 냉정하게 말씀드리면 은행은 대표님의 '인품'이 아니라 대표님의 '신용'을 보고 돈을 빌려준 겁니다. 법인 대출의 90% 이상은 대표이사 개인보증이나 신용이 담보죠. 대표님 신상에 변화가 생기는 순간, 은행 전산에는 바로 '신용 등급 재조정' 빨간불이 들어옵니다. '의리'가 아니라 '리스크 관리' 차원에서 대출 연장을 거부하거나 금리를 확 올리는 게 금융권의 생리입니다. 그때 당장 수억, 수십억을 어디서 구하시겠습니까?

2. 거래처 동요: 우리 기술력이 좋은데 거래처가 왜 떠납니까?

대표: 우리 회사는 기술력이 독보적이에요. 거래처들도 우리 물건 없으면 사업 못 합니다. 제가 없다고 거래를 끊는다니, 그건 너무 비현실적인 공포 마케팅 아닙니까?

컨설턴트: 기술력, 물론 중요합니다. 하지만 비즈니스는 결국 '사람과 사람의 약속'이죠. 거래처 대표님들은 대표님과 소주 한 잔 하며 쌓은 신뢰

로 계약을 유지해온 겁니다. 대표님이 안 계신 자리에 누군가 앉아 있다면, 거래처는 본능적으로 생각합니다. '납기일 맞출 수 있을까? AS는 끝까지 해줄까?'라고요. 그 작은 의구심 하나가 경쟁사에게 기회를 주고, 결국 수주 절벽으로 이어지는 건 한순간입니다.

3. 내부 인력 이탈: 우리 직원들 가족 같습니다. 저 배신 안 해요.

대표: 나랑 고생하며 같이 큰 직원들입니다. 제가 없어도 회사 지켜줄 친구들이에요. 직원들이 도망갈 거라는 말은 우리 직원들에 대한 모독입니다.

컨설턴트: 대표님, 그분들의 충성심을 의심하는 게 아닙니다. 문제는 그분들도 '가장'이라는 점입니다. 배를 이끌던 선장이 사라지고 배가 흔들리는데, 밑에 있는 선원들이 불안해하지 않을까요? 당장 경쟁사에서 그 회사 망할지도 모르는데 우리 쪽으로 오라고 연봉 높여 제안하면 흔들리는 게 인지상정입니다. 핵심 인력 한두 명만 빠져나가도 회사의 기술력은 순식간에 공동화(空洞化)됩니다. 대표님의 부재는 단순히 한 명의 공백이 아니라, 조직 전체의 심리적 붕괴를 가져옵니다.

4. 상속세 폭탄: 내 자산이 수십억인데, 설마 세금 낼 돈이 없겠어요?

컨설턴트: 대표님, 앞서 회사 측면의 위기를 보셨다면, 이번에는 더 가슴 아픈 유가족 측면의 현실을 말씀드려야겠습니다. 대표님이 안 계신 상황에서 가족들이 맞닥뜨릴 '상속세'라는 거대한 파도는 상상보다 훨씬 차갑고 높습니다.

대표: 제가 상가도 있고 우리 회사 주식 가치도 엄청난데, 설마 세금 몇 푼 때문에 가족들이 길바닥에 나앉겠어요? 자산이 이렇게 많은데!

컨설턴트: 대표님, 바로 그 '자산의 형태'가 문제입니다. 상속세는 대표님 돌아가시고 6개월 안에 납부하셔야 합니다. 대표님 자산의 90%가 상가 건물과 회사 주식이죠? 상속세 납부할 현금이 없으면 급하게 상가를 내놓으면 제값 받으시겠습니까? 결국 세금 내려고 알짜배기 자산을 반값에 날려야 하는 '현금 가뭄'에 시달리게 됩니다

5. 경영권 방어: 주식으로 세금 내면(물납) 되는 거 아닙니까?

대표: 현금 없으면 회사 주식으로 세금 대신 내면 되죠. 나라에서 주식 받아주잖아요. 그럼 경영권은 유지되는 거 아닙니까?

컨설턴트: 대표님, 그게 가장 위험한 생각입니다. 주식을 국가에 물납하는 순간, 우리 회사의 2대 주주나 3대 주주가 '국가'가 됩니다. 국가가 대주주인 회사에 어떤 투자자가 들어오며, 어느 은행이 대출을 편하게 해주겠습니까? 더 무서운 건, 상속세를 감당 못 해 주식을 매각하기 시작하면 그 틈을 타 경영권을 빼앗으려 달려들 겁니다. 대표님이 밤잠 줄여가며 키운 회사가 한순간에 남의 놀이터가 되는 꼴입니다.

6. 생활 수준 하락: 가족들 먹고살 돈은 충분히 챙겨줬습니다.

대표: 그래도 우리 애들 명의로 보험 몇 개 들어놨고, 와이프 앞으로 아파트도 한 채 해줬습니다. 제가 없어도 밥 굶지는 않을 거예요.

컨설턴트: 대표님, 매달 법인에서 나오던 급여와 판공비, 차량 지원 등이

하루아침에 끊긴다고 생각해보십시오. 대표님 명의의 계좌는 동결되고, 법인 카드는 정지됩니다. 당장 상속세를 수억 원씩 내야 하는데 생활비가 어디서 나올까요? 준비되지 않은 부재는 가족들에게 경제적 안정이 아니라 '경제적 재앙'입니다. 단순히 밥 먹고 사는 문제가 아니라, 대표님이 지켜주셨던 그 품격 있는 생활 수준이 도미노처럼 무너지는 겁니다.

컨설턴트의 핵심 요약

대표님, 사랑하는 가족들에게 '세금 고민' 대신 '평안한 미래'를 유산으로 남겨주고 싶지 않으십니까? 현재 대표님의 주식 가치를 기준으로, 가족들이 내야 할 '상속세 예상 견적'부터 뽑아보는 게 순서입니다. 제가 지금 계산해 드릴까요?

5. CEO 부재 위험과 Closing 핵심 포인트②

직원은 나라가 지켜주지만,
대표님은 '스스로' 지켜야 합니다

1. 근로기준법은 대표님 편이 아닙니다

우리나라 근로기준법은 말 그대로 '근로자'를 보호하기 위한 법입니다. 직원이 다치거나 갑자기 퇴사해도 법이 정한 퇴직금과 보상금을 회사가 무조건 줘야 하죠. 하지만 대표님은 '사용자'이기 때문에 이 법의 보호 대상이 아닙니다. 회사가 어려워지면 직원은 나라에서 실업급여라도 받지만, 대표님은 아무런 공적 지원 없이 모든 책임을 혼자 짊어져야 합니다.

2. 산재보험, 대표님께는 그림의 떡일 수 있습니다

직원이 일하다 다치면 산재법에 따라 치료비와 생활비가 나옵니다. 하지만 경영자인 대표님은 산재보험 가입 자체가 제한적이거나, 가입했더라도 실제 보상을 받기가 까다롭습니다. 대표님이 쓰러지시면 치료비는 물론이고, 그동안 멈춰버린 경영 공백으로 인한 손실까지 오롯이 대표님 가계의 몫이 됩니다.

3. 그래서 'CEO 전용 안전장치'가 반드시 필요합니다

법이 대표님을 지켜주지 않는다면, 법인의 비용으로 직접 방어막을 구축해야 합니다.

- 직원들의 산재보상금처럼, 대표님 유고 시 가족에게 지급될 '유족보상금'
- 직원들의 퇴직금처럼, 대표님의 노후를 책임질 '임원 퇴직금' 이런 것들을 법인 계약을 통해 별도로 준비해두지 않으면, 평생 남 좋은 일(직원 보호)만 하다가 정작 대표님 본인과 가족은 무방비 상태로 위기를 맞게 됩니다.

컨설턴트의 핵심 요약

법은 근로자의 눈물을 닦아주지만, 경영자의 눈물은 오직 대표님이 미리 준비한 '법인 자산'만이 닦아줄 수 있습니다.

화법으로 마스터하기

대표님 보호의 사각지대: 나를 지켜줄 법은 없습니다

컨설턴트: 대표님, 혹시 우리 직원들 퇴직금이나 산재보험, 매달 꼬박꼬박 챙겨주시면서 '나도 회사에 문제 생기면 나라에서 이만큼은 지켜주겠지?'라고 생각해보신 적 있으신가요?

대표: 당연히 그런 생각 들죠. 내가 세금을 얼마나 내고, 고용보험이며 산재보험이며 회사 부담금으로 나가는 돈이 얼만데... 무슨 일 생기면 국가가 나 몰라라 하겠습니까? 나도 이 회사의 구성원인데요.

컨설턴트: 대표님, 죄송하지만 그게 가장 위험한 착각입니다. 근로기준법은 '근로자'의 눈물만 닦아줍니다. 대표님은 법적으로 '사용자'예요. 직원이 그만두면 나라에서 실업급여 주죠? 대표님이 경영난으로 폐업하면 나라에서 돈 한 푼 나옵니까? 오히려 남은 채무와 책임만 독촉하죠. 대표님은 법의 보호 대상이 아니라, 법의 집행 대상일 뿐입니다.

대표: 아니, 그래도 산재는 다르지 않나요? 내가 현장에서 지휘하다 다쳐도 똑같이 보상받는 거 아닌가요?

컨설턴트: 대표님, 산재보험은 대표님께 '그림의 떡'인 경우가 태반입니

다. 가입 자체가 제한적인 건 물론이고, 승인받기도 하늘의 별 따기예요. 직원이 다치면 회사가 보상하지만, 대표님이 쓰러지시면 대표님의 치료비와 그동안 멈춘 경영 공백으로 인한 손실은 누가 책임지나요? 국가요? 아니요, 고스란히 대표님 가계의 빚으로 남습니다. 법은 근로자의 눈물을 닦아주지만, 경영자의 눈물은 아무도 닦아주지 않습니다.

대표: 듣고 보니 좀 억울하네요. 평생 직원들 뒷바라지하고 나라에 세금 냈는데, 정작 나를 위한 안전장치는 하나도 없다니... 그럼 내가 보험이라도 개인적으로 하나 더 들면 되는 거 아닙니까?

컨설턴트: 대표님, 개인 돈으로 들면 그건 그냥 '지출'이죠. 제가 제안하는 'CEO 전용 안전장치'는 대표님 개인 주머니 터는 게 아니라, 법인의 비용으로 대표님의 방어막을 구축하는 겁니다.

컨설턴트의 핵심 요약

1. 직원들 산재보상금 주듯, 대표님 사고 시 가족을 지킬 '유족보상금'만드세요
2. 직원들 유족보상을 위해 산재보험료 내시죠? 이제 대표님도 법인 계약으로 미리 세팅해두지 않으면, 대표님은 평생 '남 좋은 일'만 하다가 정작 본인과 가족은 무방비 상태로 위기를 맞게 됩니다. 대표님 명의의 통장이 아니라, 법인의 자산으로 대표님의 인생을 보장받는 것, 이게 경영자의 정당한 권리 아닐까요?

6. CEO 부재위험 헷지와 Closing 핵심 포인트

대표님의 부재를 '현금'으로 치유하는 4단계 전략

1. [사전준비] 법인 계약 체결: 회사의 비용으로 대표님의 가치를 사두는 겁니다

먼저 법인이 계약자와 수익자가 되어 대표님을 피보험자로 하는 보험을 체결합니다. 평소에는 이 보험료를 법인의 비용으로 처리하며 절세 혜택을 누리고, 동시에 대표님이라는 핵심 자산의 가치를 '현금 자산'으로 치환해 두는 기초 공사입니다.

2. [위험발생] 보험금의 법인 유입: 위기의 순간, 마르지 않는 샘물이 터집니다

만약 대표님께 유고 상황이 생기면, 거액의 사망보험금이 즉시 법인 통장으로 입금됩니다. 이때 들어온 현금은 외부의 간섭 없이 법인이 즉각 사용할 수 있는 강력한 '유동성'이 됩니다. 혼란에 빠진 회사를 다시 일으킬 가장 확실한 실탄이 확보가 되는 것입니다.

3. [가족 보호] 유가족 위험 헷지: 상속세 폭탄을 막고 가족의 삶을 지킵니다

법인으로 들어온 보험금 중 일부는CEO 퇴직금이나 미리 정해둔 '임원 유족 보상 규정'에 따라 가족에게 지급됩니다. 이 돈은 상속세 납부 재원이 되어 아까운 회사 주식을 팔지 않아도 되게 만들고, 남겨진 가족들이 경제적 어려움 없이 생활할 수 있는 든든한 방패가 됩니다.

4. [경영 안정] 경영자금 활용: 남은 금액은 회사를 살리는 비상금이 됩니다

가족을 챙기고 남은 자금은 고스란히 법인 자산으로 남습니다. 이 돈은 대표님 부재로 인해 은행이 요구하는 대출금 조기 상환, 거래처 결제 대금, 혹은 새로운 전문 경영인 영입 비용 등 회사를 정상화하기 위한 다양한 경영 자금으로 요긴하게 쓰입니다.

한 줄 결론

법인 계약은 대표님의 유고 시 가족에게는 상속세를 낼 '현금'을, 회사에는 위기를 버텨낼 '실탄'을 동시에 제공하는 최고의 위기관리 시스템입니다.

화법으로 마스터하기

컨설턴트: 대표님, 혹시 대표님께 갑작스러운 유고 상황이 생겼을 때, 사모님과 자녀분들이 당장 수억 원의 현금을 어디서 구해서 상속세를 내고 회사를 경영하실지 시나리오를 짜두신 게 있나요?

대표: 아직 젊은 나한테 무슨 유고 타령입니까? 그리고 우리 회사에 쌓인 이익잉여금도 좀 있고, 정 안 되면 공장 건물 담보로 대출받으면 되지, 무슨 걱정입니까. 보험 하나 팔려고 너무 겁주시는 거 아니에요?

컨설턴트: 대표님, 그게 바로 가장 큰 함정입니다. 대표님이 안 계신데 은행이 공장 담보로 대출을 해줄까요? 오히려 있던 대출도 갚으라고 압박이 올 겁니다. 제가 제안하는 4단계 전략은 단순히 보험금을 받는 게 아니라, '법인의 시스템'을 가동하는 겁니다.

대표: 시스템요? 그게 무슨 말이예요

컨설턴트: 자, 1단계(사전준비)부터 보시죠. 평소엔 대표님의 가치만큼을 법인 비용으로 보험을 사두는 겁니다. 보험료를 내면서 법인세는 줄이

고, 대표님이라는 핵심 가치를 '현금 자산'으로 예약해두는 기초 공사죠.

대표: 비용 처리해서 세금 아끼는 건 좋네요. 그런데 사고가 터지면 그 돈이 어떻게 가족한테 전달되죠? 법인 돈인데 함부로 빼가면 횡령 아닙니까?

컨설턴트: 그게 바로 2단계(위험발생)와 3단계(가족보호)의 핵심입니다. 사고 시 거액의 보험금이 법인 통장으로 들어오면, 이건 외부 간섭 없는 '강력한 유동성'이 됩니다. 이걸 무턱대고 빼는 게 아니라, 미리 정해둔 '임원 유족 보상 규정'에 따라 정당하게 가족에게 지급하는 겁니다. 그럼 가족들은 이 현금으로 부동산 안 팔고도 상속세를 내고, 대표님이 일군 주식을 지켜낼 수 있습니다. 가족의 삶을 지키는 '방패'가 되는 거죠.

대표: 그래요, 그럼 가족들 세금 내고 남은 돈은 어떻게 됩니까?

컨설턴트: 4단계(경영안정)가 기다리고 있습니다. 가족을 챙기고 남은 자금은 법인에 고스란히 남아 '비상 경영 자금'이 됩니다. 대표님 부재로 불안해하는 은행에 대출금을 일부 상환해 신용을 지키고, 거래처 결제 대금으로 써서 '우리 회사 건재하다'는 걸 보여주는 겁니다. 필요하다면 유능한 전문 경영인을 영입할 실탄으로도 쓰이죠.

대표: 듣고 보니 보험금은 '회사 심폐소생기' 같은 느낌이네요. 나 없으면 풍비박산 날 회사를 돈으로 붙잡아둔다는 거군요.

컨설턴트: 정확하십니다, 대표님! 법인 계약은 대표님 유고 시 가족에게는 상속세를 낼 '현금'을, 회사에는 위기를 버텨낼 '실탄'을 동시에 제공하는 유일한 위기관리 시스템입니다. 남 좋은 일(세금) 시키지 마시고, 대표님의 땀방울을 끝까지 지킬 이 설계를 지금 당장 시작하셔야 하지 않겠습니까?

컨설턴트의 핵심 요약

회사에는 '경영 자금'이 필요하고, 가족에게는 '상속세 현금'이 필요합니다.

대표님, 이 모든 비극을 막는 방법은 의외로 간단합니다. 대표님 유고 시 법인 통장으로 '거액의 현금'이 즉시 발생하게 설계해두는 것입니다.

1. **법인 통장에 현금이 들어오면:** 그 돈으로 가족에게 '유족 보상금'을 당당하게 지급합니다.
2. **유족들은 그 현금으로:** 부동산이나 주식을 팔지 않고 상속세를 깔끔하게 납부합니다.
3. **결과적으로:** 대표님의 경영권은 지켜지고, 가족들의 생활 수준은 유지되는 것입니다.

지금 대표님의 자산 구조에서 상속세가 대략 얼마 정도 나올지, 그리고 그 세금을 내기 위해 '준비된 현금'은 몇 퍼센트나 되는지 진단해 볼까요?

7. 가업승계와 Closing 핵심 포인트

가업 승계시 위험 요인	
상속세 납부를 위한 금융자산 부재	금융기관의 법인 부채 상환 요구 대응 불가
가업 미승계 자녀의 유류분 청구소송	

해결 방안	
은행 예적금 가입	보험 상품 가입
실현 가능성이 높은 상품은?	

가업승계 핵심 요약: 위기를 극복하는 설계

1. 가업승계 시 3대 위험 요인 (Risk)

- **상속세 부담 (현금 부족):** 가업 자산의 대부분은 '주식'과 '부동산'입니다. 세무서에 낼 수십억 원의 현금이 없으면, 자녀는 세금을 내기 위해 아까운 회사 주식을 팔거나 건물을 급매해야 합니다.
- **경영권 약화 (지분 분산):** 세금 대신 주식을 국가에 내거나(물납), 외부 자금을 끌어오다 보면 자녀의 지분율이 떨어집니다. 이는 곧 외부 세력의 경영 간섭이나 경영권 박탈로 이어질 수 있습니다.
- **연대보증 및 부채 리스크:** 대표님 부재 시 은행은 승계자에게 대출금 조기 상환을 요구하거나 추가 담보를 요구합니다. 경험 없는 후계자에게 자금 압박은 경영 포기라는 최악의 선택을 하게 만듭니다

2. 가업 승계를 준비할 때

은행(예·적금)과 보험(종신·경영인 정기보험)은 각각의 장단점이 뚜렷합니

다. 결론부터 말씀드리면, 단기적인 유동성 확보는 은행이 유리하지만, 거액의 상속세 재원 마련과 절세 효과 측면에서는 보험이 더 효과적인 도구로 평가받습니다

구분	은행 (예·적금)	보험 (종신/경영인 정기보험)
주요 목적	단기 유동성 확보 및 안전 자산 예치	**상속세 재원 마련** 및 법인세 절감
자금 확보	납입한 원금 + 이자 수준	**사망 시 고액의 보험금 즉시 수령**
절세 혜택	거의 없음 (이자소득세 발생)	**법인세 비용 처리** 가능 (경영인 정기보험)
납입 방식	자유롭거나 정해진 금액 적립	매월 일정액 납입 (장기 계약)
리스크	인플레이션에 따른 실질 가치 하락	중도 해지 시 원금 손실 가능성

3. 가업 승계 시 보험이 효과적인 이유 (CEO 플랜)

가업 승계의 가장 큰 걸림돌은 '현금화하기 어려운 자산(주식, 부동산)에 대한 고액의 상속세'입니다.

- **즉각적인 현금 유동성:** 갑작스러운 유고 시, 은행 적금은 모은 만큼만 받지만 보험은 가입 즉시 정해진 고액의 보험금을 지급하므로 상속세 납부 재원으로 바로 활용 가능합니다.
- **법인세 절감 (경영인 정기보험):** 법인이 계약자이고 대표가 피보험자인 경우, 납입 보험료를 비용(손금)으로 처리하여 매년 법인세를 줄이는 효과가 있습니다.
- **자산의 개인화:** 보험금을 통해 대표이사의 퇴직금을 마련하거나, 유가족에게 상속 재원을 합법적으로 넘겨주는 통로가 됩니다.
- **상속 분쟁 방지:** 보험금은 수익자를 특정할 수 있어, 유언장 없이도 승계자에게 자금을 집중시키거나 비승계 자녀에게 상속 지분을 보전해 주는 용도로 쓰입니다.

컨설턴트의 핵심 요약

가업 승계는 최소 10년 이상의 긴 호흡이 필요합니다. 은행 상품은 비상시를 대비한 '현금 보유' 차원에서 관리하시고, 실질적인 승계 비용(세금) 마련은 보험 상품의 레버리지 효과(적은 보험료로 큰 사망보험금 확보)를 활용하는 것이 전략적으로 훨씬 유리합니다.

화법으로 마스터하기

컨설턴트: 대표님, 평생 일구신 이 회사를 자녀분께 물려주실 준비는 어떻게 되어 가시나요? 사실 많은 경영자가 사업 확장에만 집중하다가 승계 시점에 세 가지 큰 파도를 맞고 무너지는 경우가 많습니다. 바로 상속세 부족, 경영권 약화, 그리고 부채 리스크입니다.

대표: 세금 무서운 거야 알죠. 하지만 우리 회사는 매출도 꾸준하고 공장 부지도 제법 커서 자산은 충분합니다. 나중에 그 자산들로 어떻게든 해결되지 않겠습니까?

컨설턴트: 그게 바로 첫 번째 위험인 '상속세 현금 부족'의 함정입니다. 대표님, 세무서는 부동산이나 주식으로 세금을 대신 받는 것을 반기지 않습니다. 수십억 원의 세금을 '현금'으로 내라고 하죠. 자녀분이 그 현금이 없으면 어떻게 될까요? 결국 아까운 회사 주식을 헐값에 팔거나, 멀쩡한 건물을 급매로 내놓아야 하는 상황이 벌어집니다.

대표: 주식을 좀 팔아서 세금을 내면 되지 않나요? 자녀가 물려받을 지분이 많으니까요.

컨설턴트: 그 지점이 바로 두 번째 위험인 '경영권 약화'입니다. 세금 때문에 지분을 매각하거나 국가에 주식으로 납부(물납)하게 되면 자녀분의 지분율이 뚝 떨어집니다. 이때를 노리고 외부 세력이 경영에 간섭하거나, 심지어 경영권을 박탈당하는 사례가 허다합니다. 평생의 업적이 남의 손에 넘어가는 순간이죠.

대표: 경영권까지 흔들린다면 심각하군요. 그래도 회사가 탄탄하니 은행 대출 같은 건 큰 문제가 안 되지 않을까요?

컨설턴트: 그게 마지막 세 번째인 '연대보증 및 부채 리스크'입니다. 냉정하게 들리시겠지만, 은행은 대표님의 경영 능력과 신용을 보고 돈을 빌려준 겁니다. 대표님 부재 시, 경험 없는 후계자를 본 은행은 즉시 대출금 조기 상환을 요구하거나 추가 담보를 압박합니다. 승계하자마자 자금 압박에 시달리면 결국 경영 포기라는 최악의 선택을 하게 됩니다.

대표: 듣고 보니 자산이 많은 게 능사가 아니군요. 결국 '준비되지 않은 승계'는 자녀에게 독이 될 수도 있다는 뜻이네요.

컨설턴트: 요약하여 다시 한번 말씀드리면 다음과 같습니다

위험 요인	위기 상황 (Risk)	핵심 결과
상속세 부담	가업 자산(주식·부동산)의 현금화 어려움	자산의 급매 및 손실 발생
경영권 약화	세금 납부를 위한 지분 매각 및 물납	외부 세력의 경영 간섭 및 박탈
부채 리스크	CEO 부재 시 은행의 대출금 상환 압박	자금난으로 인한 경영 포기

컨설턴트: 대표님, 가업 승계는 짧게는 10년, 길게는 그 이상을 내다보는 장기전입니다. 현재 승계 자금 마련은 어떻게 계획하고 계신가요?

대표: 뭐 특별한 게 있겠습니까? 그냥 은행에 꼬박꼬박 적금 넣고 있어요. 그게 가장 안전하고, 나중에 필요할 때 바로 꺼내 쓸 수 있으니까요.

컨설턴트: 안정성을 최우선으로 하시는군요. 물론 은행 적금은 단기적인 유동성 확보에는 좋습니다. 하지만 '승계 재원 마련'이라는 특수 목적에서는 치명적인 약점이 있습니다. 바로 시간과 금액의 불확실성이죠.

대표: 시간과 금액의 불확실성이라니요? 적금은 정해진 이자 붙여서 주는 거 아닙니까?

컨설턴트: 그렇죠. 하지만 은행은 '대표가 납입한 원금에 이자'만큼만 줍니다. 만약 30억 원의 상속세가 필요한데, 적금을 5억 원 부었을 때 유고 상황이 발생하면 어떻게 될까요? 나머지 25억 원은 고스란히 유가족과 회사의 짐이 됩니다. 즉, 은행은 저축을 완료해야만 자금이 완성됩니다.

대표: 음, 그건 그렇겠네요. 그럼 보험은 뭐가 다르다는 건가요?

컨설턴트: 보험은 '가입 즉시 목표한 금액이 확정'된다는 점이 가장 큰 차이입니다. 첫 회 보험료만 내더라도 유고 시 약정한 고액의 사망보험금이 즉시 지급되죠. 적금은 시간이 흘러야 돈이 만들어지지만, 보험은 가입과 동시에 상속세 재원이 100% 준비되는 레버리지 효과가 있습니다.

대표: 하지만 보험은 사업 비용으로 쓰기엔 좀 아깝다는 생각이 들어서요.

컨설턴트: 오히려 반대입니다. 경영인 정기보험을 활용하면 납입 보험료를 법인 비용으로 처리할 수 있어 매년 법인세 절감 효과까지 누릴 수 있습니다. 은행 적금은 이자에 소득세를 내야 하지만, 보험은 절세와 재원

마련을 동시에 해결하는 전략적 도구인 셈이죠.

대표: 적금은 모으는 중에 일이 생기면 대책이 없는데, 보험은 시작과 동시에 재원이 확보된다는 점이 확실히 매력적이군요.

컨설턴트: 네 그점이 많은 대표님들이 상속에 대비하기 위해 보험을 활용하는 이유입니다

컨설턴트의 핵심 요약

- **승계의 3대 위기:** 준비 없는 승계는 상속세 현금 부족, 경영권 약화, 대출 상환 압박등 으로 평생 일군 회사를 존폐 위기로 몰아넣을 수 있습니다.
- **적금의 한계 vs 보험의 레버리지:** 적금은 시간이 필요하지만, 경영인 정기보험은 가입 즉시 목표한 상속세 재원을 확정하여 유고 시 자산 급매나 경영권 상실 리스크를 즉각 차단합니다.
- **법인 세제 혜택:** 보험료를 법인 비용으로 처리하여 매년 법인세를 절감하는 동시에, 효율적으로 승계 자금을 마련하는 것이 경영자의 전략적 선택임을 강조합니다.

8. 자기주식취득 활용 가업승계 Closing 핵심 포인트

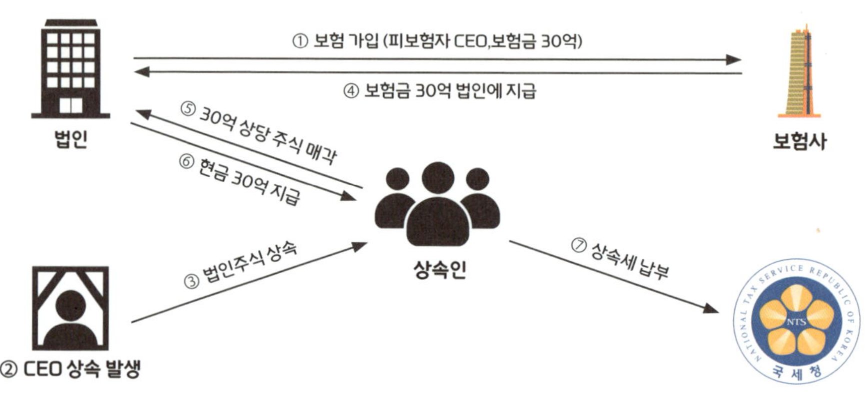

유동성이 부족한 법인의 보험을 활용한 자기주식취득과 상속세 해결플랜

1단계: 보험 계약 및 준비

① **보험 가입:** 법인이 계약자가 되어 CEO를 피보험자로 하는 종신보험 또는 정기보험에 가입합니다. 예시: 보험금 30억 원 설정

② **법인세 절감:** 가입 기간 동안 납입하는 보험료를 법인의 비용으로 처리하여 법인세를 절감할 수 있습니다.

2단계: 상속 발생 및 보험금 수령

① **CEO 상속 발생:** 피보험자인 CEO의 사망으로 상속이 개시됩니다.

② **법인 주식 상속:** CEO가 보유했던 법인의 주식이 상속인에게 승계됩니다.

③ **보험금 지급:** 보험사는 수익자인 법인에게 약정한 보험금(30억원)을 지급합니다.

3단계: 자금 확보 및 상속세 납부

① **주식 매각:** 상속인은 승계받은 주식 중 일부(보험금 상당액)를 법인에 매각(자기주식 취득 등)합니다.

② **현금 지급:** 법인은 보유한 보험금(30억 원)을 주식 매매 대금으로 상속인에게 지급합니다.

③ **상속세 납부:** 상속인은 법인으로부터 받은 현금을 활용하여 국세청에 상속세를 납부합니다.

컨설턴트의 핵심 요약

- **유동성 확보:** 부동산이나 주식 등 현금화가 어려운 자산 위주의 가업 승계에서 즉각적인 현금을 확보할 수 있습니다.
- **경영권 방어:** 외부 자금 차입 없이 법인 내부 자금(보험금)으로 주식을 정리하여 경영권을 안정적으로 유지할 수 있습니다.
- **실현 가능성:** 은행 예적금은 목표 금액을 모으기 전 유고 시 재원이 부족할 수 있으나, 보험은 가입 즉시 목표한 상속 재원을 확정 짓는 효과가 있어 실현 가능성이 매우 높습니다.

화법으로 마스터하기

(유동성 부족 법인을 위한 '자기주식 활용 상속 플랜' 대화)

컨설턴트: 대표님, 우리 회사는 자산은 많지만 당장 가용한 현금, 즉 유동성이 부족한 게 가장 큰 고민이시죠? 만약 지금 당장 승계가 발생한다면

자녀분이 수십억 원의 상속세를 낼 현금이 있을까요?

대표: 그게 제일 걱정입니다. 회사에 돈이 묶여 있으니 개인적으로 현금을 마련하기가 쉽지 않거든요. 주식을 팔자니 경영권이 걱정되고요.

컨설턴트: 그래서 '보험을 활용한 자기주식취득 플랜'이 필요합니다. 3단계로 나누어 설명해 드릴게요. 1단계는 '준비'입니다. 법인이 계약자가 되어 대표님을 피보험자로 하는 보험에 가입하는 겁니다. 납입하는 보험료는 법인 비용으로 처리되어 매년 법인세까지 줄여주죠.

대표: 법인 돈으로 준비한다는 건 알겠는데, 나중에 그 보험금을 자녀가 어떻게 상속세로 쓰나요? 보험금 수익자는 법인일 텐데요.

컨설턴트: 그 질문이 핵심입니다. 2단계, '상속 발생' 상황을 보시죠. 유고 시 보험사는 수익자인 법인에 약정한 보험금(예: 30억 원)을 즉시 지급합니다. 동시에 자녀분은 대표님의 주식을 상속받게 됩니다. 하지만 여전히 자녀분 손에는 주식만 있고 세금 낼 현금은 없죠.

대표: 맞아요. 법인에 들어온 30억 원을 자녀에게 그냥 줄 수는 없지 않습니까?

컨설턴트: 그렇습니다. 그래서 3단계, '자기주식 취득' 절차를 밟는 겁니다. 자녀분이 상속받은 주식 중 일부를 법인에 파는 거죠. 법인은 보험금으로 받은 30억 원을 주식 매매 대금으로 자녀분께 지급합니다. 자녀분은 그 현금으로 상속세를 완납하게 되는 플랜입니다.

대표: 아, 법인은 보험금으로 주식을 사오고, 자녀는 그 주식을 판 돈으로 세금을 내는 구조군요! 그럼 회사 주식은 어떻게 되나요?

컨설턴트: 법인이 자기주식으로 보유하게 되므로 외부로 지분이 유출되

지 않습니다. 결과적으로 외부 자금 차입 없이 법인 내부 자금으로 세금 문제를 해결하면서 경영권도 안정적으로 지킬 수 있는 거죠. 은행 적금으로는 도저히 불가능한 '즉각적인 유동성 확보'가 이 플랜의 최대 장점입니다.

대표: 회사의 유동성 문제와 자녀의 상속세 고민을 동시에 해결할 수 있는 아주 명쾌한 방법이네요.

컨설턴트: 다시한번 요약해 설명 드리면 다음과 같습니다

플로우 요약: 보험금 기반 자기주식취득 전략

단계	주요 내용	핵심 역할
1단계:준비	법인 계약 보험 가입 (CEO 피보험자)	**법인세 절감 및 재원 축적**
2단계:발생	CEO 유고 및 법인의 보험금 수령	법인 내 **30억 현금** 즉시 확보
3단계:실행	**상속인 주식과 법인 현금 교환**	상속세 납부 및 경영권 방어

컨설턴트의 핵심 요약

- **현금 확보:** 현금화 어려운 주식·부동산 대신 즉각적인 현금 제공.
- **경영권 방어:** 제3자 매각 없이 자기주식으로 처리하여 지분 유출 방지.
- **확실성:** 은행처럼 모으는 중이 아니라, 가입과 동시에 상속 재원 확정.

9. 법인의 금융상품과 Closing 핵심 포인트

가입시 자산처리 상품	가입시 비용 처리 가능 상품
은행 예·적금 상품	CEO정기보험 (전액)
채권 주식	순수보장성 화재보험(전액)
펀드 및 주식 연계 증권	종업원 단체보험(전액)
저축성 보험	임직원 퇴직연금(전액)
종신보험 일부(해약금상당액)	종신보험 일부(위험 및 사업비)

만기 환급금이 없는 보험은 납입보험료 전액 비용처리가 가능하며, 중도 해지시 또는 보험금 수령시 익금산입됨

은행 예·적금 vs 법인 보험 비교

가장 큰 차이는 회계상 '자산'으로만 남느냐, 아니면 '비용'으로 인정받아 세금을 줄이느냐에 있습니다

1. 은행 예·적금의 특징 (자산 처리)

- **절세 무관:** 납입액이 그대로 자산으로 남아 법인세 감소 효과가 없습니다.
- **단기성:** 주로 단기 자금 운용에 활용되며, 미래에 발생할 수 있는 기업의 거대 리스크(CEO 부재 등)에 대응하기에는 한계가 있습니다.

2. 법인 보험의 특징 (비용 처리)

- **절세 혜택:** 만기 환급금이 없는 보장성 보험이나 퇴직연금 등은 납입 보험료 전액을 비용(손비)으로 처리할 수 있어 법인세를 낮추는 데 효과적입니다.
- **리스크 관리:** CEO의 유동성 위기나 갑작스러운 유고 시 경영권을 보호하는 '리스크 헤지' 수단으로 활용됩니다.
- **과세 이연:** 당장 나갈 세금을 나중(보험금 수령 시점 등)으로 미루는 효과가 있어 자금 흐름에 유리합니다.

컨설턴트의 핵심 요약

중소법인의 경우 금융자산 보유량이 적어 단기 운용만으로는 미래 리스크 관리에 취약할 수 있습니다. 따라서 법인세 절세와 장기적인 경영 안정성을 동시에 고려한다면 법인 보험이 필수적인 금융상품이 될 수 있습니다

- **주의사항:** 보험 상품 중 '저축성 보험'이나 '종신보험의 해약환급금 상당액'은 은행 예금처럼 자산으로 처리되므로, 상품 성격에 따른 정확한 회계 구분이 필요합니다.

화법으로 마스터하기

1. 은행에 넣어두면 내 돈, 보험에 넣으면 비용?

컨설턴트: 대표님, 회사 여유 자금을 은행 예금에만 넣어두시는 건, 국가에 낼 세금을 꼬박꼬박 다 내면서 재산을 지키겠다는 뜻과 같습니다. 예금은 장부상 '자산'이라서 세금 혜택이 0원이거든요.

대표: 아니, 내 돈 내가 은행에 차곡차곡 쌓아두겠다는데 그게 왜 세금이랑 상관이 있습니까? 내 통장에 숫자가 찍혀 있어야 든든하죠.

컨설턴트: 그 숫자가 나중에 대표님 지갑으로 들어올 때가 문제입니다. 은행 예금은 나중에 꺼내 쓸 때 수익으로 잡혀서 법인세를 또 때립니다. 하지만 법인 보험은 '비용'입니다. 보험료를 내는 순간 그만큼 이익이 줄어든 걸로 봐서 법인세를 깎아주죠. '내 돈을 모으면서, 세금은 나라에서 보조받는 방패'를 만드는 셈입니다.

2. 당장 쓸 돈도 없는데, 장기 리스크까지 챙겨야 합니까?

대표: 우리 같은 중소기업은 당장 운영자금 돌리기도 바빠요. 단기 적금이나 들어서 급할 때 쓰는 게 낫지, 보험처럼 길게 가져가는 건 부담스럽네요.

컨설턴트: 대표님, 그래서 더더욱 보험이 필요합니다. 중소기업은 대표님 한 분이 곧 회사의 전부잖아요? 대표님 신변에 작은 문제라도 생기면 은행 적금 몇천만 원이 회사를 살릴 수 있을까요? 보험은 아주 적은 비용으로 대표님 부재라는 거대 리스크를 막아주는 유일한 수단입니다. 단기 자금은 은행에, 회사의 명운을 건 장기 안전장치는 보험에 두셔야 합니다.

3. 세금을 나중으로 미루는 게(과세이연) 무슨 의미가 있죠?

대표: 나중에 환급금 받을 때 결국 세금 낸다면서요? 그럼 조삼모사 아닙니까? 지금 내나 나중에 내나 똑같은 거 아닌가 싶어서요.

컨설턴트: 전혀 다릅니다, 대표님. 지금 당장 낼 세금을 10년, 20년 뒤로 미루는 건 국가로부터 무이자 대출을 받는 것과 같습니다. 그 돈을 회사 운영 자금으로 더 굴릴 수 있으니까요. 결정적으로, 나중에 환급금을 받을 때 '대표님 퇴직금'으로 딱 맞춰서 지급하면, 들어오는 돈(환급금)과 나가는 돈(퇴직금)이 상쇄되어 법인세를 한 푼도 안 내고 회삿돈을 대표님 개인 자산으로 옮길 수 있습니다.

컨설턴트의 핵심 요약

대표님, 은행 예적금은 '세금 다 내고 남은 돈을 모으는 것'이고, 법인 보험은 '세금을 아껴서 대표님의 미래를 사는 것'입니다. 지금 당장 장부상에 자산으로 잡히느냐, 비용으로 털어내느냐의 차이가 10년 뒤 대표님의 퇴직금 액수를 바꿉니다. 물론 모든 보험이 다 비용 처리가 되는 건 아닙니다. 저축성이나 종신보험의 환급금 부분은 예금처럼 자산으로 잡히니, 반드시 전액 비용 처리가 가능한 '보장성 플랜'인지 저와 함께 꼼꼼히 따져보셔야 합니다.

10. 정기보험의 비용처리와 Closing 핵심 포인트

■ 국세청 서면-2018-법인-1779(2018.7.18)

1. 사실관계

○ 질의법인은 대표이사를 피보험자로 하는 만기환급금이 없는 보장성보험에 가입하였으며

- 계약 형태는 계약자 및 수익자는 법인, 피보험자는 대표이사로 하여 월 300만원 납입, 90세 만기 납부로
- 질의법인의 경우 대표이사의 퇴직시점에 대한 언급은 없음

(단위 : 백만원)

결과연수	1년	2년	10년	42년(90세)
납입보험료(누계)	36	72	360	1,524
해지환급금	0.5	32	338	0

2. 질의내용

○ 내국법인이 대표이사를 피보험자로 하고, 법인을 보험계약자 및 수익자로 하는 만기환급금이 없는 보장성보험에 가입하는 경우 보험료의 세무처리 방법

【답변요지】

내국법인이 대표이사를 피보험자로 하고 계약자와 수익자를 법인으로 하는 보장성보험에 가입 한 경우, 법인이 납입한 보험료 중 만기환급금에 상당하는 보험료 상당액은 자산으로 계상하고 기타의 부분은 이를 보험기간의 경과에 따라 손금에 산입하는 것으로 피보험자인 대표이사의 퇴직기한이 정해지지 않아 사전에 해지환급금을 산정할 수 없어 만기환급금에 상당하는 보험료 상당액이 없는 경우에는 내국법인이 납입한 해당 보험료를 보험기간의 경과에 따라 손금에 산입하는 것이며 상기 보장성보험의 해약으로 지급받는 해약환급금은 해약일이 속하는 사업연도의 소득금액 계산시 익금에 산입하는 것입니다.

국세청 정기보험 관련 예규 및 판례 요약

법인이 납부하는 보험료가 세무상 '손금(비용)'으로 인정받기 위해서는 국세청이 제시하는 세 가지 핵심 요건을 충족해야 합니다

1. 비용 인정의 3대 요건

- **보험의 형태 (보장성):** 만기 시 환급금이 없거나 극히 적은 순수보장성 보험이어야 합니다. 적립금이 포함된 저축성 성격이 짙으면 그 부분은 자산으로 분류됩니다.
- **수익자의 귀속 (법인):** 보험계약자와 수익자가 모두 '법인'이어야 합니다. (피보험자는 대주주인 대표)
  ※ 만약 수익자가 개인이면 해당 보험료는 법인의 비용이 아니라 해당 개인의 '급여'나 '상여'로 보아 소득세가 과세됩니다.
- **업무 관련성:** 해당 보험 가입이 법인의 사업 운영과 관련이 있어야 합니다. (예: CEO 유고 시 경영 안정 자금 확보 등)

2. 주요 예규 및 판례 내용 (요점)

- **보험료 전액 손비 인정 (서면-2020-법인-0936(법인세과-926) 등):** 만기환급금이 없는 보장성 보험에 가입하고 법인이 수익자인 경우, 납입하는 보험료는 '보험기간의 경과에 따라' 전액 손금으로 산입합니다. 특히 임원의 퇴직 기한이 확정되지 않아 해지환급금을 미리 산정할 수 없는 경우, 납입 시점에 비용 처리가 가능합니다.
- **해지 시 처리 (익금 산입):** 보험료를 낼 때는 비용 처리로 법인세를 감면받지만, 추후 보험을 해지하여 해약환급금을 받을 때는 그 금액 전액이 법인의 수익(익금)으로 잡혀 법인세가 부과됩니다.
- **핵심:** 이 시점에 CEO 퇴직금 등을 지급하여 '비용'을 발생시키면, 환급금(수익)과 퇴직금(비용)이 상쇄되어 세금 부담 없이 자금을 인출할 수 있습니다. (과세 이연 효과)

- **개인사업자 불가:** 국세청 예규에 따르면 개인사업자 본인을 위한 정기보험료는 가사 관련 비용으로 보아 필요경비로 인정되지 않습니다. 오직 법인만이 이 혜택을 누릴 수 있습니다.

컨설턴트의 핵심 요약

국세청은 정기보험을 위험 보장을 위한 비용으로 인정해 주는 추세입니다. 따라서 법인 입장에서는 다음과 같은 전략적 이점이 있습니다.

- **현금 흐름 개선:** 매달 나가는 보험료를 비용 처리함으로써 매년 법인세 납부액을 즉각적으로 줄일 수 있습니다.
- **세금의 이연:** 당장 낼 세금을 미래(보험 해지 시점)로 미룸으로써 자산 운용의 효율성을 높입니다.
- **자산의 비용화:** 은행 예금은 자산으로 묶여 세금 혜택이 0원이지만, 보험은 납입액의 약 10~20% (법인세율만큼)를 법인세 절감효과가 있어 매년 국가로부터 보조받는 것과 다름없는 효과를 봅니다.

보험은 단순한 지출이 아니라, 세금을 줄이면서 회사의 안전장치를 만드는 가장 효율적인 비용 관리 수단이라는 것이 국세청 예규가 뒷받침하는 결론입니다

화법으로 마스터하기

1. 보험료 전액 비용 처리, 국세청이 태클 안 걸까요?

컨설턴트: 대표님, 많은 대표님이 걱정하시는 게 '보험료 내는 걸 국세청이 비용으로 봐줄까?' 하는 점입니다. 결론부터 말씀드리면, 국세청 서면답변에 의하면 아주 명확합니다. 일정한 요건만 맞으면 납입하는 보험료 전액을 그해의 비용(손금)으로 인정해 줍니다.

대표: 아니, 나중에 돈 돌려받는 보험인데 그게 어떻게 전액 비용입니까? 국세청이 그렇게 호락호락하지 않을 텐데요.

컨설턴트: 맞습니다. 그래서 세 가지 조건이 딱 맞아야 합니다. 첫째, 만기 환급금이 없는 '보장성'이어야 하고, 둘째, 계약자와 수익자가 모두 '법인', 피보험자는 '대표이사'이어야 하며, 셋째, 회사 운영을 위한 목적이어야 하죠. 이 요건만 지키면 국세청도 '아, 이건 회사가 위험에 대비하기 위해 쓰는 정당한 비용이구나'라고 인정해 줍니다.

2. 나중에 환급금 받을 때 세금 폭탄 맞는 거 아닙니까?

대표: 지금 비용 처리해서 세금 아껴도, 나중에 해지해서 환급금 들어오면 그게 다 이익으로 잡혀서 세금 왕창 내야 한다던데... 결국 조삼모사 아닙니까?

컨설턴트: 그게 바로 이 플랜의 핵심이자 '기술'이 들어가는 지점입니다. 환급금이 들어와서 법인세가 늘어날 때, 그 돈을 그대로 대표님의 퇴직금으로 지급하는 겁니다. 들어온 돈(환급금)은 수익이지만, 나가는 돈(퇴직금)은 비용이죠? 둘이 만나서 0원이 됩니다. 결과적으로 법인세 한 푼 안 내고 회삿돈을 대표님 개인 자금으로 합법적으로 옮기는 '과세 이연'의 마법이 완성되는 겁니다.

3. 개인사업자는 안 되고 법인만 된다고요?

대표: 내 친구는 개인사업자인데 자기 보험료는 경비 처리가 안 된다고 하더라고요. 법인은 왜 되는 겁니까?

컨설턴트: 그게 법인만의 특권입니다. 국세청 예규상 개인사업자 본인을 위한 보험료는 '가사 비용'으로 보지만, 법인은 대표님과 회사가 별개의 인격체이기 때문입니다. 회사가 핵심 인재인 대표님의 유고를 대비해 비용을 쓰는 건 지극히 정당한 경영 활동으로 보는 거죠. 예금은 자산이라 혜택이 없지만, 보험은 법인세율(10~20%)만큼 매년 국가에서 보조금을 받으며 돈을 모으는 것과 같습니다.

컨설턴트의 핵심 요약

대표님, 국세청 예규가 말하는 핵심은 이겁니다. '보험은 단순한 지출이 아니라, 세금을 줄이면서 회사의 안전장치를 만드는 가장 똑똑한 비용 관리 수단'이라는 거죠. 나라에서 인정해 주는 합법적인 방패를 안 쓸 이유가 없지 않겠습니까?

국세청이 허락한 비용 처리 3대 원칙

1. **순수보장성일 것** (저축성은 자산으로 봅니다)
2. **수익자는 법인일 것** (개인이면 상여금으로 보아 소득세가 나갑니다)
3. **가입목적은 대표이사 보장** (다만 다양한 용도로 사용 가능)
4. **퇴직금과 연계할 것** (그래야 나중에 들어올 환급금 세금을 막습니다)

11. 보험 환급액의 퇴직연금 일시납입과 Closing 핵심 포인트

■ 보험 환급액 DC 불입과 비용처리

(대법원 2019.10.18. 선고 2016두48256 판결)

[세　　목] 법인　　　**[판결유형]** 국패

[사건번호] 대법원-2016-두-48256(2019.10.18)

[직전소송사건번호] 서울고등법원-2015-누-62349(2019.07.07)

[심판청구 사건번호]

[제　　목]

임원 확정기여형퇴직연금은 납입일이 속하는 사업연도에 전액 손금산입함

[요　　지]

임원에 대한 확정기여형퇴직연금은 임원퇴직급여지급기준이 정당하지 않더라도 납입 일이 속하는 사업연도에 손금산입 후 임원이 실제 퇴직하는 사업연도에 한도초과액 손금불산입하며, 납입일이 속하는 사업연도에 납입한 퇴직연금부담금만으로 조세부담 을 부당히 감소시킨 경우에 해당하는지 단정하기 어려우므로 부당행위계산부인을 적 용할 수 없음

[판결내용]

판결 내용은 붙임과 같습니다.

법인세법시행령 제44조의 2 [퇴직보험료 등의 손금불산입]

③ 제2항에 따라 지출하는 금액 중 **확정기여형 퇴직연금 등** (「근로자퇴직급여 보장법」 제19조에 따른 확정기여형 퇴직연금, 같은 법 제23조의6에 따른 중소기업퇴직연금기금제도, 같은 법 제24조에 따른 개인형퇴직연금제도 및 「과학기술인공제회법」에 따른 퇴직연금 중 확정기여형 퇴직연금에 해당하는 것을 말한다. 이하 같다)**의 부담금은 전액 손금에 산입한다.** 다만, **임원에 대한 부담금**은 법인이 퇴직 시까지 부담한 부담금의 합계액을 퇴직급여로 보아 제44조 제4항을 적용하되, 손금산입한도 초과금액이 있는 경우에는 **퇴직일이 속하는 사업연도의 부담금 중 손금산입 한도 초과금액 상당액을 손금에 산입하지 아니하고, 손금산입 한도 초과금액이 퇴직일이 속하는 사업연도의 부담금을 초과하는 경우 그 초과금액은 퇴직일이 속하는 사업연도의 익금에 산입**한다.(2022.02.15 개정)

🏛 보험 환급금의 법인세 문제와 DC형 퇴직연금 솔루션

법인이 가입한 보장성 보험료는 납입 시 비용 처리가 가능하지만, 중도 해지나 만기 시 수령하는 환급금은 법인의 이익(익금)으로 잡혀 법인세 부담을 높입니다. 이를 상쇄하기 위해 동일 사업연도 내에 대표이사의 DC형 퇴직연금 부담금으로 불입하는 전략을 사용합니다.

1. 세무적 핵심 원리: 익금과 손금의 상쇄

- **익금 발생:** 보험 해지 시 수령하는 환급금은 법인의 순자산을 증가시키므로 해당 사업연도의 소득금액에 산입됩니다.
- **손금 발생:** 법인이 임원을 위해 납입하는 DC형 퇴직연금 부담금은 전액 손금(비용)으로 인정됩니다.
- **상쇄 효과:** 보험 환급금이라는 '수익'이 발생한 시점에 DC형 퇴직연금 부담금이라는 '비용'을 발생시켜 법인세 증가를 실질적으로 막거나 최소화합니다

2. 관련 대법원 판례 (대법원 2016두48256)

임원의 DC형 퇴직연금 불입액에 대한 손금 산입 시점에 관한 매우 중요한 판결입니다.

- **판결 요지:** 임원에 대한 DC형 퇴직연금 부담금은 납입일이 속하는 사업연도에 일단 전액 손금에 산입합니다.
- **세부 내용:** 임원 퇴직급여 지급 규정이 다소 미비하더라도, 납입 시점에는 전액 비용으로 인정하며, 실제 임원이 퇴직하는 시점에 한도 초과 여부를 따져 정산합니다.
- **시사점:** 보험 환급금이 들어온 해에 거액의 DC형 부담금을 불입하더라도, 그해의 법인세 계산 시 비용으로 즉시 인정받을 수 있다는 법적 근거가 됩니다.

3. 국세청 예규 및 법인세법 시행령 (법인세법 시행령 제44조의2)

- **전액 손금 인정:** 내국법인이 임원 또는 사용인을 위해 납입하는 확정기여형(DC) 퇴직연금 부담금은 전액 손금에 산입합니다.
- **선불입 인정:** 임원의 퇴직급여 추계액을 초과하여 선불입한 경우에도, 일단 납입한 사업연도의 손금으로 인정하고 퇴직 시점에 한도를 초과하는 부분만 불산입합니다.
- **회계 처리:** 해지환급금을 법인 계좌로 수령(익금)한 후, 이를 임원 퇴직금 지급 규정에 근거하여 DC형 계좌로 불입(손금)하면 세무상 리스크 없이 자산의 성격을 변경할 수 있습니다.

컨설턴트의 핵심 요약

이 구조를 활용하면 보험 상품은 법인에게 다음과 같은 최상의 비용 효율성을 제공합니다.

- **납입 단계:** 보험료 전액 비용 처리로 매년 법인세 절감.
- **환급 단계:** 환급금 수령으로 인한 법인세 폭탄을 DC형 퇴직연금 불입을 통해 원천 차단.
- **최종 혜택:** 사실상 법인 자금을 세금 손실 없이 대표이사의 개인 자산(퇴직금)으로 이전하는 과세 이연 및 절세 전략의 완성입니다.
- **주의사항:** 임원 퇴직금 지급 규정(정관 또는 정관의 위임에 의한 규정)이 사전에 완비되어 있어야 하며, DC형 퇴직연금 가입 시 임원 한도 초과 여부를 전문가와 함께 반드시 점검해야 합니다.

화법으로 마스터하기

1. 환급금 들어오면 세금 폭탄 아닙니까?

대표: 컨설턴트님, 다 좋은데 보험 해지해서 환급금 수억 원이 회사 통장

에 들어오면, 그거 다 '이익'으로 잡혀서 법인세 왕창 내야 하잖아요? 배보다 배꼽이 더 큰 거 아닙니까?

컨설턴트: 정확한 지적이십니다, 대표님. 환급금은 법인의 '수익(익금)'이라 그대로 두면 법인세 타깃이 되죠. 하지만 해결책이 있습니다. 환급금이 들어오는 그해에, 그 돈을 대표님의 DC형 퇴직연금 계좌로 바로 쏴버리는 겁니다. 수익이 들어온 만큼 비용(손금)을 발생시켜서 세금을 '0'으로 만드는 상쇄 전략이죠.

2. 한꺼번에 큰돈을 넣어도 비용 인정이 되나요? 국세청이 가만있을까요?

대표: 아니, 갑자기 수억 원을 퇴직연금에 넣으면 국세청에서 '이거 너무 과하다'며 비용 처리를 안 해줄 것 같은데... 법적으로 근거가 있는 이야기입니까?

컨설턴트: 대표님, 우리에겐 대법원 판례(2016두48256)라는 아주 든든한 백이 있습니다. 대법원은 '임원의 DC형 퇴직연금은 일단 납입한 그해에 전액 비용(손비)으로 인정하라'고 판결했습니다. 정관 규정이 조금 미비하거나 나중에 퇴직 시점에 한도를 따지는 한이 있더라도, 일단 넣은 시점에는 세금을 깎아주라는 거죠. 국세청 예규도 마찬가지로 선불입을 인정해 주고 있습니다.

3. 결국 내 주머니로 안전하게 옮기는 거네요?

대표: 그러니까... 보험으로 매달 법인세 아끼다가, 나중에 목돈 들어올

때 퇴직연금에 넣어서 또 법인세를 막고, 결국 그 돈은 내 퇴직금이 된다는 거군요?

컨설턴트: 그렇습니다! 이게 바로 '자산의 성격 변경'입니다. 회사 장부에 있으면 '세금 낼 돈'이지만, DC형 계좌로 넘어가는 순간 '대표님의 개인 자산'이 됩니다. 납입할 때는 비용 처리해서 세금 아끼고, 환급받을 때는 퇴직연금으로 법인세 폭탄을 원천 차단하는, 그야말로 법인만이 누릴 수 있는 최상의 절세 시나리오입니다.

컨설턴트의 핵심 요약

대표님, 보험 환급금이 법인세 폭탄이 될지, 대표님의 든든한 노후 자금이 될지는 'DC형 퇴직연금'이라는 징검다리를 어떻게 놓느냐에 달렸습니다. 대법원과 국세청이 길을 열어줬으니, 우리는 그 길로 안전하게 자산을 옮기기만 하면 됩니다.

12. 법인 보험료 납입과 회계처리

■ 보험료 종류에 따른 법인의 납입 보험료 회계처리

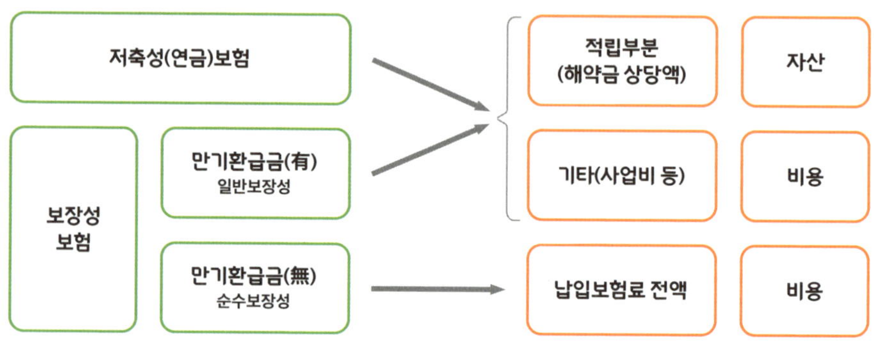

1. 일반 보장성 보험 (종신보험 등)

CEO의 유고 리스크나 유족보상금을 목적으로 가입하는 경우입니다.

- **조건:** 계약자 = 법인, 피보험자 = 임원(대표), 수익자 = 법인
- **회계처리 원칙:** 납입 보험료 중 '위험보험료'와 '부가보험료'는 비용(보험료)으로 처리하고, '해약환급금'에 해당하는 부분은 자산(보험예치금)으로 처리하는 것이 원칙입니다.

[사례] 월 보험료 100만 원 납입 시 (가정: 해약환급금 적립률 70%)

차변 (Debit)	대변 (Credit)
보험예치금(자산) 700,000원	**현금및현금성자산** 1,000,000원
보험료(비용) 300,000원	

핵심 포인트

과거에는 전액 비용 처리를 주장하기도 했으나, 최근 과세당국은 **해약환급금 상당액을 자산으로 계상**하도록 권고합니다. 그래야 향후 세무조사 시 '자금의 부당 유출' 논란을 피할 수 있습니다. 다만, 대표이사를 피보험자로 하여 만기가 정해지지않은 경우에는 전액 비용처리 합니다,

2. 저축성 보험 (연금보험 등)

만기 시 환급금을 목적으로 하거나 단순 저축 목적일 경우입니다.

- **회계처리:** 납입액 전액을 자산(보험예치금 또는 장기금융상품)으로 처리합니다. 사업비(수수료) 정도만 비용 처리할 수 있습니다.
- **특징:** 법인의 이익을 단순히 뒤로 미루는 효과는 있으나, 보장성 보험처럼 '사고 시 고액의 현금 유입' 효과는 적습니다.

3. 보험금 수령 및 사고 발생 시 (유고 시)

대표님 유고로 법인에 보험금이 입금되었을 때의 처리입니다.

차변 (Debit)	대변 (Credit)
보통예금 1,000,000,000원	**보험예치금(자산 제거)** 50,000,000원
	자산수증이익(수익) 950,000,000원

4. 법인 납입 보험료관련 과세 기관 참고 자료

① 법인세법 기본 통칙

법인세법 2024년 기본 통칙

19-19…9【장기손해보험계약에 관련된 보험료의 손금산입범위】

보험기간 만료후에 만기 반환금을 지급하겠다는 뜻의 약정이 있는 손해보험에 대한 보험료를 지급한 경우에는 그 지급한 보험료액 가운데 적립보험료에 상당하는 부분의 금액은 자산으로 하고 그 밖의 부분의 금액은 이를 기간의 경과에 따라 손금에 산입한다. <개정 2024.03.15>

② 국심-2006-서-3194(종신 보험등 보장성 보험)

문서번호	국심-2006-서-3194		
결정유형	일부인용	세목	법인세
생산일자	2007. 04. 04.	귀속연도	2005
제목	쟁점보험료를 업무와 직접 관련없이 지급된 것으로 본 처분의 당부		
요지	쟁점보험료 중 해약환급금에 상당하는 금액은 저축성 보험료로서 손금불산입하여 자산으로 처리하고, 나머지 보장성보험료중 재해상해특약보험료는 임원급여로 보아 손금산입하며, 나머지는 업무와 직접 관련된 것으로 보아 손금산입함.		
내용	결정 내용은 붙임과 같습니다.		
관련법령	법인세법시행령 제44조, 국세기본법 제81조, 법인세법 제19조		
상세내용			

주문

○○세무서장이 2006.9.7. 청구법인에게 한 법인세 2001사업연도 8,437,800원, 2002사업연도 10,667,550원, 2003사업연도 9,916,930원, 2004사업연도 9,197,760원, 2005사업연도 7,884,490원의 부과처분과 법인소득금액 계산상 익금산입한 금액 119,018,493원 중95,098,133원을 김○○에게, 23,920,360원을 한○○에게 각각 상여처분하여 청구법인에게 한 소득금액변동통지는

1. 청구법인이 김○○과 한○○를 피보험자로 한 보험에 가입하여 2001~ 2005사업연도에 납입한 보험료 119,018,493원 중 각 과세기간 종료일 현재 해약환급금에 상당하는 62,735,487원은 손금불산입하여 자산(예치보험료)으로 계상하도록 하고

2. 나머지 보장성 보험료 56,238,006원 중 재해상해특약보험료 801,000원은 임원에 대한 급여(김○○ 507,000원, 한○○ 294,000원)로 보아 손금산입하며

3. 그 나머지 보장성 보험료 55,482,006원은 청구법인의 업무와 관련된 지급액으로 보아 손금산입하는 것으로 하여

4. 그 과세표준과 세액 및 소득금액변동통지 대상금액을 경정한다.
(각 금액의 내역은 <별지1>참조)

이유

1. 처분개요

가. 청구법인은 주류를 수입하여 국내에 판매하고 있는 주류도매법인으로 2000.12.27과 2001.12.22.에 청구법인을 계약자로 하고, 청구법인의 대표이사 김○○과 이사 한○○를 피보험자로 하는 종신보험(이하 "쟁점보험"이라 한다)에 가입하여 2001~2005사업연도에 총 119,018,493원의 보험료(김○○ 95,098,133원, 한○○ 23,920,360원이며 이하 "쟁점보험료"라 한다)를 지급하고, 법인소득금액 계산상 손금에 산입하였다.

나. 처분청은 쟁점보험이 퇴직금 등을 지급하기 위한 보험이 아닌 상해·생명보험이므로 쟁점보험료는 업무와 직접 관련이 있는 보험료에 해당되지 아니한다고 보아 청구법인의 소득금액 계산상 손금불산입하여 2006.9.7. 청구법인에게 법인세 2001사업연도 8,437,800원, 2002사업연도 10,667,550원, 2003사업연도 9,916,930원, 2004사업연도 9,197,760원, 2005사업연도 7,884,490원을 경정고지하고, 법인소득금액계산상 익금산입한 금액 119,018,493원을 소득의 귀속자에게 상여처분(김○○ 95,098,133원, 한○○ 23,920,360원)하여 청구법인에게 소득금액변동통지서를 발송하였다.

다. 청구법인은 이에 불복하여 2006.9.19. 심판청구를 제기하였다,

2. 청구인 주장 및 처분청 의견

가. 청구법인 주장

청구법인은 중요 임원이 재직기간 중 사망하거나 사고가 발생할 경우를 대비하여 동 임원을 피보험자로 하고 청구법인을 그 수익자로 하여 쟁점보험에 가입하였는 바, 법인이 피보험자를 임원 또는 종업원으로 하고 그 수익자를 법인으로 하여 보장성보험과 저축성보험에 가입한 경우에는 법인이 납입한 보험료 중 만기환급금에 상당하는 보험료 상당액은 자산으로 계상하고 기타 부분은 보험기간의 경과에 따라 손금에 산입하는 것이 타당하므로 (국세청 예규 서면2팀-1631,2006.8.28. 참조) 쟁점보험료 중 해약환급금에 상당하는 보험료는 손금불산입하여 자산으로 처리하고 나머지 소멸되는 부분의 보험료 중 해당 임원의 주주총회 승인 급여 범위내의 금액은 손금산입하는 것이 타당하다.

나. 처분청 의견

법인세법시행령 제44조의2 제1항의 규정에 의하면, 내국법인이 임원 또는 사용인의 퇴직금을

지급하기 위하여 불입하는 보험료 중 제2항 및 제3항의 규정에 의하여 손금에 산입하는 것 이외의 보험료등은 손금에 산입하지 아니한다고 규정하고 제2항 및 제3항에서 퇴직금을 지급하기 위한 보험료만 손금산입하도록 하고 있는 바, 청구법인을 임원의 근무 중 불의의 사고에 대비하기 위하여 쟁점보험에 가입하였다고 하나, 쟁점보험은 퇴직금을 지급하기 위한 보험이 아니라 생명보험이고, 또한 종신보험으로서 사실상 만기환급금이 없는 보험에 해당되므로 쟁점보험료를 업무와 관련이 없는 지급액으로 보아 손금불산입한 당초 처분은 정당하다.

3. 심리 및 판단

가. 쟁점

쟁점보험료가 청구법인의 업무와 직접 관련없이 지급된 것으로 보아 손금불산입하여 법인세를 과세하고, 귀속자에게 상여처분하여 청구법인에게 소득금액변동통지한 처분의 당부

나. 관련법령

○ **법인세법(2005.12.31. 법률 제7838호로 개정되기 전의 것) 제19조【손금의 범위】** ① 손금은 자본 또는 출자의 환급, 잉여금의 처분 및 이 법에서 규정하는 것을 제외하고 당해 법인의 순자산을 감소시키는 거래로 인하여 발행하는 손비의 금액으로 한다.

② 제1항의 규정에 의한 손비는 이 법 및 다른 법률에 달리 정하고 있는 것을 제외하고는 그 법인의 사업과 관련하여 발생하거나 지출된 손실 또는 비용으로서 일반적으로 용인되는 통상적인 것이거나 수익과 직접 관련된 것으로 한다.

○ **법인세법시행령(2005.12.31. 대통령령 제19255호로 개정되기 전의 것) 43조【상여금 등의 손금불산입】** ① 법인이 그 임원 또는 사용인에게 이익처분에 의하여 지급하는 상여금(제20조 제1항 각호의 1에 해당하는 성과급을 제외한다)은 이를 손금에 산입하지 아니한다. 이 경우 합명회사 또는 합자회사의 노무출자사원에게 지급하는 보수는 이익처분에 의한 상여로 본다.

② 법인이 임원에게 지급하는 상여금중 정관. 주주총회. 사원총회 또는 이사회의결의에 의하여 결정된 급여지급기준에 의하여 지급하는 금액을 초과하여 지급한 경우 그 초과금액은 이를 손금에 산입하지 아니한다.

○ **법인세법시행령 제44조의 2【퇴직보험료등의 손금불산입】**

① 내국법인이 임원 또는 사용인의 퇴직금을 지급하기 위하여 불입하는 보험료 또는 부금(이하 이 조에서 "보험료등"이라 한다)중 제2항 및 제3항의 규정에 의하여 손금에 산입하는 것 외의 보험료등응 이를 산입하지 아니한다.

② 내국법인이 임원 또는 사용인의 퇴직을 보험금 또는 신탁금(이하 이 조에서 "보험금등"이라 한다)의 지급사유로 하고 임원 또는 사용인을 피보험자 또는 수익자로 하는 보험 또는 신탁으로서 재정경제부령이 정하는 것(이하 이 조에서 "퇴직보험등"이라 한다)의 보험료등으로서 지출하는 금액은 당해 사업연도의 소득금액계산에 있어서 이를 손금에 산입한다.

③ 제2항의 규정에 의하여 손금에 산입하는 금액은 제1호의 금액에서 제2호의 금액을 차감한 금액을 한도로 하며, 2이상의 보험료등이 있는 경우에는 먼저 계약이 체결된 퇴직보

험등의 보험료등부터 손금에 산입한다.

1. 당해 사업연도종료일 현재 재직하는 임원 또는 사용인의 전원이 퇴직할 경우에 퇴직급여로 지급되어야 할 금액의 추계액(제44조의 규정에 의하여 손금에 산입하지 아니하는 금액을 제외한다)에서 당해 사업연도종료일 현재의 퇴직급여충당금을 공제한 금액에 상당하는 보험금등에 대한 보험료등에 대한 보험료등

2. 직전 사업연도종료일까지 지급한 보험료등

다. 사실관계 및 판단

(1) 청구법인은 2000.12.27.과 2001.12.22.자로 쟁점보험에 가입하였는 바, ○○○○생명보험 주식회사에서 발행한 「계약내역확인서」에 의하면, 쟁점보험의 가입내역 및 보장내역은 아래<표1>과 같다.

〈표1〉 청구법인의 무배당 종신보험 가입내역(2006.4.1. 현재)

보험종류 (계약일자)	계약자	피보험자	사망시 수익자	월보험료 (10년납)	중도해약시		보험사고시 (또는 만기시)				
							상해.입원		사망시(또는 만기시)		
					해약 환급금	수익자	부금	수익자	사망시	만기 환급금	수익자 (만기일자)
종신보험① (2000. 12.27)	청구 법인	김○○ (대표이사)	청구법인	1,072천원	38,755 천원	청구 법인	재해 2억원	김○○	일반 2억 재해 5억	2억원	청구법인 (2050. 12.27)
종신보험② (2001. 12.22)	청구 법인	김○○ (대표이사	청구법인	626천원	16,211천 원	청구 법인	재해 1억원	김○○	일반 1억 재해 2억	1억원	청구법인 (2050. 12.22)
종신보험③ (2001. 12.22)	청구 법인	한○○ (이사)	청구법인	493천원	493 천원	청구 법인	재해 2억원	한○○	일반 2억 재해 5억	2억원	청구법인 (2070. 12.22)

(가) 쟁점보험의 보험증권 및 보험약관 등에 의하면, 쟁점보험의 내용은 주보험인 종신보험과 특약보험인 재해상해특약 및 재해사망특약으로 주보험인 종신보험과 특약보험인 재해상해특 및 재해사망특약으로 구성되고, 보험료의 납입기간은 계약일로부터 10년간이나, 주보험인 종신보험의 만기일은 각 2050년 12월(김○○) 및 2070년 12월 (한○○)로서 1946년생 (김○○) 및 1966년생(한○○인 피보험자의 나이가 각 104세에 이르는 시점이며, 재해상해특약 및 재해사망특약의 만기일은 각 2026년 12월 (김○○) 및 2046년 12월 (한○○)로 피보험자의 나이가 각 80세에 이르는 시점인 것으로 보아 주보험료 이외에 특약보험료를 별도로 내는 대신에 80세 이전에 재해로 인하여 2-6급의 장애상태에 이르거나, 재해로 인하여 사망 또는 1급의 장애상태에 이르는 경우에는 종신보험금 이외에 특약보험금을 별도로 지급하는 것으로 확인된다.

(나) 쟁점보험의 주요 보험약관의 내용을 보면, 제13조(보험금의 종류 및 지급사유) 제1항에서 "회사는 피보험자에게 다음 사항 중 어느 한가지에 해당하는 사유가 발생한 때에는 수익자에게 약정한 보험금을 지급한다"고 규정하고, 제1호에 "보험기간(종신) 중 사망하였을때 : 보험가입금액 전액"을 제2호에 "보험기간 중 장애분류표 중 제1급의 장애상태가 되었을

때 : 보험가입금액 전액"을 규정하였고, 제2항에서 "보험료 납입기간 중 피보험자가 장애분류표중 제2급 내지 제3급의 장애상태가 되었을 때에는 차회 이후의 보험료 납입을 면제해준다"고 규정하였으며, 제17조(해약환급금)에서 "이 약관에 의해 계약이 해지된 경우에 지급하는 해약환급금은 보험료 및 책임준비금 산출방법서에 따라 계산한다"고 규정하였고, 보험회사에서 발급한 「계약내역 확인서」 및 각 보험별 「보장금액 예시표」에도 중도해약에 따른 해약환급금이 명시되어 있으며, 해약환급금의 수익자가 청구법인으로 명시되어 있는 바, 쟁점보험은 보험기간 중 사망의 담보를 원칙으로 하는 보장성보험(생명보험)이나, 쟁점보험료 중 해약환급금 상당액은 사실상 저축성보험에 해당된다고 보인다.

(다) 또한, 피보험자인 임원의 사망에 따른 보험금액의 수익자가 청구법인이고, 재해로 인한 피보험자의 상해에 따른 보험금액의 수익자가 피보험자인 임원인 점으로 보아, 이 건 보장성보험의 보험료 중 일부는 청구법인을 위하여, 일부는 피보험자인 임원을 위하여 지급된 것으로 볼 수 있다.

(2) 쟁점보험료의 산정내역과 2001-2005년 중 납입내역 및 각 사업연도말 현재 해약환급금은 <별지1> 기재내용과 같다.

(3) 청구법인은 이 건 보험료가 청구법인의 이사회에서 결정된 급여지급기준의 범위내에서 지급되었음을 입증하기 위하여 청구법인의 이사회 의사록과 「임원급여 및 상여금 지급기준」을 제시하고 있는 바, 동 「임원급여 및 상여금 지급기준」은 변동시마다 청구법인의 이사회에서 승인을 받은 것으로, 제1조 제1항에 '임원의 급여(상여금포함)는 이 규정에 의하여 연봉으로 지급한다'고 기재되어 있고, 제2조에 '임원의 급여는 다음의 연보 상한액의 범위내에서 이사회의 결의에 의하여 매년 대표이사가 집행한다'고 기재되어 있으며 각 연도별 임원의 연봉상한액은 아래 <표2>와 같이 기재되어 있다.

<표2> 연도별 임원의 급여 지급상한액

(단위: 백만원)

구분		2001년	2002년	2003년	2004년	2005년
지급기분 승인근거		2000.12.21.자 임시이사회	2001.12.24자 임시이사회	2002.12.20자 임시이사회		
임원별 급여상한액	대표이사	150	200	220	220	220
	이 사	80	100	120	120	120

(4) 청구법인의 등기부등본 및 주식등변동상황명세서 등에 의하면, 청구법인은 2003사업연도에 일본의 ○○○주식회사가 지분의 33.34%를 취득하고, 2003. 12.22.자로 이사 1명을 파견한 외국인투자법인으로 김○○과 한○○는 1999.1.14.자로 각각 대표이사 및 이사에 취임하여 이 건 심판심리일 현재까지 대표이사 및 이사로 재직중이며, 김○○과 한○○의 2001~2005년도 실제 급여(상여금 포함) 수령내역 및 쟁점보험료를 포함할 경우의 급여수령내역은 아래 <표3>과 같다.

<표3> 김순중 및 한왕규의 급여수령내역

(단위: 원)

연도별	김○○ (대표이사)				한○○ (이사)			
	주주총회 승인연봉	지급급여			주주총회 승인연봉	지급급여		
		급여수령액 (상여포함)	쟁점 보험료	합계		급여수령액 (상여포함)	쟁점 보험료	합계
2001	150,000,000	122,500,000	14,649,880	137,149,880	80,000,000	69,000,000	541,000	69,541,000
2002	200,000,000	161,000,000	19,931,533	180,931,533	100,000,000	96,000,000	5,808,840	101,808,840
2003	220,000,000	157,250,000	20,172,240	177,422,240	120,000,000	95,300,000	5,856,840	101,156,840
2004	220,000,000	154,400,400	20,172,240	174,572,240	120,000,000	89,100,000	5,856,840	94,956,840
2005	220,000,000	181,600,000	20,172,240	201,722,240	120,000,000	96,900,000	5,856,840	102,756,840

(5) 법인세시행령 제44조의2 제1항의 규정에 의하면, 내국법인이 임원 또는 사용인의 퇴직금을 지급하기 위하여 불입하는 보험료 또는 부금 중 제2항 및 제3항의 규정에 의하여 손금에 산입하는 것 외의 보험료 등은 이를 손금에 산입하지 아니한다고 규정하고 있으나, 법인도 중요 임원 또는 종업원이 재직기간 중 사망하거나 불의의 사고가 발생할 경우를 대비하여 퇴직보험 이외의 보험에 가입할 수 있다고 판단된다(법인세법기본통칙 19-19....8 및 19-19....9 참조).

이 경우, 법인이 피보험자를 임원(대표이사 포함) 또는 종업원으로 하여 보장성보험과 저축성보험에 가입한 경우로서 그 수익자가 당해 법인인 경우에는 이를 피보험자인 임원 종업원에 대한 근로소득으로 볼 수 없으므로 납입한 보험료 중 만기환급금에 상당하는 보험료 상당액은 자산(예치보험금)으로 계상하고, 기타의 부분은 이를 보험기간의 경과에 따라 손금에 산입하는 것이 타당하며, 그 수익자가 임원 또는 종업원인 경우에는 납입한 보험료 중 「법인세법시행령」 제43조의 규정에 따라 정관, 주주총회 또는 이사회의 결의에 의해 결정된 급여지급기준 범위내에서 지급된 금액은 종업원의 급여로 보아 손금에 산입하고, 급여지급기중을 초과하는 금액은 손금불산입하여 상여처분하는 것이 타당하다고 판단된다(국세청 예규 서면2팀-1662, 2006.8.30. 참조)

(6) 위와 같은 기준에서 보면, 이 건 쟁점보험료 119,018,493원 중 각 과세기간 종료일 현재 해약환급금에 상당하는 금액 62,735,487원은 사실상 저축성 보험료로서 그 수익자가 청구법인이므로 손금불산입하여 자산(예치보험금)으로 처리하는 것이 타당하고, 나머지 보장성(소멸성) 보험료 56,283,006원 중 재해상해특약보험료 801,000원(김○○ 507,000원, 한○○ 294,000원은 그 수익자가 임원이고, 급여 지급기준 범위내에서 지급되었으므로(위<표3> 참조) 손금산입하는 것이 타당하며, 나머지 55,482,006원은 그 수익자가 청구법인이므로 청구법인의 업무와 직접 관련된 지급액으로 보아 손금산입하는 것이 타당하다고 판단된다(각 금액의 내역은 <별지1> 참조).

4. 결 론

이 건 심판청구는 심리결과 청구주장이 이유있으므로 국세기본법 제81조 및 제65조 제1항 제3호의 규정에 의하여 주문과 같이 결정한다.

<별지1> 쟁점보험료의 산정내역 및 납입내역 등

(단위:원)

구분	보험료 산정내역			2001~2005년 중 보험료 납입내역					
	내역 (피보험자)	보험기간 (수익자)	월 보험료	2001년	2002년	2003년	2004년	2005년	합계
종신보험 ①	일반사망 (김○○)	2050.12.27 (청구법인)	1,006,000	13,178,880	11,755,653	11,943,360	11,943,360	11,943,360	60,764,613
	재해사망 (김○○)	2026.12.27 (청구법인)	60,000,	720,000	720,000	720,000	720,000	720,000	3,600,000
	재해상해 (김○○)	2026.12.27 (김○○)	6,000	72.000	72,000	72,000	72,000	72,000	360,000
	합계		1,072,000	13,970,880	12,547,653	12,735,360	12,735,360	12,735,360	64,724,613
	해약 환급금	2050.12.27 (청구법인)	연도말 (당년증분)	250,848 (250,848)	2,090,400 (1,839,552)	12,811,472 (10721072)	23,900,240 (11,088,768)	35,377,072 (11,476,832)	35,377,072
종신보험 ②	일반사망 (김○○)	2050.12.22 (청구법인)	591,000	644,000	6,963,880	7,016,880	7,016,880	7,016,880	28,653,520
	재해사망 (김○○)	2026.12.22 (청구법인)	32,000	32,000	384,000	384,000	384,000	384,000	1,568,000
	재해상해 (김○○)	2026.12.22 (김○○)	3,000	3,000	36,000	36,000	36,000	36,000	147,000
	합계		626,000	679,000	7,383,880	7,436,000	7,436,880	7,436,000	30,373,520
	해약 환급금	2050.12.27 (청구법인)	연도말 (당년증분)	0	2,253,600 (2,115,254)	8,245,672 (5,992,072)	8,245,672 (5,992,072)	14,386,106 (6,140,434)	14,386,106
종신보험 ③	일반사망 (한○○)	2070.12.22 (청구법인)	406,000	454,000	4,764,840	4,812,840	4,812,840	4,812,840	19,657,360
	재해사망 (김○○)	2046.12.22 (청구법인)	81,000	81,000	972,000	972,000	972,000	972,000	3,969,000
	재해상해 (한ㅇ○)	2046.12.22 (한○○)	6,000	6,000	72,000	72,000	72,000	72,000	294,000
	합계		493,000	541,000	5,808,840	5,856,840	5,856,840	5,856,840	23,920,360
	해약 환급분	2070.12.22 (청구법인)	연도말 (당년증분)	0	493,493 (493,493)	2,403,375 (1,909,882)	7,588,256 (5,184,881)	12,972,309 (5,384,053)	12,972,309
합계	납입 보험료			15,190,880	25,740,373	26,029,080	26,029,080	26,029,080	119,018,493
	해약 환급금		연도말계액 (당년증분)	250,848 (250,848)	2,722,239 (2,471,391)	17,468,447 (14,746,208)	39,734,168 (22,265,721)	62,735,487 (23,001,319)	62,735,487

③ 국세청 서면-2018-법인-1779(2018.07.18)(정기보험)

[문서번호] 서면-2018-법인-1779(2018.07.18) **[세 목]** 법인

[납세자회신번호] 법인세과-1880

[제 목] 보장성보험 보험료의 손금산입 시기

[요 지]

피보험자인 대표이사의 퇴직기한이 정해지지 않아 사전에 해지환급금을 산정할 수 없어 만기환급금에 상당하는 보험료 상당액이 없는 경우에는 내국법인이 납입한 해당 보험료를 보험기간의 경과에 따라 손금에 산입하는 것임

[답변내용]

내국법인이 대표이사를 피보험자로 하고 계약자와 수익자를 법인으로 하는 보장성보험에 가입한 경우, 법인이 납입한 보험료 중 만기환급금에 상당하는 보험료 상당액은 자산으로 계상하고 기타의 부분은 이를 보험기간의 경과에 따라 손금에 산입하는 것으로 피보험자인 대표이사의 퇴직기한이 정해지지 않아 사전에 해지환급금을 산정할 수 없어 만기환급금에 상당하는 보험료 상당액이 없는 경우에는 내국법인이 납입한 해당 보험료를 보험기간의 경과에 따라 손금에 산입하는 것이며

상기 보장성보험의 해약으로 지급받는 해약환급금은 해약일이 속하는 사업연도의 소득금액 계산 시 익금에 산입하는 것입니다.

[관련법령]

법인세법 제19조【손금의 범위】

1. 사실관계

○ 질의법인은 대표이사를 피보험자로 하는 만기환급금이 없는 보장성보험에 가입하였으며

- 계약 형태는 계약자 및 수익자는 법인, 피보험자는 대표이사로 하여 월 300만원 납입, 90세 만기 납부로
- 질의법인의 경우 대표이사의 퇴직시점에 대한 언급은 없음

(단위 : 백만원)

경과연수	1년	2년	10년	42년(90세)
납입보험료(누계)	36	72	360	1,524
해지환급금	0.5	32	338	0

2. 질의내용

○ 내국법인이 대표이사를 피보험자로 하고, 법인을 보험계약자 및 수익자로 하는 만기환급금이 없는 보장성보험에 가입하는 경우 보험료의 세무처리 방법

3. 관련법령

○ 법인세법 제19조【손금의 범위】

① 손금은 자본 또는 출자의 환급, 잉여금의 처분 및 이 법에서 규정하는 것은 제외하고 해당 법인의 순자산을 감소시키는 거래로 인하여 발생하는 손비(損費)의 금액으로 한다.

② 제1항에 따른 손비는 이 법 및 다른 법률에서 달리 정하고 있는 것을 제외하고는 그 법인의 사업과 관련하여 발생하거나 지출된 손실 또는 비용으로서 일반적으로 인정되는 통상적인 것이거나 수익과 직접 관련된 것으로 한다.

(이하생략)

○ 법인세법 기본통칙 19-19…8【 보험료의 손금산입 범위 】

종업원을 수익자로 하는 보험료(선원보험료, 단체정기재해보험료, 상해보험료, 신원보증보험료 등)는 영 제44조의 2 제2항에 규정하는 퇴직보험료 등과「국민건강보험법」및「고용보험법」의 규정에 의하여 사용자로서 법인이 부담하는 보험료를 제외하고 이를 종업원에 대한 급여로 본다. 다만, 임원 또는 사용인의 퇴직금을 지급하기 위하여 불입하는 보험료 중 영 제44조의 2 제2항 및 제3항의 규정에 의하여 손금에 산입하는 것 외의 보험료는 이를 손금에 산입하지 아니한다. <개정 2008.07.25>

○ 법인세법 기본통칙 19-19…9【장기손해보험계약에 관련된 보험료의 손금산입범위】

보험기간 만료 후에 만기반환금을 지급하겠다는 뜻의 약정이 있는 손해보험에 대한 보험료를 지급한 경우에는 그 지급한 보험료액 가운데 적립보험료에 상당하는 부분의 금액은 자산으로 하고 기타 부분의 금액은 이를 기간의 경과에 따라 손금에 산입한다.

4. 관련사례

○ 사전-2014-법령해석법인-21934, 2015.5.7.

귀 질의는 기획재정부 법인세제과-306, 2015.4.20. 및 국세청 법규법인 2013-397, 2013.10.24. 를 참조하시기 바람

*** 기획재정부 법인세제과-306, 2015.4.20.**

내국법인이 퇴직기한이 정해지지 않아 퇴직시점을 예상할 수 없는 임원(대표이사 포함)을 피보험자로, 법인을 계약자와 수익자로 하는 보장성보험에 가입하여 사전에 해지환급금을 산정할 수 없는 경우, 법인이 납입한 보험료 중 만기환급금에 상당하는 보험료 상당액은 자산으로

계상하고, 기타의 부분은 이를 보험기간의 경과에 따라 손금에 산입하는 것임

*** 법규법인2013-397, 2013.10.24.**

내국법인이 임원(대표이사 포함)을 피보험자로 계약자와 수익자를 법인으로 하는 보장성보험에 가입한 경우, 법인이 납입한 보험료 중 만기환급금에 상당하는 보험료 상당액은 자산으로 계상하고 기타의 부분은 이를 보험기간의 경과에 따라 손금에 산입하는 것이나,

귀 세법해석 사전답변 신청내용과 같이, 임원의 정년퇴직 후의 기간까지를 보험기간으로 하고 만기환급금이 없는 종신보험상품을 계약한 내국법인이 피보험자인 임원의 정년퇴직시점에는 고용관계가 해제됨에 따라 해당 보험계약을 해지할 것으로 사회통념 및 건전한 상관행에 비추어 인정되는 경우에는 납입보험료 중 정년퇴직시의 해약환급금에 상당하는 적립보험료 상당액은 자산으로 계상하고, 기타의 부분은 손금에 산입하는 것이며,

정년퇴직전에 피보험자인 임원이 퇴직하여 해약하는 경우로서 지급받는 해약환급금과 자산으로 계상된 적립보험료 상당액과의 차액은 해약일이 속하는 사업연도의 소득금액 계산시 익금 또는 손금에 산입하는 것임

○ 법인세과-219, 2013.5.9. (← 법규과-356, 2013.3.28.)

내국법인이 임원(대표이사 포함)을 피보험자로 계약자와 수익자를 법인으로 하는 보장성보험에 가입한 경우, 법인이 납입한 보험료 중 만기환급금에 상당하는 보험료 상당액은 자산으로 계상하고, 기타의 부분은 이를 보험기간의 경과에 따라 손금에 산입하는 것임

○ 서면인터넷방문상담2팀-826, 2008.5.1.

귀 질의에서 법인이 임원을 피보험자로 법인을 수익자로 하여 보험기간 즉 만기일이 종신인 변액연금보험에 가입한 경우, 법인이 납입한 보험료 중 만기환급금에 상당하는 보험료 상당액은 자산으로 계상하고, 기타의 부분은 이를 보험기간의 경과에 따라 손금에 산입하는 것임

• 본 도서는 저자 개인의 경험을 바탕으로 작성된 것으로 각종 제도와 법규 변경에 따라 내용이 달라질 수 있습니다.
따라서 결과에 대한 책임을 물을 수 없으며 구상권 청구의 근거로 활용할 수 없습니다.

초판 1쇄 발행 2026년 4월 10일

저자 김기홍
발행인 변성진
편집 · 디자인 홍성주
펴낸곳 도서출판 위
주소 경기도 파주시 광인사길 115
전화 031-955-5117~8

ISBN 979-11-86861-56-1 03320
이 책은 저작권법에 따라 보호받는 저작물이므로 무단 전재와 복제를 금하며,
이 책 내용의 일부 또는 전부를 재사용하시려면 반드시 저작권자와
도서출판 위 양측의 서면 동의를 얻어야 합니다.

• 책값은 뒤표지에 있습니다.
• 파본은 구입하신 서점에서 교환해 드립니다.